国家开放大学
THE OPEN UNIVERSITY OF CHINA

外国教育简史

王 晨

中央广播电视大学出版社 · 北京

图书在版编目（CIP）数据

外国教育简史 / 王晨编著 . --北京：中央广播电视
大学出版社，2016.1
ISBN 978－7－304－07649－8

Ⅰ．①外… Ⅱ．①王… Ⅲ．①教育史－国外－开放
大学－教材 Ⅳ．①G519

中国版本图书馆 CIP 数据核字（2015）第 314940 号

外国教育简史

WAIGUO JIAOYU JIANSHI

王 晨

出版·发行：中央广播电视大学出版社

电话：营销中心 010－66490011　　　　　总编室 010－68182524

网址：http://www.crtvup.com.cn

地址：北京市海淀区西四环中路 45 号　　　邮编：100039

经销：新华书店北京发行所

策划编辑：安　薇		版式设计：赵　洋	
责任编辑：安　薇		责任校对：赵　洋	
责任印制：赵连生			

印刷：北京市平谷早立印刷厂　　　　印数：2001~4000
版本：2016 年 1 月第 1 版　　　　　2016年10月第2次印刷
开本：787mm×1092mm　1/16　　印张：10.5　　字数：232 千字

书号：ISBN 978-7-304-07649-8

定价：19.00 元

前 言 PREFACE

一、课程的性质和任务

"外国教育简史"是国家开放大学教育管理专业（专科）的专业必修课程，主要服务对象是教育工作者，包括但不限于中小学校教师、管理人员和教育行政干部，其他试图从外国教育历史发展中获得相关知识、方法和观念的人士也可学习使用。

作为教育学科知识体系中的一门基础性历史科目，外国教育史一方面需要帮助学习者了解国外社会和文明发展过程中的教育基本进程，从中获得对教育的历史认识，为形成自己的教育判断打下坚实的认知基础；另一方面也试图通过学习本课程，让未来的教育工作从事者从历史中获得对某些教育的基本原则、价值和意义的理解和反思，并将这些历史理解和反思建构性地与中国文化的承继和发展、现实教育中根本问题的溯源和解决联系起来，从而为做出合理的教育决策，消除不良的教育传统与偏见，启发新的教育思想与实践，理解和鼓励每个孩子的成长和发展做出全面而均衡的准备。

为了实现上述任务，"外国教育简史"课程一方面需要与教育学、教育心理学、教育社会学等具有较强理论性的课程联合起来，以便学习者能在历史中更好地理解和反思教育中人与社会的原理和原则；另一方面也需要与中国教育简史相比照，以帮助学习者在更广阔的中西历史对话框架下思考中国教育发展的新问题。因此，在本专业的教学计划中，"外国教育简史"虽然是相对独立的一门基础课程，但依然能与其他课程建立有机的联系，并有助于学习者形成一种综合的分析反思框架来思考和解决教育问题。

二、外国教育史的知识结构与教材特点

外国教育史是具有历史性质的教育分支学科，主要阐述和研究中国以外的国家和地区，尤其是西方世界不同历史时期教育演变的过程和特点。在此过程中会涉及著名教育家、教育思想家的实践和理论，教育的制度和立法，教育的机构和组织，教育的思潮和运动，教育的活动和事件等内容，会牵涉到政治、经济、思想、文化、宗教的历史发展。因此，对外国教育史的研究和阐述往往具有以下的总体结构特征：

分类	教育内部史 （人类教育自身的发展）	教育外部史 （教育与社会关系不断变化的过程）
教育思想史	人类对教育现象和活动的认识过程	教育与哲学、科学、宗教的关系
教育制度史	人类教育活动制度化的过程	教育与法律、政治、宗教、经济的关系
教育实践史	人类教育活动和现象的原生态发展过程	教育与社会、生活、生产等的关系

教育思想史反映人类对教育现象和活动的认识过程。这些认识往往由一些著名的教育思想家呈现出来，因此这些著名教育思想家阐述的观点就成为研究和学习的主要内容。对他们的研究，需要了解他们的主要著作和思想，尤其是他们的主要命题和核心概念，以及他们思想的传播、影响和历史意义。

教育制度史是指人类教育活动制度化的过程，包括教育机构史、政策史和立法史。外国教育史中，制度史一般是与国别紧密地联系在一起的。因此，不同时代、不同国家的学校教育制度及其教育机构的主要类型，国民教育体系的建立、发展和演变及其总体和各个时期的特性等是学习的关键。

教育实践史是指人类教育活动和现象原生态的发展过程。它既包含特定历史时期教育的基本特征，也包括一些著名的教育运动、教育实验、教育活动和教育事件。

从教育外部史的关系来看，教育是社会中的教育，受社会生产、生活，以及特定历史时期的政治、经济、文化、宗教、法律、科学等诸多方面的影响，因此在对教育史问题进行思考和解答时，就需要有广阔的历史视野和对因果关系的认识，要从多个方面、多个角度看待教育的历史发展，在解释教育历史发展的原因和影响时尤其如此。

在此需要注意的是，在了解教育思想史、教育制度史和教育实践史发展的基础上，要将三者自身及其与教育外部史有机地结合起来，对四者之间的相互关系要有相当的认识，并根据不同的历史时期，特定地理解四者的关系。

除了总体结构特征之外，外国教育史的学习还涉及对它的历史分期。一般而言，依据社会整体形态的变迁，外国教育史分为三个时期，即古代时期、近代时期和现代时期。这三个时期基于社会的不断发展以及不同的人性预设和社会建构意图，出现了不同的教育设想和相应的制度。

古代时期始于史前社会，终于东罗马帝国灭亡（1453 年），期间涉及教育的起源、史前社会的教育、学校的出现、东方古国的教育、古希腊的教育及其思想、古罗马的教育及其思想以及中世纪教育的衰落和复兴。总体而言，古代教育具有知识容量较少、重视道德教育、教学组织松散等特征。

近代时期始于文艺复兴，终于 19 世纪中期，期间涉及文艺复兴时期人文主义教育的革新，宗教改革时期国民教育的萌芽，科学革命时期实在论教育的出现，启蒙运动时期自然主义、国家主义教育的肇始以及工业革命时期国民教育体系的逐步兴起。近代时期是教育的转折时期，教育的目的变成为近代民族国家培养公民和为经济活动培养合格的劳动者，知识和教育的地位得到极大的提高。应该传授哪些知识？如何选择课程？怎么传授知识？这些课程与教学论问题成为教育的主要问题。教育学成为一门独立的学科。

现代时期始于 19 世纪中后期，期间涉及西方各国教育现代化的进程和西方现代教育思想和思潮的发展过程。现代时期一方面继续深化实施近代时期教育的目的和任务，另一方面则对其中产生的弊端进行反思，并通过强调多元、个性等特质来解决近代教育中过于制度化、过于刚性的问题，现代教育因此也呈现出一种反思、冲突和多元的格局。

基于课程的性质和外国教育史学科的知识结构，本教材试图体现以下特点：①简要而系统。虽然内容简要，但是尽量体现古代教育、近代教育、现代教育发展的总体历程和特征转换，并以现代教育的发展为主，以此勾勒出外国教育发展的整体脉络，帮助学习者形成一个总体的认识。②结构清晰。在内容选择上则尽可能地按照思想史、制度史和实践史的结构进行编排，以起到化繁就简、疏而不陋的功效。③详略得当，突出重点。在篇幅上尽量做到体例均衡、突出重点，尤其是对教育发展中的重大问题、重要国家和杰出人物做了较为详细的论述。但由于篇幅所限，有的内容就极为简约，甚至未述。

据此，本教材共包括六章。古代时期分为两章，第一章叙述史前社会至古罗马的教育；第二章叙述近一千年来中世纪的宗教和世俗教育，并介绍中世纪最为重要的制度创建：大学的起源和发展。近代时期也分为两章，第三章叙述文艺复兴和宗教改革时期人文主义教育的出现以及国民教育的兴起，并重点论述著名的人文主义教育家和宗教改革者的教育思想。第四章则主要论述启蒙运动和工业革命时期教育特征的转变，以及一些重要教育思潮的出现。此外在这两章中，还重点阐述了洛克、卢梭、裴斯泰洛齐、赫尔巴特等著名教育思想家的教育思想。现代时期分为两章，第五章主要叙述英国、法国、德国、美国和俄国（苏联）现代教育制度的建立和教育改革的开展，尤其是国民教育体系的完善，时间跨度从18世纪末19世纪初直到第二次世界大战后，有些国家甚至延伸到20世纪八九十年代。第六章则主要从思想史的角度论述现代教育思想和思潮的发展，主要包括欧洲新教育运动，美国进步主义教育运动，永恒主义、要素主义、新托马斯主义等新传统教育思潮和教育经济主义、结构主义、存在主义、终身教育等新兴教育思潮，并重点论述了杜威等现代教育思想家的思想。

三、学习和教学要求

由上述知识体系结构特征和教材特点，我们可以做出的推论是，要想学好"外国教育简史"这门课程，大致需要满足以下几个方面的要求。

（一）对基本史实的记忆和掌握

历史是由史实构成的，因此，对历史的学习首先需要扎实掌握基本史实，对教育思想史、教育制度史和教育实践史中的基础概念、基本命题、重要法规、核心机构、主要运动、重要实验进行认真的学习。在对教育史实的把握过程中，一般而言需要六个要素，即5W1H：谁（who），什么时间（when），什么地点（where），做了什么（what），为什么这么做、有什么影响（why），怎么做的（how）。根据这六个要素，从人物、时间、空间、事件、因果关系、行为方式等方面认识和记忆史实，做到全面而有条理，这是理解教育发展历史的基础。

（二）对历史线索的梳理和认识

在历史发展过程中，总存在这样或那样的线索。通过对线索或一些矛盾性的主题的理解，就能够将史实串起来，进一步地理解，从而有助于记忆。在外国教育史的发展过程中，有着一些重要的线索，例如，教育思想史中为大多数重要的教育家和教育思想家所共同关注的个人与社会的关系、教育与人性的关系、教育与人的认识的关系、知识与道德的关系等。另外，如近代国民教育思想及制度的发展历程（教育世俗化、国家化）、从双轨制到单轨制的改革、儿童地位的变化、教育科学化、教育心理学化、传统教育与现代教育的冲突、课程的演变等。在此还需注意的是，对历史线索的认识不仅需要时间的意识，即它是历史发展变化的，同时也需要空间上的世界观念，要从广阔的地域范围看思想、制度和实践的传播、发展和演变。

（三）培养一定的历史观和批判意识

学习者还需要形成对历史的看法以及问题意识和批判意识。历史的研究是为了在现实中起借鉴作用，因此对历史一定要有现实的问题意识和批判意识，古为今用，洋为中用。这种意识和能力建立在对历史的看法之上，并需要结合对教育基本规律的认识，对教育科学规范的认识，对教育心理、儿童心理的认识，以及中外教育、文化的认识。它是一种综合的能力，这种能力的培养不是一蹴而就的，它的形成需要广博的知识、广泛的阅读、基本的思维训练、对教育学科基础知识的掌握、对教育历史的深刻理解以及对教育现实的敏锐观察。

（四）形成积极进取的态度和情感

通过本课程的学习，学习者还应该形成对教育问题的关注意识和对教育学科积极进取的学习态度，确立为国家教育事业和崇高的教师职业而学习的责任感。同时通过对教育观念和教育事例的学习，培养求实、丰富的教育理解视域，以及正确的教育发展观和良好的教师观。与此同时，通过对著名教育家的学习，感悟教育家为教育献身的精神，激发对教育事业和教师职业的热爱，感受和传播教师职业高贵的思想，从而丰富内心崇高的体验，激发学习兴趣、学习热情和学习动机。

根据学习要求，"外国教育简史"课程教学内容的层次分为"了解、理解、掌握、理解掌握"四级。了解就是要求能简单描述、选择、判断该知识，理解就是要求能详细描述、分析、归纳相关知识，掌握就是要求能运用相关知识分析、评价具体的问题。教学中要求"理解掌握"的内容，是最重要的教学内容。此外，为了更好地帮助学习者理解教学内容，自主推进学习进度，每章设计为"学习目标、正文、本章回顾、课后练习、进一步阅读文献"五部分内容，其中，学习目标是对本章要求掌握内容的提示；正文是每章文字教材的主体；本章回顾是对本章主要知识点的简单回顾；课后练习按照期末考试的题型，给学生提供一个自测练习的机会；进一步阅读文献提供相关主题的阅读书目，以供学有余力和对外国教育史问题感兴趣的学习者进一步学习。

本课程的教学应以辅助学生联系实际开展自学为主，鼓励有条件的地方开展系统面授。教师在教学中要引导学生充分发挥小组协作学习、历史案例学习和研究性学习的功效，使其在研究、实践、互助中习得知识、提升能力。尤其是引导学生认真完成研究性学习环节的相关任务和形成性考核作业。

关于教学内容各环节学时分配的建议如下：

序号	教学内容各环节	学　时
1	第一章　史前教育与古代教育	6
2	第二章　中世纪教育	4
3	第三章　文艺复兴与宗教改革时期的教育	4
4	第四章　启蒙运动与工业革命时期的教育	6
5	第五章　西方各国现代教育制度的发展与变革	8
6	第六章　西方现代教育思想与思潮	8
学时总计		36

　　本课程设计了丰富的多种媒体教学资源（文字教材、录像教材、IP 教材、形成性考核作业册、期末复习指导手册），提供灵活多样的学习支持服务（网络午间直播课堂、实时网上教研活动和教学活动、非实时课程论坛）。教师可结合本地区学生的学习条件，整合多种学习资源，灵活选择多样的学习支持服务方式。

王晨于北京师范大学

2015 年 10 月 28 日

目 录 CONTENTS

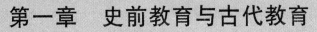

第一章　史前教育与古代教育

学习目标

1. 了解史前教育的基本状况和基本特点，理解教育与人类社会、文明发展，教育与生活的关系。

2. 了解学校的产生以及古代两河流域、古埃及的教育及其特点，理解东方文明古国教育对西方教育文化发展的影响。

3. 了解古希腊教育的变迁，理解斯巴达和雅典教育的特性及异同，理解掌握智者学派与苏格拉底、柏拉图、亚里士多德教育思想的主要内容及影响，理解古希腊教育的历史地位与贡献。

4. 了解古罗马教育的发展阶段，理解古罗马教育思想的特性及其演变，掌握西塞罗和昆体良的教育思想，理解古罗马教育特性对西方教育发展的影响。

教育几乎是与人类一起起源的，它在人类进化中发挥着重要的作用。我们可以设想一下，如果不能通过教育将经验传递下去，积累起来，以作更新，那么人类便不可能发展出高度的文明。因此，教育可以看作人类文明发展的基石之一。

教育的起源与发展主要与以下几个方面有关：一是人类的生理和智能的进化；二是人类生存的需要和条件的发展，尤其是工具和语言等符号系统的出现；三是人类各种社会关系结构的形成，包括家庭、氏族、部落乃至国家等。正是在上述多种因素的共同作用下，教育才能成熟、独立起来，帮助人类更好地交流或传递经验，更好地理解、利用自身和环境。对于包含上述因素的史前教育状况和特点的描绘，也许有助于我们进一步理解教育与人类社会和文明发展在开端时期的关系。

第一节　史前教育的状况与特点

一、人类史前社会的发展与特点

根据已有的发现和研究成果，学者一般认为，自 400 多万年前南方古猿进化为能人开始，人类史前社会经历了如下四个发展阶段：

（1）蒙昧时代或前氏族时期。该时期距今 400 多万年至 1 万年，是完全形成的人出现的最初阶段。在这一阶段，原始人类发现和使用火、木石器工具和弓箭来从事采集、渔猎等生产生活活动，发展出了原始语言和原始符号。在社会关系方面，原始人类则主要处于以原始群和血缘家族群（一般以数十人为限）为基础的群居状态，以协作的方式，共同生产与消费来维系族群和自身的生存。在这种情况下，族群内部的儿童往往需要合作式的异亲抚育才能成活下来，因此儿童在母婴关系之外是共有和共育的。教育便是成年人在生产劳动和日常生活中学习和传授渔猎等相关经验和技能的过程。到该时代晚期，族群的群体之间开始出现基于男女性别和年龄差异的分工，这些改变生产和社会关系的分工伴随着对生死灵魂问题的思考、语言符号的复杂化以及抽象推理等高级思维能力的发展，为某些群体乃至个人从事宗教和教育等社会性智识生活奠定了基础。

（2）野蛮时代早期或母系氏族时期。该时期距今 1 万年至公元前 4000 年左右。在这一时期，原始人类开始制作、使用陶器、磨制石器和更复杂的复合工具，原始农业的发展使得女性获得了较高的社会地位，导致母系氏族制度的产生和发展。这种情况强化了女性在教育中的作用，并将男女性别分工反映在教育的实施上。因此，男女儿童在其生活早期，一般统一由妇女共同喂奶并一起照管，待其略为成熟之后（七八岁），女孩由妇女教导，学习女子应负的职责；男孩由成年男子指导，学习男子应做的事情，即男女儿童按劳动分工和氏族关系层级分别接受教育。氏族首领或巫师则会引导、规范整个氏族和年轻人的巫术、宗教等社会活动或传承其知识。在该时代晚期，有可能出现了教育机构的胚胎形式——"青年之家"，即氏族部落为年满 7 岁的少年儿童安排单独的房舍，由老年人在其中承担教育之责。①

（3）野蛮时代后期或父系氏族时期。该时期自公元前四五千年至公元前 2000 年左右。进入该时期后，人们发明了金属工具，并产生了第一次社会大分工，即游牧部落和农业部落的分离。在此过程中，男子的劳动逐渐占据了主导地位，并逐渐形成了父系氏族、家长制家庭公社、专偶婚制和奴隶制。在父系氏族阶段，儿童的教育改由以父系为主的氏族或家庭公社来承担。儿童在幼儿期一般由母亲、主妇或男性家长、家庭会议指定的女性照料教导，待其略为成熟之后，则由父系氏族的男性承担其教育任务，尤其是男性儿童。在该时期，因畜牧业导致的争斗的出现，军事经验、知识和技能的传授逐渐成为教育的组成部分。这些条件使得成年与否的意义日益凸显，因此氏族部落往往重视在到达成人之际举行"成年礼"（或称"青年礼"）等特定的过渡仪式，这对于独立形态教育形成的影响较大。另一个对独立形态教育形成具有重要影响的因素则是文字的出现，它为教育从口传状态中脱离出来奠定了基础。

（4）文明时代早期或军事民主制时期。该时期自公元前两三千年至公元前 1000 年前后。

---

① ［苏联］沙巴耶娃：《论教育起源和学校的产生》，载赵荣昌、单中惠主编：《外国教育史教学参考资料》，28～50 页，上海，华东师范大学出版社，1991。

在这一时期，人类发明了铁犁牛耕，生产力得到进一步提高，人口增加，人类群体的联合日益加强，出现了氏族、胞族、部落和部落联盟。这些组织及其成员以平等方式联合在一起，实行民主议事会制度。在共同占有、共同分配的体制，以及其时的文化、宗教影响下，一般氏族部落都试图培养成员的自尊、刚强、公正、勇敢等品格。在该时代晚期，随着财富的增加、财产占有的分化以及个体家庭的出现，原始的军事民主制遭到破坏，阶级社会和国家在此基础上得以形成。在此情况下，教育分化的基础在性别和劳动分工之上又增加了阶层和家庭等因素，某些部族出现了基于社会地位差异的不同的教育组织和机构，例如，中美洲的阿兹特克人在氏族公社解体时期形成了为普通儿童提供一般训练的教育机构——捷尔普切卡拉，以及专为培养宗教、政治和军事等首领的教育机构——卡尔梅卡克，教育也因此日益明晰与复杂。

从上述人类史前社会的发展和特点可以得知，一方面，史前社会的教育是从无意识的自发和未与生产、生活、军事和宗教等活动分离的状态逐渐发展到有意识、有目的、有组织的独立状态，教育的内容、形式和方法等因素逐步得以确立，教育对于人类文明的累积和发展有了重要的组织形式和影响方式，它的作用将得到更大程度的发挥。但另一方面，正因为教育是从这些活动中脱胎而来的，它必然与这些活动具有重要而密切的联系，它的发展也建立在这些活动的发展之上，从而形成一种互动的关系。

二、史前教育的内容、形式与方法

史前教育在独立和分化的过程中，逐渐形成了其内容、形式与方法。它们基本体现了教育高级阶段所蕴含的特征。史前教育的内容大致上可以分为以下几个主要部分：

（1）生产劳动教育。在史前社会中，生活和劳动浑然一体，儿童自幼年起就从旁观察成年人的生产劳动，并在游戏中模仿这些生产劳动。根据人种学者的报告，在原始部落中，每当成年人制造器具、设陷阱捕兽、养育动物或播种收割时，儿童就从旁观察并在游戏中模仿学习这些生产劳动。以后随着年龄的增长，儿童逐渐由观察模仿者成长为帮手，再成长为独立的劳动者。

（2）绘画、舞蹈、音乐、军事竞技教育。在史前社会中，教育的重要内容之一就是与生产、生活、社会习俗、宗教等活动密切相关的绘画、舞蹈、音乐等符号化内容。它们是原始人类表达自己对世界的理解、发展心智的重要手段。在父系氏族晚期以及军事民主制时期，战争逐渐成为部落生活中的重要事务，部落的每位成年男性成员都是战士。因此，军事知识和技能的培养逐步在教育中占据重要的位置，并逐步发展出一定的军事教育组织形式。与军事相关的音乐、舞蹈和绘画等技能也成为部落成员因袭的教育内容。

（3）生活习俗和社会道德教育。学习部族生活中的行为规范、禁忌和部落的光荣业绩和传统是史前教育的主要内容之一，也是氏族社会生活的基础。这项教育内容包括认识各种亲属和血缘关系，遵守家庭和氏族的传统惯例，取得家庭或氏族成员资格，并尽到对家庭或氏族的责任。另外，诸如氏族部落的成训礼法、禁忌、图腾崇拜等均构成学习内容。

（4）宗教教育。巫术、宗教等精神性活动是原始人类生存和生活的重要组成部分，因此也是教育的重要内容之一。一般而言，宗教教育可以分为培养宗教专门人才的专门教育和针对一般人进行的普通教育。在此，教育依据宗教知识的专业化和复杂化而得以进行层级的分化。在宗教专门教育中，宗教器物制作、祭祀、葬礼、仪式、咒语、神话故事及其包含的知识、意义和观念系统成为传授和学习的主要内容，而普通的宗教教育往往与习俗、禁忌、社会道德等内容融合在一起，进行宗教活动的地点或建筑也往往发展成为教育活动的场所。

上述教育内容往往交织在一起，难以截然分开，体现了史前社会教育的合作性和综合化倾向及其与生活生存意义的紧密关系。

史前教育还具有与环境和教育内容相适应的形式与方法。在史前社会早期，教育的主要方式一般是成人的榜样示范、讲述解说、启发诱导，以及儿童对成人传习和教导的观察和模仿。这些方式不仅被运用在生产劳动活动中，也被运用在有关社会道德和宗教等方面的教育中。此外，成年人也会使用激励、警告、申斥、劝诫等方式，或利用赞誉、奖励、特权、赐名等手段作为引发儿童学习动机或鼓励优良行为的方法。

在史前社会晚期，教育的形式和方法逐步系统化，在此过程中，一种地位变化的社会机制——过渡仪式发挥了重要的推动作用，尤其是从未成年人向成年人过渡的成年礼。成年礼是一种建立在年龄或生理、社会地位以及地点、状态变化的基础上而实施的通过仪式。[①] 在这一重要的社会性仪式中，每个符合要求的个体将完成新的社会角色的转变，进入成年人的社会，其地位和权利得到社会的承认，因此它实质上也是一种社会化的教育形式和过程。

一般而言，成年礼分为分离、边缘和聚合三个阶段。符合年龄或者生理条件的年轻成员被分离出原先的群体或世界（如女人或儿童），聚居在某一个特定的边缘场所，恪守斋戒和各种禁忌，由一些特定的成员进行各种行为规范或宗教内容的教育和训练，以及举行一些特定的仪式，包括切割、穿刺、文身等，以实现永久分隔和聚合的目的。完成仪式或达到要求的成员将重新聚合回到部落，成为承担应有责任和享有完全权利的部落正式成员。

成年礼不但与个体的生理条件有联系，而且与社会关系条件有着密切关系，因此它不是一种短暂的仪式，往往是一个漫长的过程。显然，其中的边缘仪式或阶段无疑是教育独立的初步形态。成年礼中包括以下制度性要素：①对教育对象有一定条件的要求；②需要特殊的有隔离作用的场所；③需要接受特殊内容的传授、学习或实行特殊的仪式；④需要专门负责对青少年进行教育和管理的教育者。这些都预示着它与制度化教育的萌芽有着密切的关系，而成年礼中的男女也分别为教育机构的分化提供了基础和条件，因此青年之家逐渐演化成为基于性别差异的男子之家和女性之家。

三、史前教育的特点

从上述史前教育发展的描述中，我们大致理解了它是如何在人类进化的过程中逐步出现

---

① ［法］阿诺尔德·范热内普：《过渡礼仪》，张举文译，2～5页，北京，商务印书馆，2010。

的，在适应、理解和利用环境中，以基因—文化协同进化的方式，如何一步一步地与人类的生理、心理、文化、技术、协作、社会等因素的变化更新互动，进行传授、改进、发展，从而逐渐具备独立形态，为制度性的学校的出现奠定了基础，为教育对人类文明和文化发挥独特而重大的促进作用拓展了空间。

在这一过程中，我们可以试图归纳出史前教育的如下特点：

（1）平等性。与史前社会的经济结构和社会关系相对应，史前教育具有原始状态下的平等的教育权、教育无阶级性，儿童在无偏无私的教导下，成长为合格的成员。但是后期基于劳动、性别分工和阶层、家庭差异出现分化。

（2）生活性。史前教育与生产劳动及生活紧密联系。教育内容包括生产经验和劳动技能、社会生活常识与习俗、原始宗教教育（对自然、图腾、鬼神、祖先的崇拜）、原始艺术教育（歌唱、舞蹈、绘饰、雕刻等）、体格武力训练等，并始终保持学用结合；教育手段主要是通过语言，口耳相传，观察模仿。

（3）协作—分工性。一方面，教育的不同内容在生产生活的过程中紧密地结合在一起，通过人类个体的协作得到了共同的发展；另一方面，史前教育的发展受到分工的影响，从而产生了不同的分化，为教育进一步的演化奠定了基础。

（4）仪式性。在史前社会巫术—宗教性和原始符号思维的影响下，史前教育的一个重要特征是仪式性，即教育的过程和方式往往以礼仪或仪式的形式来展现或进行。这些仪式意义的逐渐丰富和制度化的沉淀为教育内容的系统化、教育机构的出现和教育的制度化提供了重要的条件。

（5）保守性。史前教育是一种使儿童继承传统和习俗的过程，并注重服从，因此是一种强调保存、保守和一致的教育，具有保守性。

在这些特点的基础上，随着军事民主制部族发展成为更高级的社会政治组织——国家，正式的学校也将展现在我们面前。

第二节　学校的产生与东方文明古国教育

一、学校产生的条件

教育是和人类社会几乎同时出现的一种社会现象，但学校是人类社会和教育发展到一定阶段的产物。按照一般规律，学校产生的历史条件主要有以下几点：①社会生产的发展引起了体力劳动和脑力劳动的分工，才有可能使一部分人脱离生产劳动专门办教育和受教育；②古代聚居规模的扩大乃至城市的出现为学校的出现提供了地理空间和人口的条件；③社会政治、经济事务日渐复杂，需要培养专门人员进行管理，而国家的出现也要求组织专门的机构以强制性的方式培养社会和国家的管理者，组织领导国家的宗教、文化和教育事业；④文字的成熟完善、文化知识的累积使得人类拥有了更便利的学习条件和更丰富的学习内容，这就有必要和有可能建立有组织、有计划的专门教育机关。

正是在上述条件下，学校产生了。一般认为学校大概产生于史前社会末期或奴隶社会初期。当然，学校的产生也和其他社会现象一样，有一个从无到有、从不完备到比较完备的长期发展的过程。根据考古发现，已知的最早的学校出现于两河流域的东方文明古国之中。

二、东方文明古国的教育及其特点

（一）古代两河流域（苏美尔、巴比伦）的教育

通过考古挖掘，学者在两河流域苏美尔人的乌鲁克古城遗址中发现了一些泥板文书，其中有一些用作学生学习课本的词汇表，这被认为是学校教学的最古老证据，据此，人们推断至少在公元前 3000 年前，在乌鲁克已经出现了学校，这是人类历史上已知的最早的学校。此外，在两河流域的其他城市中，如苏路帕克、马里、乌尔、尼普尔，在古国王朝的更迭中，也相继出现了学校，其中在马里还挖掘出土了两间完整的学校教室。在公元前 18 世纪中叶，即汉谟拉比统治时期，学校已盛行于从现在巴格达向东南方向伸展，直到沙特阿拉伯为止的古巴比伦全境。

两河流域盛产黏土，因此当时人们就使用黏土和水制作泥板，用芦苇或木棒在上面印写楔形文字，然后烧制定型，称之为泥板书。为了方便制作泥板，人们对教室也进行了特别的设计，在靠墙四周设置放黏土的槽和放水的陶盆。由于泥板成为苏美尔人学校主要的学习工具，故学校也被称为"泥板书舍"。在泥板书舍中，负责人称为"舍父"，教师称为"泥板书者"，教师助手称为"大兄长"，学生称为"舍子"。

泥板书舍首先培养的是能写会算的基础性人才——文士，所以泥板书舍又往往被统称为文士学校。文士学校的主要教学内容是文字语言的阅读和书写，此外还有计算、测量等。学习使用的书籍包括楔形文字符号表、数字表、字典和文法著作等。学校纪律严格，常使用体罚，教学方法相对简单，一般由教师先在潮湿的泥板上写上字，再由学生临摹；课程主要是抄写和背诵长串的单词或词组，也包括数学计算或文书撰写。

根据考古发现，除了上述基础性的文士学校之外，城市里还建有一些较高级的学校，这些学校可以分为三类。一类位于寺庙或其附近，似由寺庙而设，主要为培养僧侣和宗教方面的人才，传授的是天文学、数学、医学、建筑学等高级知识和宗教知识。一类邻近皇宫，似为宫廷或政府机关而设立，培养政府的高级僚属，对象是希望充任政府官吏而学习相关知识的人。还有一类紧临文士住区，似是文士私立的学校，传授行政和司法知识、高级数学知识、信函的写作、不同语言的翻译和书写技巧等，以培养通晓文字、操办国家和社会具体事务的一般人才。根据两河流域社会、经济、宗教和政治生活的发展推测，这三类学校应该是先后出现的，但到巴比伦古王国时期，这三类学校应该同时并存，从而与文士学校一起初步构成了相对完整的学校体系。

（二）古代埃及的教育

古埃及情况与两河流域相类似。由于受整体社会宗教、政治和经济生活的影响，文化知

识和教育往往都掌握在寺庙僧侣、职官书吏和作为其后备力量的文士手里，文士教育成为晋升上层社会和上层社会自我延续的工具，因此，古埃及形成了与此相应的学校体系，学校包括以下四种类型：

一是寺庙学校。这是一种附设在寺庙中的学校，着重传授宗教知识和高深的数学、测量学、天文学知识。寺庙学校里收藏了大量图书，为要求深造的青年提供方便。寺庙中的僧侣既是祭司也是文士，同时发挥着宗教和社会服务功能。

二是宫廷学校。据古代埃及文献记载，在古王国时期已出现了宫廷学校。所谓宫廷学校，是法老在宫廷中设立的学校，以教育皇子皇孙和朝臣的子弟为宗旨，学生学习完毕，接受适当的业务锻炼后，即分别被委任为官吏。

三是职官学校。约创办于中王国时期，训练一般的能从事某种专项工作的官员，修业期12年。职官学校的教学内容包括普通文化课程及专门职业教育，往往以吏为师。

四是文士学校。培养能熟练运用文字从事书写及计算工作的人。此类学校较前两种低级，招收人数较多，对出身限制稍宽，修业期限有长有短。文士学校通常教授书写、计算、有关律令的知识，有的还教授数学、天文和地理之类的知识。学习书写的工具是一种芦管笔，字写在纸草上。由于纸草制作费力，价格昂贵，故学生开始都在陶片或石板上练习，纯熟后才在纸草上书写。

在古代埃及的学校中，教师惯用灌输的方法和体罚，教学方法简单粗暴。当时一般人甚至把教育比作驯兽，把教鞭当作教育的同义语。

从古巴比伦和古埃及这些文明古国的教育可以看到，古代社会以身份关系为主要的组织特征，导致了教育的私属性和特权性，在等级制度的支持下，教育机构出现了不同的级别和差异。教育内容与生产生活还没有完全分离，但是已具有了独立的内容和形态，有一定的教学组织形式，教师地位因为知识的等级制而较高。

第三节　古希腊教育

一、古希腊教育发展的基本状况

古代两河流域和古埃及等东方文明中孕育的教育在古希腊迎来了自身历史上第一次重大发展，古希腊教育也因此被教育史家一致认为是西方文化和教育的根基。

古希腊的文化教育受到了古代东方的影响，但在长期的发展过程中，形成了自己独有的特征。以文士培养为核心的东方教育有很强的实用特性，其直接目的是维持社会的管理。而在希腊人看来，教育是对所有社会成员开放的（不包括奴隶）。他们首先提出了教育是所有公民的权利和义务这一观点，并且认为每一个公民都必须准备好参与城邦政府的工作。希腊人用来描述教育的词是派迪亚（Paideia），有全面、综合之意，与古埃及人和古巴比伦人强调对文士有直接用处的技能训练不同，希腊人把教育的重点放在人的全面和谐发展之上。

所以古希腊的教育是塑造整个人：形体上通过体操和运动，艺术上通过舞蹈和唱歌，智力上通过读、写、算的基本技能以及文学、哲学这些高级技能来培养卓越的个体。

早在公元前 1100 至前 800 年的"荷马时代"，在《荷马史诗》中就展现了古希腊教育通过个别化的全面教育培养智慧、勇敢、节制和正义四大美德，从而养成演说家和行动者的观念，《荷马史诗》本身也成为希腊人生活的百科全书、人生的指南和教材，帮助塑造青年一代的品格。而到公元前 500 至前 330 年的希腊古典时代，古希腊教育迎来了发展的黄金时期，斯巴达和雅典城邦的教育对后世产生了重要的影响，产生了苏格拉底、柏拉图、亚里士多德等著名的思想家。与此同时，古希腊各地也创建了一些专门学校，以提供某一特定学科的高级训练（往往被认为是早期的高等教育），如科斯岛上的希波克拉底医学校，伊索克拉底的修辞学校（公元前 392 年），柏拉图的学园（公元前 387 年）等。在公元前 334 年至前 30 年的希腊化时期，通过军事行动、殖民扩张以及文化输出，希腊文化和教育先后扩散到小亚细亚、叙利亚、埃及、印度、南欧等地区，从而奠定了古希腊文明世界性影响的历史和地理基础。

希腊各城邦教育有着各自的特点。在多利斯地区的城邦，如斯巴达，身体训练占主导地位，强调严格的纪律，具有明显的军事目的；而在小亚细亚海岸的爱奥尼亚各城邦以及后来大陆上的雅典文化的社会中，更注重智力和艺术的训练，这也决定了不同的办学方式和教育风格。雅典和斯巴达两个城邦的教育不仅在当时具有代表性，而且对西方教育的发展都各自产生了深远的影响。

二、斯巴达与雅典的教育

(一) 斯巴达的教育

斯巴达地处伯罗奔尼撒半岛西南部的拉哥尼亚河谷平原，东西均为高山峻岭，南临礁石海岸，中部为平坦盆地，土地肥沃，适宜农业经济发展，是古代希腊最大的农业城邦。不到 3 万人的斯巴达统治者依仗军事力量，对当地的希洛人实行残酷的奴隶制度，由此造成奴隶的频繁起义。为了镇压奴隶的反抗，以及基于自身的征战传统，斯巴达人实现专制寡头政体和举国军事体制，强调所有公民在生活方式上一律平等以及尚武的精神。

斯巴达人将教育当作一项极为重要的国家事业，认为儿童是国家的财富，对他们进行教育是国家的职责。因此，斯巴达的教育完全由国家控制并由尚武精神所决定，其典型特征是实用性的军事教育，教育成为维系斯巴达政体和生活方式的主要途径。

斯巴达人卫国和称霸的军事目的使得城邦在教育方面形成了够格者教育系统，旨在将全体斯巴达公民训练成身体健壮、英勇善战的武士。[1] 这一教育系统是从婴儿的优生优育开始的。为了确保新生一代体质的强健，国家只准许身体和情绪正常的成年男女结婚和生育，也

---

① Hodkinson, Stephen, "Agoge", In: Hornblower Simon, *Oxford Classical Dictionary*. Oxford: Oxford University Press, 1996.

只允许通过身体检查的婴儿存活下来。一旦婴儿被父母或长老认定身体孱弱或畸形残疾，他们将会被抛进深渊或送给奴隶。只有健壮的初生儿才被保留下来，由父母抚养至 7 岁。在此期间，婴幼儿接受斯巴达式的家庭教养和教育。培养孩子不哭不闹、听话顺从和经受艰难生活、吃苦耐劳的习惯，同时使其养成知足和愉快、不怕孤独和黑暗的性格。另外，父母还通过让儿童在公共场所聆听英雄的事迹，学习英雄的伟大言行和感受成人的生活方式等形式，使其受到斯巴达人的人生理想和道德的熏陶，帮助他们形成勇敢、坚韧、顺从和爱国的思想品德。

7 岁以后，男孩被带离家庭，由国家组织实施初级军事教育，他们会被编入阵组，并由监督者进行管教和军事训练。除以赛跑、跳跃、摔跤、铁饼、标枪五项竞技为核心的军事训练外，尤为注重通过艰苦的生活条件培养忍耐劳苦的品性。这一阶段延续至 18 岁。在 18 岁之时能够通过神庙前之鞭笞的少年将进入下一阶段的教育，即强化军事训练阶段，也称为埃佛比阶段。这一阶段主要进行高级军事技能训练，并注重形成团体中年长的鼓舞者和年轻的倾听者之间的伙伴关系。这一阶段一般至 20 岁结束，此后进入十年的军事实践磨炼阶段，即通过参加公共食堂和以杀害希洛人奴隶为主要任务的秘密行动队的活动，来获得政治和军事的实践经验。30 岁之后，他们将成为勇敢的够格者和正式的斯巴达公民，为国家承担公民职责，服兵役直至 60 岁。

与绝大多数古代国家不同的是，斯巴达人非常重视女子教育。女子通常和男子接受同样的军事、体育训练，只不过不离家。其目的是造就体格强壮的母亲，以生育健康的子女；另一目的是，当男子出征时，妇女能担负起防守本土的职责。妇女的理想是当一名勇士的母亲。

由此可见，斯巴达教育重视军事体育训练，认为人的价值在于勇敢、服从、坚忍、强健。他们轻视知识、学术，鄙视思考和言词，主张讲话简要，训练青少年用一个字或一个短语来表达自己的意思，力戒长篇大论。古希腊作家色诺芬指出，在斯巴达，从男孩那里比从石像那里还难听到声音，男孩比女孩还要沉静寡言。他们生活方式狭隘，除了军事作战，不知其他。他们也有音乐、舞蹈，但其中全是贯穿了军事作战的内容。这种片面的以国家目的为教育目的的教育实践阻碍了斯巴达人的才能发展，而其中体现的国家导向型和实用性、专业性教育的模式则代表着世界教育史上一种重要的实践方向。

（二）雅典的教育

与斯巴达争霸的雅典是古代希腊另一个著名的城邦国家，地处伯罗奔尼撒半岛最南端的阿提卡半岛，北部是山，三面临海，全境山地众多，不宜农耕，但有丰富的矿产和优良的海港，为海外贸易和工商业发展创造了有利条件。因工商业活动而兴起的工商业贵族在与传统的氏族贵族的斗争过程中，逐步锻造了雅典的民主政治，并与雅典的海外交流特性相结合，吸收了环地中海和小亚细亚地区的文化，为雅典经济、文化、艺术的繁荣和教育的发展奠定了基础。正是在这些条件之上，雅典城邦中出现了智者的活动，形成了各种专门学校，诞生了苏格拉底、柏拉图和亚里士多德等思想家，从而使古希腊成为西方文明发展的第一个高峰。

由于政治、经济和文化背景的不同，雅典教育展现了与斯巴达完全不同的教育模式。雅典教育的培养目标不仅要求一个人要有健康的体魄，英勇善战，而且更能过好和平的生活。雅典人所向往的教育，是既能发展人的身体又能发展人的心灵的教育，一个最好的公民是道德、智慧、健康、美诸品质均集于一身的人，须有广泛的文化素养、发达的智力、多方面的兴趣，关心国事，而且要有审美力、文学艺术的兴趣等，因此雅典教育是一种身心统一的和谐教育，它无论在组织形式上还是内容、方法上，都比斯巴达的教育更具有广泛性、灵活性和多样性，是除斯巴达等少数城邦之外的其他希腊诸城邦的教育的典范，其身心和谐发展的教育观念也成为西方教育发展的基础之一。

雅典教育的实施就是根据以上总原则进行的。7岁以前的雅典儿童，一般要在家庭里接受良好的养护和教育。孩子刚出生时，同样要受到严格的检查，只准许强壮者由父母认可而留在家中养育。儿童主要由母亲对他们进行合理的喂养，创造适宜的生活环境，注意饮食卫生，挑选有经验的奴隶来照看他们，通过童话、故事和伊索寓言等学习一般的行为道德观念和日常生活知识。7岁后的男孩，由教仆陪同进入家庭外的学校就读，而女孩则一直被留在家里接受家庭教育，学习读写、演奏乐器、纺织、缝纫、烹饪和刺绣等。

雅典的学校一般有以下几种：一是文法学校；二是音乐学校（也称弦琴学校）；三是体操学校。但关于这三类学校的学习是同时进行还是有顺序地进行目前没有定论。有一种说法是，7～13岁进入文法学校学习，13～16岁进入音乐学校学习，16～18岁则进入体操学校学习，但年龄的界限也许不如我们所想的那么严格。

在文法学校，主要学习基本的读、写、算；在音乐学校，则学习音乐和舞蹈。雅典人认为每个人的生活各方面都需要和谐与节奏，而音乐的韵律可以达到这一目的，因此音乐教育被视作和谐发展的教育中重要的组成部分之一，直接为培养身心和谐发展的公民服务。音乐教师往往在教孩子们演奏七弦琴的时候，给他们朗读一些优秀的抒情诗人的作品，并且把这些诗歌配上乐曲，让孩子们用有节奏的音律来歌唱，使得他们心灵纯洁、举止文雅、行动得体，形成高尚的品德。

体育是雅典教育的另一重要组成部分，实际上，体育自孩童幼年之时即行开始，初期进行的是有关行走坐立的动作锻炼，以使其行为动作合乎规范、姿势优美；男孩自16岁起进入体操学校进行更为严格的训练，包括"五项竞技"：赛跑、跳跃、摔跤、铁饼和标枪，雅典体育的目的绝不仅仅是提高雅典公民的军事基本素质，而是锻炼身体的各个部位，使之形成健美的体格和勇敢坚韧的品性，体育与音乐教育结合，帮助雅典人在柔弱和勇敢之间取得平衡。因此，"体育强健身体，音乐陶冶心灵"是对雅典教育的最好诠释。

18岁之后，青年进入埃佛比阶段，这一阶段主要由国家实施军事团体训练和相应的实践，为城邦培养具有军事能力的公民，以及为城邦筛选和培养具有统治才能的领导者。两年期满后，他们便成为普通公民中的一员，逐步承担起为城邦服务的职责。

除上述学校教育之外，雅典年轻人还要参加各种公民集会、观剧和节日庆典等，接受社会教育。雅典的许多社会组织，各种公民集会，如庆典、法庭辩论、神庙节庆、体育场锻炼、剧院观戏、人民大会等都对年轻人产生巨大的影响。年轻人参加一些活动，学习公共的生活准则，受到政治教育、道德教育、诗歌教育和美的教育，并注重智慧、正义、节制、勇敢等四大美德的培养。

从上述内容可见，雅典教育以身心和谐发展为基本理念，重视理性和智慧在其中的作用，注重公民为城邦服务的同时又反对过于职业化和专业化的教育，从而形成了独特的个体与城邦互重的、旨在卓越的自由教育模式，这一理想模式对后世西方教育的传统具有决定性的影响。雅典的自由教育观念与斯巴达实用性的国家导向教育形成了强烈的对比，这一对比也成为理解此后西方教育发展过程的一条重要线索。

三、古希腊教育思想的发展

在古希腊尤其是雅典教育的发展过程中，基于对自然、人与社会理解的加深，出现了像智者、苏格拉底、柏拉图和亚里士多德等思想家，他们展开了对培养人的思考和实践，并逐渐形成了系统的教育思想。这些教育思想及其实践活动对古希腊教育乃至西方教育产生了非常大的影响。

(一) 智者

在古希腊，"智者"一词很早就存在了。在荷马时代，它是指在技巧、占卜和预言等某种精神方面的特殊才能及拥有这种才能的人，到后来，人们把凡是有智慧的、有理解力、技术超群的人以及具有治理城邦技艺的人，都称为智者。到公元前 5 世纪后期，"智者"一词获得了新的、特殊的含义，被用来专指以普罗泰戈拉为代表的一批传授辩论术和其他知识，收取学费，并以此（收费授徒）为职业的巡回教师。这些人云游各地，积极参加城邦的政治和文化生活，以传播和传授知识获得报酬，并逐步形成了一个群体。智者派的代表人物主要包括普罗泰戈拉、高尔吉亚、普罗狄克斯、希庇阿斯、安提丰和克里底亚等。

智者派共同的思想特征是：相对主义、个人主义、感觉主义和怀疑主义。在智者看来，一切知识、真理和道德都是相对的，都有赖于具体的感知者。在一个人看来是真的，那就是他所谓的真。没有客观真理，只有主观意见。普罗泰戈拉甚至提出，人是万物的尺度，是存在者存在的尺度，也是不存在者不存在的尺度。

智者的集体教学活动具有高等教育性质，其教育的目的是教人学会从事政治活动的本领，即训练公民和政治家。他们试图在修辞技巧的帮助下，通过辩论疑难问题来促进认识的发展。因此，文法、修辞学、辩证法成为智者主要的教学科目，甚至自然科学也被纳入智者的教学科目和研究范围。然而，智者的怀疑论否认确定的知识，在一定程度上带来了思想的混乱。

作为西方最早的职业教师，智者对古希腊教育实践和思想的发展做出了如下重大贡献：

（1）大胆地弘扬人的价值，从人的角度来理解整个世界的人文主义观点对同时代和后世的智者影响深远。

（2）提倡有教无类、学术自由的观念。智者云游四方，在各个城邦游走授业。他们对教授知识对象的要求不多，不考虑听众的出身和门第，所需要的就是能够付得出报酬。这种游走讲学、自由授业的教育，对促进城邦之间的文化交流、推动文化知识的大众化传播和增进社会流动，起到了重要作用。

（3）智者抱着实用的目的研究与辩论、演讲直接相关的文法、修辞、哲学等科目，并把这些知识传授给他人，因而，既拓展了学术研究的领域，又扩大了教育内容的范围。西方教育史上沿用千年之久的"七艺"中的前"三艺"（文法、修辞学和辩证法），正是由智者首先确定下来的。

（4）确立了培养政治家的教育目的。智者最关心的是道德问题和政治问题，并把系统的道德知识和政治知识作为主要的教育内容。这样，不仅丰富了教育内容，而且提供了一种新型的教育——政治家或统治者的预备教育。

（5）智者的出现，表明在希腊，职业教师已逐步取代原有的"大众教师"（如诗人、戏剧作家），教育工作已经开始职业化。这对提高教师的地位、提高教育工作的成效，无疑具有重要的意义。正由于职业教师的出现，教育活动的内容、方法逐渐规范化，教育才得以进一步发展。

（二）苏格拉底

苏格拉底是古希腊著名的哲学家和教育家，在哲学史和教育史上占有崇高的地位，被称为人类的教师。苏格拉底活动的时期，也正是来自希腊各地的智者活跃于雅典的时期。他听过智者的讲演，但他对智者的无知佯装有知、争名求利、无原则、无是非和巧言佞色深感厌恶，使他从反面去思考人生的真谛、真理的实质和社会的正义，使他高出智者之上，并开启了西方哲学史和教育史上的一个新时代。他的哲学和教育思想一直流传下来，至今仍具有深远的影响。

（1）论教育的意义。苏格拉底认为，人天生是有区别的，但不管这种区别多么大，教育可以使人都得到改进，人必须接受教育。他指出，无论是天资比较聪明的人，还是天资比较愚钝的人，如果他们决心要得到值得称道的成就，就必须勤学苦练。普通人必须接受教育，对于治国者来说，接受教育就更为必要。

（2）论教育的目的。苏格拉底提出教育的首要目的是造就优秀的治国人才，从而由其带领形成一个良善的城邦，让众人过上幸福的生活，这一观念是柏拉图提出的哲学王思想的渊源。苏格拉底认为，只有富有理性洞见同时又具有"善德"的人，才能把城邦治理好。因此教育的目的在于培养既有理性智慧又有良善德行的人。苏格拉底认为，对于一切有志成为城邦护卫者的人，都要锻炼忍受饥渴、寒热、劳苦的能力，养成节制和勇敢的品性，力戒贪杯、贪食、贪色、贪睡的习惯，并在此基础上进行更高的哲学教育。

（3）论道德教育。道德伦理问题是苏格拉底哲学的主题，也是他的教育思想的主题。苏格拉底认为，教育的首要任务是教人"努力成为有德行的人"，他一生都在践行着这一任务，劝人向善，教人善德，具体来说，就是培养勇敢、节制、智慧和正义四种美德。苏格拉底认为，人的行为之善恶，主要取决于他是否具有更高的知识，只有知道什么是善，什么是恶，才能趋善避恶。在这个意义上，苏格拉底明确指出——"美德即知识"。从"智德统一"的观点出发，苏格拉底进而提出"美德可教"的主张。在他看来，既然道德是以知识或智慧为基础，那么，美德就是可教的。通过传记知识，发展智慧，就可以培养具有完善道德的人。因此，知识教育是道德教育的主要途径。

（4）苏格拉底法。为了有效地传授知识，以达到道德教育的目的，苏格拉底创制了著名的苏格拉底法。在苏格拉底看来，知识就像母亲腹中的胎儿，它是先天存在于学生的大脑中的。教学并不是要把外在的观念灌输给学生，而是要把学生头脑中的真知从已有的意见中引发出来，也就是说，教师教学的过程就像助产婆把胎儿从母亲的肚里接生出来一样，即思想之接生过程。因此，该方法又被称作"产婆法"或"助产术"。苏格拉底将这个过程分成两个步骤：①反讽。教师以无知的面目出现，通过巧妙的连续诘问，使学生意识到自己原有的观点是混乱的、不确切的。苏格拉底认为这一步非常必要，因为只有当学生认识到自己的无知时，才有可能引发对真知的探究。②助产。教师进一步启发、引导学生，使学生通过自己的思考，得出结论。苏格拉底法的特点是，不将现成的结论强加于对方，而是通过不断的提问诱导对方认识自己的错误和无知，从而启发学生进行反思，为获得真知奠定坚实的基础。

（三）柏拉图

柏拉图是继苏格拉底之后又一位著名的古希腊哲学家和教育家。他出生于雅典奴隶主贵族家庭，青少年时期学习文学、音乐和绘画，20岁时师从苏格拉底，致力于哲学的研究，最后成为著名的思想家。柏拉图不仅提出了以培养哲学王为目的、以灵魂转向说为核心的教育思想，而且制定了一套实施这一思想的课程体系。柏拉图是古希腊第一个创立了相对完备的教育学体系的思想家，这是他在西方教育思想发展史上的重大贡献。柏拉图的教育思想主要包括以下几个方面的内容。

1. 理念论

柏拉图把世界划分为两个世界：现象世界和理念世界。现象世界是指日常见到的、生活着的现实物质世界。理念世界是指离开人类而独立存在的精神世界，是在现象世界之外的。两者的关系是：现象世界是暂时的、变动的、虚幻的、不真实的；而理念世界是永恒的、不变的、实在的。他认为，现象世界只是理念世界的摹本或影子，现象世界中的具体事物是理念世界中的理念派生出来的，也就是说，现象世界的本原不是物质的，而是观念的、精神的，这也意味着在理念世界中存在的善的理念和形式，是现象世界中各种事物的本原和标准。

2. 回忆说

柏拉图从理念论出发，提出了学习即回忆说。他认为，所谓知识、真理，不是人们对现实世界的认识，而是对所谓理念世界的认识。他认为，认识理念世界不能靠感觉，感觉只能提供错误的认识，认识理念世界主要靠灵魂对理念世界的回忆，即灵魂的转向。因为人的灵魂是永恒的、不变的，灵魂在投生以前寄居在理念世界之中，它已经认识了理念世界中的一切理念。但当灵魂与肉体结合转生为人时，由于进入肉体牢笼和失去自由而产生惊吓、恐惧，并受到现象世界中各种欲望诱惑等原因，本来具有的知识或已认识的理念遗忘了。不过，这种对真理与知识的遗忘和灵魂的睡眠状态是暂时的，如果遇到适宜的条件，或给予适当的提示和唤醒，如精神助产术，特别是借助可感事物的启示，便能唤醒和回忆起灵魂中已有的知识。

3. 灵魂三分说

理念论和回忆说的前提是柏拉图提出的灵魂三分说。他认为灵魂自从与肉体结合以后，会产生三个动力部分，第一个是理性部分，第二个是激情部分，第三个是欲望部分，而且不同人的灵魂的三个部分的比例是不一样的。拥有理性多一点的人能更好地回忆理念世界，也能更好地运用理性驯服激情和欲望，有能力接受更高的教育，形成和谐的灵魂，这是一个人正义而幸福生活的根源。激情部分则是灵魂与肉体结合后产生的，代表血气和荣誉，它在一定程度上会阻碍人们对理念世界的认识，但它是勇敢、美德的天性的基础，因此激情多一些的人在经过城邦教育之后能够成为很好的护卫者。欲望部分则是人的生存本能，它不可去除却又应该被超越，被欲望部分所控制的人会过于在乎享乐或舒适，而不愿寻求理念或荣誉，对于这些人来说，重要的是培养他们节制的美德，让他们服从理性的指引。柏拉图认为，如果一个城邦里不同禀赋的人能够像和谐的灵魂一样安排好各自的位置，则这个城邦将会具有良善的秩序，城邦和城邦中的人都将过上正义而幸福的生活。

4. 《理想国》

正是基于上述假设，柏拉图在著名的《理想国》一书中，探讨了如何通过教育构建一个最佳政体，即一个正义而幸福的理想国家，并为此提出了完整的教育计划。该计划主要分为以下几个阶段：

（1）文艺教育阶段。柏拉图提出，在儿童时期，应该通过净化过的最优美和高尚的音乐、诗歌与故事铸造儿童的心灵，培养儿童的美德和对美的爱，让他们在诗歌吟诵和音乐陶冶中模仿勇敢、节制、虔诚、自由的高贵人物的嘉言懿行，免受不良事物的影响，确立对神圣和良善事物的信念，使其自童年时起就虔敬神明，孝敬父母，重视朋友间的友谊，养成良好的言行、勇敢的精神以及克制和服从的习惯，让节奏与和谐浸入他们的心灵深处，与优美和理智合二为一，从而为成为温文有礼、既美且善的人奠定坚实的基础。

（2）体操教育阶段。柏拉图认为，在完成好的心灵和好的品格的塑造之后，年轻人需要通过严格的体育锻炼使得天赋体质达到最好，养成使身体健康的简单而质朴的生活好习惯，并在音乐教育的软弱和柔顺与体育锻炼的野蛮和粗暴之间取得和谐，使灵魂中爱智的理性部分与血气的激情部分张弛有宜、配合适当，从而成为既温文又勇敢的公民。在完成这个阶段的教育之后，就需要从中选出既具有护卫国家的智慧和能力又愿意为国家效劳的优秀者，进入下一个教育阶段。

（3）护卫者教育阶段。柏拉图指出，护卫者既是军人又是哲学家，因此他应该在这一阶段修习算术、几何和天文，既可将其用于战争，又通过它迫使灵魂通过纯粹理性从可变世界转向真理和实在。为了保证护卫者全心全意为国家服务，柏拉图还提出对他们的教育应该在共产主义的生活方式中进行，即除了必需品的定量配给之外，他们不得有任何私产，妇女儿童公有，教育公有。这一阶段学习期满之后，能将以往学习的内容加以综合，能研究它们之间的联系以及它们与事物本质关系的人，也即具有辩证法天赋的人将被挑选出来进入下一阶段的学习。

（4）哲学家预备教育阶段。在这一阶段，学生将学习高级的算术、几何、天文、乐理和哲学，其学习目的不再是为了实用，而是为了发展理性思维能力，从而更好地探究真理。在这一阶段结束后，能够通过辩证法考试，利用自身的理性跟随真理达到实在本身的人将继续深造，进入哲学家教育阶段。

（5）哲学家教育阶段。在这一阶段，学生将学习哲学辩证法。辩证法是指导人类认识最高的善的观念的科学，也是哲学的最高学科。柏拉图认为，当一个人根据辩证法企图只用推理而不用任何感觉以求达到每个事物的本身，即理念，并且这样坚持下去，直到他通过纯粹的思想而认识到善的本身的时候，他就达到了真理和实在。学生完成这一阶段的教育后将成为哲学家。

（6）哲学家实践教育阶段。学生在成为哲学家之后还需要进入现实中进行实践与继续学习，负责战争或公务，培养实际经验，接受各种诱惑和考验，到 50 岁时，那些不受诱惑、坚定不移的，且能真正看到善本身，以此为原型管理好国家、公民个人和他们自己的人，就会成为哲学王轮流统治城邦，这一哲学王统治的城邦也将是一个正义的城邦。

柏拉图是西方教育史上具有划时代意义的思想家，他的思想对西方教育理论的形成与发展产生了深远的影响。他充分肯定教育的重要作用，系统地论述了教育与政治、教育与哲学，教育与正义生活的关系，提出了教育对治国、培养统治者和人类精英的价值，并确立了哲学王教育的内容和过程，尤其是他主张开设的算术、几何、天文、音乐成为古代的"四艺"，与智者的"三艺"——辩论术、修辞术、文法，一起合称"七艺"，支配欧洲中、高等教育长达 1 500 年之久。

（四）亚里士多德

亚里士多德是柏拉图的学生，他是一位百科全书式的学者，他所进行的各类知识的研究是西方多个学科知识体系建立的基础，其注重理性和经验的思想对于西方科学的发展有着重要影响。亚里士多德丰富的教育思想散落在《政治学》《尼各马科伦理学》《形而上学》《论灵魂》《论感觉及其对象》等著作中，涉及教育与政治的关系、道德教育、哲学教育、教育的心理学和认识论基础及其实现过程等多个方面。

亚里士多德认为，教育作为联结私人领域与公共领域的纽带，被认为是培养公民、实现和保障善治的基本途径。亚里士多德通过对教育与政治、公民职业、伦理关系的探讨，从而与柏拉图等一起将教育放置在了一个非常重要的位置，这一认识也成为西方重视教育这一观念的重要来源之一。由此可见，在西方古希腊时期，政治、教育、道德伦理是作为一个不可分割的整体来考虑的，它们共同构成了整体城邦乃至共同生活方式的基础，并一起致力于追寻理想社会与人的发展。

1. 教育与善治共同体

亚里士多德高度重视教育在政治中的作用，认为教育对一个善治的共同体——城邦的存在和发展有着重要意义，所以教育应成为城邦最关注的事业。因为"善治"不仅取决于组成城邦的阶级及其政体的形式，而且取决于城邦是否具有美德，取决于能否培养公民的政治德性，达成人的幸福和美好生活方式，而教育则是培养这种美德的主要途径，教育的目的就是要形成一个由良善公民组成的善治城邦，并保证城邦公民的团结统一。从上述目的出发，亚里士多德明确指出，国家应大力创办和管理教育。

为了有效地实现国家对教育事业的管理和控制，亚里士多德提出了以下原则：首先，他主张对作为统治阶级的中产阶级进行统一的教育，让他们成为真正的公民和政治家。因为与其他阶级相比，中产阶级具有"顺从理性""很少野心""无所忧惧"的优点，比其他阶级更加稳定。其次，他认为城邦应该实行统一的教育制度，以公办教育取代私人教育，只有如此，才能实现上述教育目的。最后，亚里士多德提出了把教育纳入法制轨道的主张。这一方面是指国家要用法律手段来统一教育制度，让全体公民享有普遍的、同等的教育；另一方面，就是指教育应成为对人们进行法治的工具。

2. 教育与公民

在亚里士多德的善治城邦的建构中，如何教育城邦中的公民，使其拥有美德是其中的重要方面。他认为培养公民较高的品格是缔造较高政治制度的根本条件。因此，亚里士多德将公民的教育与哲学即理性的培养和灵魂的转向联系了在一起，从而提出了性属自由、本身内含美善的教育。

亚里士多德认为执着于权力、物质或者财富的生活是愚蠢的，因此美好的生活方式不能等同于身体的快乐，而应该是灵魂和理性的。他的一个基本观点是：人之所以为人的基本特征在于人具有理性，人只有运用、发展其理性，才能进行知识和智慧的探索，从而实现真正的自我。因此，人的教育也应当以充分发展人的理性为根本目的，而发展理性的教育只能是自由教育，它是唯一适合自由人（公民）的教育，自由教育的根本目的不是进行职业训练，而是促进人的高级能力的发展，从而使人从愚昧和精神的束缚中解放出来。这成为一种影响了西方教育几千年的基本观念和精神。

亚里士多德认为，自由教育的实施需要具备两个基本条件：闲暇和自由学科。亚里士多德认为只有具有闲暇，才能使人的身体与心灵保持自由，而这种自由是理性发展的基本要素，是接受自由教育不可缺少的条件。如果说闲暇是理性发展的外在条件，那么，自由学科则是自由教育的内在条件。亚里士多德把知识或教育内容划分为两种类型：一类是不适合于自由人学习的、实用的、为获取钱财或为某种实际功利的知识和技能；另一类则是适合于自由人学习的，有助于发展人的理性，以自身为目的的知识，这种知识就是自由学科，包括阅读、书写、音乐、几何、算术、天文、修辞、辩证法、哲学等。

3. 教育的实施

在教育的具体实施上，亚里士多德在总结斯巴达和雅典教育的具体经验的基础上，在自由教育论的基础上，论述了对受教育者施行体育、德育、音乐教育的具体内容和方法。在此，他依然强调的是读写、绘画、音乐等教育内容对善美观念和理性、灵魂的熏陶作用。

（1）体育。体育是亚里士多德所设定的教育中的重要内容。亚里士多德认为，进行体育训练的目的主要有两个方面：其一是使受教育者拥有强健的体魄，因为健康的身体是健康灵魂的基础，是公民从事各项工作、参与政治活动的前提条件。其二，青少年的体育锻炼可以培养他们温和而又勇敢的性情和坚强的意志。关于体育训练的内容，亚里士多德提到要遵循理性和适度的原则，要与受教育者的身体发育状况相适应，从而反对早期的过度锻炼，认为凡有碍生理发育的剧烈运动和严格的饮食限制都不适宜。只有到了18岁的青年才适合从事剧烈运动并接受严格的饮食规则。

（2）德育。亚里士多德十分重视道德教育。所谓美德，按照亚里士多德的原意是指"卓越的能力和性能"。他认为人有两种德行：一是理智方面的美德，它是以知识和智慧的形式表现出来的，由教育和训练实现；二是道德方面的美德，它是以制约情感和欲望的习惯表现出来的，是习惯的结果。因此，在亚里士多德看来，美德不仅是一种道德知识，更重要的是一种道德行为，知识和理智对于人的德性是必要条件，但不是唯一条件，还必须要有实际的训练，养成在行为中正确选择的习惯，才能真正全面地完善道德。因此，亚里士多德提出了道德教育的三个来源：天赋、习惯及理性。其中，他特别强调习惯的重要性。他认为道德训练的过程就像人们学习技艺一样，是经过多次重复练习而学会的，一个人要想成为公正的人，就要通过公正的行为才能变成公正的人；要想成为一个勇敢和节制的人，就必须实行勇敢和节制的行为。他还认为，对善行的模仿是形成良好品德最有效的方法。为此，他要求成年人要注意修身，用自己的善行去影响青少年。总之，他认为美好品德的形成必须利用天性，并经过反复行动形成习惯，使感情得到适当发展，最终使美德日趋完善，达到理智的高度。

（3）智育和美育。智育和美育是亚里士多德教育内容的重要组成部分，也是14～21岁这段时期教育的主要任务。亚里士多德认为，智育缘于人类求知的本性，因此智育的内容当然应该包括掌握真理、发展思维的能力，通过对事物的直接感受，逐步深入到理性的思考，从而掌握事物的内在本质，获得理性知识。只有按照这样的认识顺序，才能真正掌握知识。根据此观点以及吕克昂的教学，我们可以推测出他可能把哲学、逻辑学、物理学、数学等作为智育的重要课程。

亚里士多德十分强调音乐教育对人的理性的培养和发展所起的巨大作用。亚里士多德认为，音乐教育有三种功能：一是娱乐和憩息（弛懈），激发怡悦，解除疲乏，使之欢快；二是陶冶性情，使对人生的欢愉能够有正确的感应，从而培养善行和卓行，因此音乐可作为培养善德的功课；三是有益于心灵的操修并足以助长理智，是青少年高尚的情操和性格形成的重要力量。因此音乐教育的目的，不是为了未来从事表演职业，亦不是为了竞技，音乐的价值就只在操持闲暇的理性活动，为了"形成高尚、自由的心灵"。在这目的之下，音乐教育不仅是进行美育最有效的手段，还担负着智力教育的部分功能，也是实施道德教育不可或缺的内容。

　　作为一名伟大的教育思想家，亚里士多德对西方教育的影响极为深远，他提出的自由教育理论奠定了西方教育的一个重要思想传统，影响了此后西方通识教育的思想和实践。他还从理论上论述了体、德、智、美和谐发展的可能性和必要性，这一全面和谐发展的教育理论，更是对后来西方乃至世界各地教育理论和实践的发展发挥了重要的作用，尤其难能可贵的是，他还特别强调实践活动在青少年认识真理和培养美好品德上的价值，在这方面，他所表现出来的感性和经验主义倾向，构成了教育理论发展的一个重要方向。

第四节　古罗马教育

一、古罗马教育制度和机构的变迁

　　古罗马是继古希腊城邦国家之后逐步形成的典型的奴隶制帝国。它最初是位于意大利中部台伯河畔的一个小城邦，后来扩张成为地跨欧、亚、非三洲的强大国家。它在接受古希腊文化的基础上，根据自身情况发展出了较为实用的思想观念和文化特性。

　　古罗马的教育一般被认为分为两种类型：一种是延续至公元前3世纪中期古罗马征服意大利全境时都没有大变化的传统古罗马教育；另一种是通过文化学习和交流融合了古希腊文化要素的新教育。在传统教育向新教育的冲突转变过程中，出现了不同的阶段、不同的教育观念和实践。

（一）共和前期的教育

　　古代罗马从公元前6世纪起成立了共和政体，这一时期实行的是家长农奴制度。对外经常进行军事扩张活动，对内主要从事农业生产。土地由每个家庭自己耕种或利用奴隶耕种；父亲亲自和儿子们及奴隶从事农业生产，同时还要随时准备当兵打仗，以便迎击别国的入侵或扩大自己的疆土。母亲则在女儿的协助下管理家务。

　　这种家长制、小农经济和战备要求，决定了在古罗马传统中依据古老习俗实施一种"农夫—军人"的家庭教育，即儿童教育普遍是在家庭中进行的，实行家长制教育方式。父母是孩子的主要教师，父亲在家庭中有绝对的权威，儿童是父亲的私有财产，须完全听父亲的指挥，根据法律，父亲对他们握有生杀大权。

　　孩子在7岁之前由母亲负责养育和教导，培养正确的言行举止。7岁之后，女孩留在家里跟随母亲学习纺织及做家务。男孩则跟随父亲学习农事耕种和军事本领，并在跟随父亲出外工作或参加社会活动的过程中接受父亲的影响和教育，接受道德方面的熏陶和教诲，养成敬畏神明、孝敬双亲、谦逊节制、忠勇爱国的品德。儿童在家庭中有时也学习阅读、书写、计算以及骑马、游泳、作战和使用武器，直至真正成为一名农夫或军人为止。正是这些教育文化特性，造成了古代罗马儿童传统生活的严格、忍耐、守纪、保守和虔敬的特征。

（二）共和后期的教育

　　共和后期，罗马人在征战中日益深受希腊文化的影响，罗马也因此开始了希腊化，一种希腊式的新教育体系应运而生。新教育适应罗马政治和社会生活的需要，开始将培养雄辩家作为根本目的。随着以上这些变化，罗马传统家庭教育的性质、内容和方法也发生了变化。以前是由父母自己教育子女，而此时，家庭中出现了乳母、希腊保姆及希腊教仆，他们共同照管孩子，帮助儿童学习希腊文、拉丁文，儿童从故事中了解勇敢的祖先、有名的战役及英雄的事迹。在新教育的发展过程中，建立了众多的学校，儿童开始进入学校学习，但许多奴隶主贵族为了避免自己的孩子与平民孩子接触，即使孩子到了上学年龄，也不把他们送到初等学校去求学，而是在家庭里对他们施以初等教育，让他们学习阅读、书写、计算、"十二铜表法"等课程。在思想意识上，则要求儿童养成对共和国负责与效忠的感情，形成勇敢和坚强的意志，养成整洁、谦逊和节制的习惯，提高其自尊心。有时还组织儿童访问裁判所、军营和元老院，使他们从小就懂得一点有关宗教信仰、军人品质和政治制度等方面的初步知识。

这一时期出现的学校主要有以下三种：①初级学校。主要是为平民而设的私立学校，招收 7～12 岁的孩子，设备简陋，教学内容贫乏，一般学习基本的读、写、算和"十二铜表法"。②文法学校。主要是为贵族和其他富裕人家子弟设立的中等学校，招收 12～16 岁的孩子，教育内容包括拉丁文、希腊文、修辞学，教师多数由希腊人担任。③高等修辞学校。该类学校主要是为贵族、富裕人家子弟而设立，出现于共和后期，相当于高等教育。学校招收 16 岁以上的孩子，学习两到三年，课程有修辞学、哲学、希腊文、法律、数学、天文、音乐等。这类学校旨在培养学生的雄辩、演说才能，为将来担任国家的高级职务做准备。

（三）帝国时期的教育

在帝国时期，罗马统治者为了有效而牢固地控制广大的领土和被征服的民族，对以前仅满足于培养有教养的雄辩家的教育做了改变，教育目的改为培养忠于帝国的官吏和进行文化思想灌输的教师，教育成为巩固其政权的重要手段。为此建立起了一套国家教育管理体系，采取用国库资助教育的措施，把一切教育置于国家的监督之下。国家规定教师享有一定的特权，免除教师的兵役和劳役；责成地方当局在各个城市开设一定数量的初等学校；保障教师的社会地位和其他物质利益；领取国家薪俸的教师必须经过皇帝的严格挑选，并由皇帝最后决定任免；责成地方当局对教师工作以及教学内容进行监督，对私立学校和私人教师实行严格管制；帝国皇帝还专门开办对皇帝子孙进行教育的宫廷学校。最后几代罗马皇帝把基督教变成自己的精神支柱后，任用基督教徒来充当教师，致使宗教神学逐渐加强，到中世纪则达到登峰造极的地步。

在这种情况下，帝国时期的教育也变成一种忠实执行皇帝意志的工具。但对不同阶级的儿童则灌输不同的思想意识：奴隶主贵族的子弟从小就被养成自命不凡、好逸恶劳、贪图享受、道德堕落的未来统治者；劳动群众的后代则被训练成麻木不仁、唯命是从的帝国顺民。

二、古罗马教育思想的演进

在古罗马传统教育向受希腊文化、基督教观念影响的不同教育的演变过程中，教育也发生了演变，从以大加图为代表的传统教育观向以西塞罗、昆体良为代表的受古希腊文化影响的雄辩家教育思想转变，最后则是出现了以奥古斯丁为代表的基督教教育思想。这些思想观念各有特点，对后世的影响也甚为深远。

（一）大加图的传统教育观念

大加图是罗马共和时期的政治家、演说家，也是一位拉丁散文作家。他出身于农民家庭，参加过第二次布匿战争，由于擅长演说和精通法律事务，而得到贵族卢西乌斯·瓦勒留·弗拉库斯的赏识，后者助其进入罗马政界，担任过执政官和监察官。他著有《起源》《论农业》《道德格言》等著作。

大加图基于自身的经历和对罗马传统的敬重，强调保存维护古罗马原有的文化教育传统，反对模仿骄奢华丽的希腊文化。他认为保留罗马传统的精神，培养罗马社会传统的公民是罗马教育的基本目的，因此注重道德、法律、农业军事技能和传统习俗的教育，关注如何培养罗马公民的爱国主义、公民责任和道德品质。在教育方法上，他强调家庭教育的重要性，注重在现实中进行实践和模仿。

据普卢塔克记载，大加图本人不但成为孩子的启蒙教师，而且还是孩子法律课的家庭教师和体育教练。他不仅教儿子投铁饼，披甲戴盔去骑马，还教他打拳，经受寒暑锻炼，在台伯河追波逐浪尽情游泳。他亲手用正体字写成《罗马史》，这样，他的儿子不必出门就能熟悉本国古代的传统。他声称在他儿子面前，他就像守护维斯太女神圣火的贞女一样，非常谨慎地提防着说出下流话来。

显然，大加图的教育观念反映了罗马在受到希腊教育影响之前的教育状况，以及当时罗马人的教育价值取向。但从教育思想的系统性角度来看，大加图的思考只停留在经验性和描述性的层面，还没有上升到理性反思的高度。

（二）西塞罗的雄辩家教育理论

西塞罗出生于骑士家庭，是共和后期的政治家、雄辩家、文学家、哲学家。西塞罗年轻时受过良好的教育，对于罗马文化教育希腊化问题，持折中调和态度，主张在保持罗马道德传统的基础上接受希腊文化。他根据当时罗马社会的政治需要，在其著作《论雄辩家》中论证了培养雄辩政治家的教育思想。

雄辩术起源于希腊，在罗马共和时期，雄辩术在政治生活中曾起过巨大的作用。它是争取民众、击败政敌的重要工具。到了共和末期，它的重要性逐渐消失。随着帝制的建立，雄辩术更逐渐失去它存在的土壤，但是经过多年的发展，雄辩家已经成为有教养的罗马人的标志或代名词。雄辩家也就意味着一个有教养的人，西塞罗的雄辩家理论正是在此意义上丰富了雄辩教育的含义。

西塞罗认为，一个名副其实的雄辩家，必须能够就眼前的任何问题进行得体的演说。这就要求雄辩家与一般的"会说话的人"和各种专家区分开来。所谓会说话的人，指的是能在大庭广众之中，"根据人类通常的判断力，准确而清晰地表达自己的思想"的人。但这与能就任何问题发表演说是不同的，因为能清楚地表达自己的意思，并不一定能就任何遇到的问题做生动而具有影响力的演说。要对任何遇到的问题做生动有力的演说，只有雄辩家才能办到。所谓专家，是精通某一专业领域的知识的人，虽然雄辩家在某一专业领域的知识不如该专业的专家，但只要获得该专业的基本知识以后，他讲起来就会比他请教过的专家还要生动、精彩。其中的原因，就在于雄辩家善于雄辩。西塞罗的这种观点在当时以及以后的一个多世纪里成了权威性的观点。

西塞罗认为，雄辩家应能就任何需要发表演说的题目进行有说服力的演说。这一要求是很高的，要想成为一个名副其实的雄辩家，必须具备以下条件：①广博的学识。西塞罗说："依我所见，除非他拥有各种重要的知识和全部自由学科，否则他就不可能成为一个多才多艺的雄辩家。"在这里，西塞罗所讲的要通晓全部自由学科，是指文法、修辞，以及柏拉图、亚里士多德所主张学习的算术、几何、天文、音乐等学科；他所讲的各种重要知识，则是指政治，包括各国的政治制度、法律和军事等。②雄辩家光有一般的社会的知识还不行，还要在修辞等方面具有特殊的修养，因为决定演讲水平高低的重要方面是遣词造句以及整个演说词的文体结构。③优美的举止与文雅的风度也是雄辩家应具有的品质。

就雄辩家的培养方面而言，西塞罗强调练习的重要地位。他主张要进行经常性的模拟演说，同时要勤于写作，用写作来磨炼演说。他认为写作可以训练人的思维能力和表达能力。这种能力可以转移到演说能力中去。

西塞罗的教育思想延续了古希腊教育思想家的自由教育观念，但同时又强调在现实和社会中践行，因此对后世影响深远。他的思想在他死后的一个多世纪里，将由昆体良来继承发挥。

（三）昆体良的雄辩术教育思想

昆体良出生于修辞学教师家庭，是古罗马帝国初期一位杰出的雄辩家和教育家。他在罗马开办修辞学校教授演讲技巧长达 20 年之久。他还被认为是欧洲首位由国家支付薪金的公共讲席教授。他在西塞罗的基础上，进一步发展了雄辩家教育的原理，他撰写的著名的修辞学教程《雄辩术原理》，总结了古希腊教育思想和自己在修辞学和教育领域的学识和经验，介绍了系统的教学方法，成为西方第一部专门以教育为题材的教育学著作。

昆体良十分重视人的道德品质，并将伦理学引入教育思想中，他提出的教育目的是培养善良而精于雄辩术的人。在他看来，作为一个雄辩家，具有崇高的德行比具有最出色的雄辩才能更重要。他认为，一个雄辩家必须是一个善良的人，如果一个雄辩家不为正义辩护而为罪恶辩护，雄辩术本身就成为有害的东西。所以，德行是雄辩家的首要品质。在德行之外，雄辩家还应该是具有广博知识和良好教养的人，这样才能承担起政治家、律师等重要的社会职责。

在传统教育与新教育的斗争中，昆体良站在新教育的一边。他认为，学校是儿童最好的学习场所。他反对当时罗马奴隶主子弟都在家里进行初等教育的习俗，认为学校教育比家庭教育优越得多。原因在于：①许多儿童在一起学习不会产生孤独、与世隔绝的感觉。②学校教育有利于克服儿童唯我独尊、自命不凡的状态。③经学校培养的学生在大庭广众面前能态度自然、举止大方。④在学校里可培养和发展儿童间友谊、合群的品性。

昆体良教育思想中最有价值、影响最大的是关于教学的理论。在长期的教学实践基础上，结合对儿童心理的深入了解，昆体良提出了一系列关于教学问题的见解：①较早提出了分班教学的设想，主张把学生分成班级，在同一时间，由教师对全班级，而不是对个别学生进行教学。在他看来，实行集体教学有利于学生的学习，并易于使学生接受良好的影响。②倡导因材施教。昆体良主张教师要善于精细地观察学生能力的差异，弄清每个学生天性的特殊倾向。在他看来，有的学生适合于学习历史，有的学生适合于学习诗歌，有的学生适合于学习法律。教师的任务就是要根据他们的天赋才能组织和指导他们学习，以便培养优秀的雄辩家。因此，他倡导教学要能培植各人的天赋特长，要沿着学生的自然倾向最有效地发挥其能力。③教学要"适度"。昆体良认为，教师所传授的知识的分量与深度要适应儿童的天性，符合他们的接受能力，而不能使他们的学习负担过重。④注意培养学生的能力。昆体良认为，教师在教学中应该结合教材、作业和演讲练习来培养学生的判断力、想象力和创造力。因为在实际的社会生活中，辩论的论题和情况是复杂的、变化的，所以使学生具有独立工作的能力格外重要。⑤改进教学方法。昆体良主张采用赞许、表扬以及激励学生进步的方法，反对实行体罚。因此，他要求教师应有崇高的品德和渊博的知识，热爱和关怀学生。

在西方教育史上，昆体良是第一位教学理论家和教学方法专家。他使教学论成为一个相对独立的研究领域，对近代教学论的发展产生了深远的影响。而他的著作作为道德智慧和修辞技巧的杰出典范，在文艺复兴时期几乎成为每个人文主义者的学习的楷模。他的著作、文章和演讲词练习题也成了从文艺复兴到19世纪初几乎每一所欧洲文法学校的必修课。

（四）奥古斯丁的基督教教育思想

奥古斯丁是基督教教父哲学的集大成者，他把柏拉图哲学用于基督教教义解释上，从而创立了基督教宗教哲学体系。他的宗教哲学对中世纪产生了极大的影响，是经院哲学所依据的权威之一。在《论教师》《忏悔录》《论基督徒的教育》等著作中，奥古斯丁结合自己的经历，在宗教哲学的基础上论述了对教育的一系列看法。他的教育思想成为中世纪基督教教育的理论基础。

（1）光照说。奥古斯丁的教育思想是建立在对上帝的信仰和将上帝作为永恒不变的、高于人类理性的最高真理的基础上的，因此，人类的确定知识及其来源、对知识的认识过程和人类的幸福生活必然不能仅仅通过人自身来实现或确立，而是必须在上帝的真理和恩典救赎之中才有可能。他将这种恩典和真理看作普照一切生在世上的人的真光，真理以光的形式照耀出来，而光照是人类获得真理的途径。如果没有上帝之光，即便人类有理性的视觉，也难以在一片黑暗中看到事物，因此奥古斯丁将光照看作人类知识的源泉，心灵只有在上帝之光的照耀下才能有所认识。与古希腊哲学家将先验的认识条件内在于人的理性不同，光照说首次明确地在认识者和认识对象之外设定了外在的、先验的、认识的先决条件。

（2）理性的作用和自由教育。奥古斯丁认为，在真理之光的规则指引之下，人类就可以利用上帝赋予的理性、记忆、感觉等安排处理感觉的材料从而形成知识，因此知识也就是在光照背景之下心灵根据规则对感觉材料进行分析、综合并从记忆上升为概念的过程，且趋向真理。因此理性就被认为是帮助理解和信仰上帝的一种途径。这就意味着，一方面对上帝的信仰为理解开辟道路，并就此出发踏上智慧的旅途；另一方面，人类的理性为信仰做了准备，对上帝的理解和信仰都需要通过理性来接收。因此，在信仰的前提下，奥古斯丁才重视自由教育的作用。自由教育只有超越世俗动机，为阅读《圣经》和信仰上帝服务才是有意义的。好的自由教育为热爱智慧的人提供的最重要的准备是培养他们的爱，让他们能够热爱上帝的热和光。

（3）幸福生活与道德教育。根据上述观念，奥古斯丁不再像哲学家那样视人类的智慧为幸福，而是认为真正幸福的生活，并不能在古代哲学的典籍中找到，只能是上帝赐予的福分，只有信仰上帝的人才能踏上通向永久幸福的道路，从俗世的异乡旅途中回到永恒的幸福来世天国。在此过程中，任何有理性的人只要正确地使用他们的自然能力，都会自觉或不自觉地服从与整个世界的秩序相和谐的道德准则，奥古斯丁称之为爱的秩序或自然律。在自然律的指引下，人不断克服自身不完善的本性，克服自身的缺陷，从而趋向于最崇高的存在者，杜绝错误认识的恶和伦理的恶，追求比自身更高的完善性，而不是趋向较低的官能享受和肉体快乐之恶。

奥古斯丁教育思想的意义在于他基于信仰之上，提出了与古希腊哲学教育相异的前提和思路，从而为从理性之外的角度思考教育的可能性提供了一条新的途径。教育某种意义上也即是为寻求幸福生活奠基，而奥古斯丁将对上帝的信仰作为教育与幸福的根基这一观点成为此后基督教教育的基本理论，从而开启了一种新的教育模式。在信仰与理性之间的教育张力无疑为西方教育的发展提供了又一种动力。

综上所述，古罗马教育在自身传统和借鉴古希腊文化的基础上，形成了自身的特点。比如，在教育中较注重道德；基于罗马社会政治的需要，发展了修辞学教育作为其主要教育形式，并吸收了希腊文化和自由教育的影响，注重广博知识和良好教养。在实践方面，基于罗马实用主义的特点，产生了包括各级各类学校在内的学校教育体系，并使得国家对教育的管理组织发挥着重要作用。在教育思想方面，罗马教育思想家一般比较注重教育实际问题的研究，相对地忽略了纯理论问题的探讨，他们更为关注的是教育中的各种具体问题，如教学程序、教学组织形式、教学方法等。这些理论对于后续西方世界教学的发展具有重要作用。此外，以奥古斯丁教育观为代表的基督教教育思想在这一时期也逐渐成熟，从而增加了西方教育思想的丰富性，为此后中世纪基督教教育思想的发展奠定了基础。

➲ 本章回顾

教育对于人类的根本意义在于，它一方面帮助传递人类在进化和发展过程中所积累的经验和知识，另一方面则是通过培养良好的人，引领和帮助人类社会形成良好的秩序。只有这样，人类才能适应和应对环境的变化，并不断发展。因此本章通过对教育与人类早期进化互动过程的考察及其因素的分析，早期东方文明中学校的创立历史及其意义的分析，作为西方文明起源的古希腊教育特性的理解，作为西方文明另一起源古罗马教育特性的理解，苏格拉底、柏拉图、亚里士多德、西塞罗、昆体良、奥古斯丁等著名教育思想家对何谓好的教育思考的考察，来理解教育的价值、意义以及它的实施。

通过这一章内容的描述，我们可以看到，在古代，教育与立政、立制、立教、立德是有机地联系在一起的，教育的教化功能得到了突显。当然，这里也有像昆体良那样开始探讨教育的技术问题的教育家，但是教育作为一种培养人整体的生活方式的途径的这一性质在古代社会是清晰可见的，这种整体性在现代社会中往往被模糊了。这是教育产生诸多现代问题的根源之一。

➡ 课后练习

一、不定项选择题

1. 不属于柏拉图的观点的是（   ）。

A. 理念论   B. 回忆说   C. 原罪说   D. 灵魂三分说

2. 古代两河流域的学校包括（   ）。

A. 文士学校   B. 寺庙学校   C. 宫廷学校   D. 学园

3. 史前社会作为过渡仪式的成年礼一般包括（   ）阶段。

A. 分离   B. 过渡   C. 边缘   D. 聚合

4. 古希腊自由教育的"七艺"包括（   ）。

A. 文法、修辞   B. 辩证法   C. 算术、几何   D. 音乐、天文

二、名词解释

1. 泥板书舍   2.《理想国》   3. 苏格拉底法   4. 修辞学校

三、简答题

1. 请归纳史前教育的基本特点。

2. 请简要叙述西塞罗、昆体良的教育思想。

四、论述题

1. 现今的教育中有提倡生活教育的，请你从对教育源头的理解出发，谈谈教育与生活的关系与内涵。

2. 请论述和评价亚里士多德的教育思想。

3. 请论述和评价柏拉图的教育思想。

➡ 进一步阅读文献

1. [古希腊] 柏拉图 . 理想国 . 郭斌和，张竹明，译 . 北京：商务印书馆，2002.

2. ［古希腊］亚里士多德. 政治学. 吴寿彭，译. 北京：商务印书馆，2002.

3. ［古罗马］昆体良. 昆体良教育论著选. 任钟印，选译. 北京：人民教育出版社，2001.

4. ［古罗马］西塞罗. 论演说家. 王焕生，译. 北京：中国政法大学出版社，2003.

5. ［古罗马］奥古斯丁. 忏悔录. 周士良，译. 北京：商务印书馆，1963.

第二章　中世纪教育

CHAPTER

学习目标

1. 了解中世纪基督教教育体系的产生与发展，掌握其基本的组织形式。
2. 理解中世纪世俗教育中宫廷学校、骑士教育、城市学校等重要形式。
3. 理解掌握中世纪大学的产生、发展、组织形式及其特点、意义。

公元 476 年，在蛮族劫掠之下，西罗马帝国最终灭亡。这标志着古典时代的终结和延续近一千年的中世纪时代的到来。蛮族在摧毁古代罗马文明的同时，继承了罗马帝国后期的文明要素——基督教。由此，欧洲进入宗教信仰时期，基督教神学在各个观念领域都获得了至上的权威，教会垄断了西欧的文化教育和精神生活，教士们获得了知识教育的支配地位。中世纪教育也因此具有了显著的宗教神学性质。

中世纪社会的宗教与世俗的二元特征使其形成了类型丰富的教育机构或形式。在中世纪中后期，由于城市重新兴起，商业复兴，教育获得了全新的发展空间，在此时期诞生的中世纪大学代表了中世纪文明和教育发展的最高成就，它为人类文明的新进展提供了新的出发点。

第一节　中世纪基督教教育

一、基督教的形成发展及其影响

1 世纪上半叶，基督教在罗马帝国统治下的叙利亚行省内的巴勒斯坦地区产生。最初，基督教是犹太教众多教派中的一个，到 2 世纪中叶，它才成为独立的宗教。公元 313 年，罗马皇帝君士坦丁颁布《米兰赦令》，宣布所有宗教同享自由，基督教成为合法的宗教。公元 390 年，狄奥多西一世立基督教为罗马国教，同时宣布其他的宗教为非法，基督教因此成为罗马帝国唯一的合法宗教。公元 395 年，罗马帝国分裂为东罗马帝国和西罗马帝国，基督教也随之分为东正教与天主教。

在西罗马帝国被日耳曼人摧毁后，基督教会与日耳曼人合作，巩固了教会的地位，并将基督教扩张到更广阔的地区。进入中世纪之后，基督教逐渐成为占统治地位的意识形态，同时，也获得了极大的世俗权力，其组织日益严密，形成了与封建等级制度相一致的教阶制度，到 13 世纪教皇英诺森三世统治时期，基督教会的权力达到了顶峰。15 世纪，教皇的权力开始衰落。16 世纪，欧洲爆发了影响深远的宗教改革运动，基督教内部再次出现分裂，由此形成了天主教和新教。

基督教的经典是《圣经》，包括希伯来人的经典《旧约全书》和记载基督耶稣及其门徒言行的《新约全书》。在基督教占统治地位的社会中，《圣经》是信仰、生活和言行的根据，是区别善恶、真假、是非的标准，因此它是凌驾于一切之上的绝对权威。

基督教对中世纪教育的影响是决定性的。具体而言，首先，由于中世纪很长一段时间内，教士是唯一识字的阶层，因而唯有他们才能充当老师；其次，在中世纪，教堂和修道院是古代文化的主要汇集场所，因而只有教会机关才能成为教育机构；最后，在整个中世纪，基督教是全部精神活动中占支配地位的内容，因而自然成为规范教育运行的主要因素。正是基于上述原因，基督教对中世纪西欧教育和教育思想产生了如下影响。

（1）基督教决定了中世纪教育的基本目的。中世纪一切教育的根本目的是与基督教关于人生目的的教义直接相联系的。在基督教看来，人是上帝创造的，都是上帝的儿女，上帝爱自己的儿女，人类也要爱上帝。人类生而有罪，可是上帝慈善，只要爱上帝，信仰和服从上帝，一切罪恶就可得到赦免。因此，爱上帝就成为人生的根本目的，而教育正是要培养人们对上帝的这种感情。中世纪教育有很多种类型，各有其具体的培养目标，但从根本上讲，一切教育都渗透着对上帝的情感和信仰。

（2）基督教的教义是中世纪教育的基本内容。在中世纪，不管是教会教育，还是世俗教育，都以基督教的教义作为最基本的教育、教学内容。《圣经》、教父著作、经院哲学家的著作、各种祈祷书、赞美诗、圣诗等，一直是不同类型学校的基本教材。神学是最重要的教学科目，甚至于那种本身具有世俗性质的科目，特别是"七艺"，也被根据教义的要求加以改造，或作为神学教育的基础科目。

（3）基督教会创办了大量的教育机构。为了培养神职人员和教育信徒，教会先后创办了大量的各种类型的教育机构。这些学校是中世纪西欧最重要的教育机构，承担了教育绝大部分社会成员的职责。即使是世俗教育中，实际的管理和教育工作，仍然是由教士承担。基督教会对教育机构的直接管理和控制，确保了宗教教育目的的实现。

（4）基督教所包含的价值取向决定了中世纪教育的基本精神。这是基督教对中世纪教育的影响中最为重要、最为深刻的方面，造成了中世纪教育具有根本不同于古希腊、古罗马教育的基本特征。

首先，基督教崇奉唯一的上帝——耶和华，追慕永生的天国，把世俗生活看作一段旅程，因而并不重视世俗生活的教育。这同古希腊、古罗马教育重视博雅的修养、军人征战的能力和从政演说家的才能相去甚远。

其次，基督教倡导人人平等，皆是上帝的羔羊，教徒大多是贫民和奴隶。这同古希腊、古罗马奴隶制度社会的严格阶级划分相异。

最后，基督教的"原罪"教义认为，因为整个人类的原始罪过，需要基督的救赎，教育的过程便成为赎罪的过程，教育的方法是强制的。这同古代希腊、罗马教育讴歌人性之美，强调人的身心和谐发展，以身心和谐发展为教育的功能和目的，重视对受教育对象心理世界的认识和探索，重视对教育过程、教育方法等问题的研究相比，两者也有天壤之别。

正是在这些基本观念的基础上，中世纪信仰时代产生了罪感意识、救赎意识、信仰精神、平等意识、禁欲主义、神秘主义、教权主义、正统和异端之争以及宗教专制等精神气质。因此，理解中世纪教育的基本前提就是把握基督教的产生发展、基督教的基本观念及其影响。

二、中世纪基督教教育类型与体系

基督教教育是指对教徒们进行的宗教观念、宗教情感和行为准则的教育，它一般包含两层含义：一是指学习基督教的各种信条，即救赎所必需的真理；二是指道德训练，即基督教徒所必须遵循的行为律法。这种教育既存在于学校教育之中，也存在于家庭教育之中，其目的是培养信徒和圣职人员，扩大教会力量。

（一）基督教家庭教育

注重家庭在宗教教育中的作用，是犹太教的传统，这个传统被早期基督教所继承。在基督教传播的过程中，家庭与教会有着同等重要的地位，并成为反复灌输基督教教义的第一所学校，从而与学校和教会构成了基督教三位一体的教育体系。

基督教家庭教育的内容主要包括以下几个方面：一是学习教义，形成虔诚的信仰，从而树立符合教义的人生观、道德观、价值观、财产观等；二是学习教规、教礼和教仪；三是进行职业训练和初步纪律训练，从而将工作与基督教教育相结合。

家庭教育在方法上则包括教导、观察和实践三个主要方面。首先是通过教导获得相应的知识，再通过观察思考、了解和判断所学的知识是否正确适切，再将所得的结论，透过实践的过程去应用。这样把体验得来的东西慢慢积聚起来，成为一种新知识，可以创造新生活，并把这些新知识传递出去。这种"教导（知识）—观察（了解）—实习（实践）"形成了基本的基督教家庭教育模式。此模式中，具体方法的运用则重视记忆、背诵和榜样教育，并将教育与礼拜及日常生活紧密结合。

基督教家庭教育对基督教的延续和发展起到了重要作用，有助于培养虔信的信徒，同时也有助于信徒获得共同的教义、基本知识、道德和行为方式，在完成基本教育的基础上，可以培养更多、更好的宗教人才。通过家庭教育，基督教将诸多家庭与教会联系在了一起，为形成一个稳固的宗教团体施加了重大的影响。

（二）基督教学校教育

在西欧中世纪早期原罗马世俗学校消亡之后，教会学校一直是西欧教育的主要形式，其主要类型有以下几种：

1. 初等教义学校

早期基督教并不重视正规的教育形式。随着基督教的广泛传播，教会逐渐意识到，要使那些异教徒皈依基督教，必须使他们在正式成为教徒之前接受一定的基督教教育。这便是初等教义学校的起源。2 世纪中期，初等教义学校最早在埃及的亚历山大利亚出现。以后逐渐扩展到西欧部分地区，到 5 世纪，这类学校趋于鼎盛。9 世纪后，由于初生婴儿洗礼已经成为普遍的做法，也由于基督教的原则和教义为人所共知，已没有初等教义学校存在的必要，这种学校便衰落和停止了。

在初等教义学校早期，学校设置较为随意。只要便于教学，就可以设立学校。随着时间的推移，初等教义学校一般都设在教堂的中殿，教师主要由主教或神甫兼任。最初，初等教义学校的教学主要面向成年人。当所有成年人都被基督教化了之后，这种学校便成了儿童的学校，由堂区牧师负责。在中世纪早期，初等教义学校在传播基督教，使当时的"异教世界"基督教化发挥了重大作用。

初等教义学校的教学内容主要是宗教和道德教诲，以及阅读和书写，唱赞美诗，记住《圣经》的一些段落，祷告和沉思，以帮助新皈依者了解基督教的历史、教义和实践，为接受洗礼做好准备。初等教义学校使用的教科书主要有《使徒遗训》，这是最早的基督教教义和伦理的教科书。

2. 教理学校

随着基督教的发展，基督教会中的有识之士越来越意识到建立更高级学校的必要。在此基础上，教理学校出现了，并成为最富有生机的教会教育机构。第一所教理学校产生于亚历山大利亚，学校既讲授世俗学科，也讲授基督教神学，以此来应对来自具有各种不同信仰的学者的挑战，同时也为了吸引一些较有学识的年轻人入教。

教理学校的教学分为高级学科和初级学科。高级学科由校长以讲座的形式向听众讲授；初级学科则由校长的助手讲授。此外，教师还为所有学生举办公开的讨论会，就学生提出的有关教义的问题进行解答。

教理学校为学生开设百科全书式的课程，包括逻辑、物理学、几何学、天文学；这些学科之后是哲学，特别是伦理学和形而上学。这些学科被看作理解基督教，理解神圣真理，引导灵魂走向拯救的预备课程。教理学校的课程最终以基督教神学的学习和对《圣经》的注释而结束。直到 5～6 世纪，亚历山大利亚教理学校一直是基督教的学术中心。[①] 除亚历山大利亚教理学校外，在安提阿、尼西比斯等地，也曾开办过教理学校。

3. 主教学校

主教学校又称座堂学校，是指办在主教座堂所在地或大教堂里的学校。基督教最先传教

---

① Eby and Arrowood，*The History and Philosophy of Education：Ancient and Medieval*. New York：Prentice-Hall，Inc.，1940，P. 612.

是旅行传教，没有固定的教堂或学校。随着基督教的发展、信徒规模的扩大，基督教在大城镇和一些区域先后建立了主教区和主教座堂，即大教堂。在此基础上，教会颁布的一些宗教会议和法规要求教区内的牧师必须接收年轻的、尚未结婚的读经者到自己的住处，教他们唱赞美诗、教会的课程、上帝的律法，以便牧师有合格的继任者。① 在这些法规的规范下，在主教住所逐渐形成了一个由儿童、准备担任牧师的年轻人以及在任牧师组成的团体，这被认为是主教学校和教会经院学校的起源。

进入中世纪后，由于种种原因，主教学校开办的情况并不能令人满意，罗马教廷经常收到来自地方教区对于缺乏文法学校的抱怨。但在教廷的不断努力下，主教学校先后在欧洲一些城镇建立起来，并逐渐成为基督教教育的重要机构之一。到 10 世纪后期，随着贸易和商业的发展，欧洲出现了相对的稳定与和平，一些主教所在地逐渐地成为中世纪欧洲著名的城市和经济社会中心，如列日、雷姆斯、莱昂、巴黎、奥尔良、查特斯等。这些主教座堂所拥有的学校也获得了极高的声誉。

由于中世纪知识水平有限，主教学校最初只能传授最为基本的自由学科知识，其中文法学习占据了重要地位。开始阶段，文法学习的主要教材是 4 世纪多纳图斯编的《文法简编》，接着是 6 世纪普里西安编的 16 卷本的《系统文法》。随着主教学校的正规化，卡佩拉、波伊修斯、卡西奥多鲁斯、伊西多尔等人编撰的著作逐渐被引入。在 10 世纪末和 11 世纪初，主教学校以教义教学为主。随着贸易的发达、城市的复兴和知识的发展，从 11 世纪中叶开始，一些主教学校逐渐发展成为重要的知识和教育中心。

4. 教区学校

除主教学校外，中世纪基督教教育中还包括更为普遍设立的教区学校。教区学校设在主教下辖教区的教堂里，是由教会举办的面向一般世俗群众的普通学校。查理曼统治时期，奥尔良的主教狄奥多夫曾发布命令，要求"教士应该在村镇建立学校，如果任何虔诚的父母愿意送自己的孩子来学习，他们应该热情地接受下来，并进行免费的教育"②。12 世纪中期，教皇又要求所有教区兴办学校，从而促进了教区学校的大发展，教区学校成为欧洲最为普遍的学校教育形式。教区学校一般没有确定的学习年限，学生经常参加宗教活动，教学与宗教活动相混杂。学校的教学方法相对机械、烦琐，上课时教师口授，学生记、背，同时纪律严格，盛行体罚。

5. 修道院学校

修道院学校缘于基督教的修道主义。修道主义是指一部分信徒将贫穷和独身生活视为一种理想的生活方式，以沉思退隐、远离尘世的忘我精神展现对宗教的虔诚，并据此隐居修行

---

① Eby and Arrowood, *The History and Philosophy of Education: Ancient and Medieval*. New York: Prentice-Hall, Inc., 1940, P. 623.

② Edward J. Power, *Main Currents in the History of Education*. New York: McGraw-Hill Book Co., 1962, P. 223.

的观念。在这一观念的推动下，修道行为和修道院先后在埃及等地兴起。4 世纪时，修道院的观念和制度传到意大利，并在意大利流行开来。约在 7 世纪时传入法兰克，到 8 世纪时已遍布整个法兰克王国全境，仅高卢地区就先后建立了数百所修道院。修道院成为西欧一股巨大的政治、经济和文化教育的力量。

修道院学校大约出现在 6 世纪，到 9 世纪时，大多数修道院都办起了学校。修道院学校的办学宗旨也就是修道院建院的宗旨，凡是进入修道院学习的人都必须发"三绝誓愿"：绝色（禁欲）、绝意（听命）、绝财（安贫），终身不得反悔。"三绝誓愿"的实质是要人绝对服从教会的权威，弃绝现世生活，奉行禁欲主义，为灵魂的得救、为来生而终日修行。修道院学校的课程主要包括是读、写、算、宗教音乐、宗教礼仪和"七艺"等。"七艺"在修道院学校受重视的程度因时代不同而不同，早期一般重视文法、修辞学，后期则逐渐重视天文等领域。修道院学校的教学方法主要有教义问答、抄写，背诵《圣经》段落，严格的纪律，体罚，冥想等。

随着修道院的发展，为了更好地管理修道士，许多修道院都制定了各自的院规，其中最为著名的便是本尼狄克院规。圣·本尼狄克童年时曾在罗马接受教育，520 年，他在意大利的蒙特·卡西诺建立了一所修道院。为了能切实地管理这所修道院，529 年，他在参照基督教希腊教父阿塔纳修斯关于东方隐修士生活的著作，吸收东方修士生活中禁欲苦修、自我克制的内容以及综合卡西安等前人制定的各种规程的基础上，依据基督教教父学中关于修道院的理论，制定了一个包括序言和 73 款条例在内的修道院详细规程。本尼狄克认为，修道院是一所"服务于上帝的学校"，因此，其院规规定，修道院应是一个受统一规程约束的，在院长领导下有组织、有纪律、自治的宗教团体。由此，本尼狄克院规对于修道僧的入院条件、饮食和服饰、基本的道德、生活、劳动和教育等做出了全面的规定。此院规也成为其他修道院院规的范本，并被此后许多学校所仿效。

修道院及其学校是中世纪时期文化和知识的保护者，也是西欧在几个世纪里主要的教育机构。英国文化历史哲学家道森认为："在从古典文明的衰落到 12 世纪欧洲各大学的兴起这一长达七百年的整个时期内，修道院是贯穿于其中的最为典型的文化组织。……只是通过修道院制度，宗教才得以对这些世纪的整个文化发展产生了直接的和决定性的影响。"[①] 因此，修道院制度在基督教保存、传播和塑造西欧文明的过程中，起着重要的、不可替代的作用。

第二节　中世纪世俗教育

中世纪的世俗教育是指在教会之外由俗世社会机构和人士举办的各种教育活动。在中世纪，尽管世俗教育也受到基督教和教会的直接影响，但并不以培养神职人员为目的。通常情

---

① ［英］克里斯托弗·道森：《宗教与西方文化的兴起》，长川某译，40～49 页，成都，四川人民出版社，1989。

况下，世俗教育也不是由教会开办或管理。在世俗教育中，不同类型的教育也存在很大的差异，这种差异不仅表现在开办的时间和开办主体，也反映在所承担的职能和所要达到的目的上。

一、宫廷学校

中世纪中后期，随着西欧封建社会的稳定、经济的逐步复苏，世俗国家的权力不断扩张，培养世俗政权治理国家所需要的官员成为现实的需要。从 8 世纪开始，西欧先后出现了一种新型的教育形式，即宫廷学校，其中最为著名的是法兰克王国查理曼统治时期开办的宫廷学校。

西罗马帝国灭亡之后，原罗马帝国版图上先后建立了许多小的蛮族王国。到 8~9 世纪，西欧出现了短暂的统一局面。法兰克王国的加洛林王朝经过几代人的奋战，统一了日耳曼各王国，建立了疆域辽阔的国家。与此同时，构成欧洲文明的各种成分，即古典的、基督教的和日耳曼的因素在一定程度上首次融合在一起，产生了加洛林王朝的文化复兴，史称"欧洲的第一次觉醒"。

在加洛林王朝文化复兴的过程中，查理曼大帝发挥了重要的作用。查理曼大帝促进加洛林王朝文化复兴的重要举措是：兴办学校，扶持教育。其目的一方面是提高教士的文化水平，以便使知识水平不高的教士能够更好地理解基督教，并准确地布道；另一方面则是培养和训练官吏，以便使他们能够更好地管理王国和皇家的庄园。他说："对我们和忠诚的朝臣来说，基督指定的、我们所信赖的主教管区和修道院的管理不应满足于常规的奉献生活，而应教育那些从上帝获得学习能力的人，根据不同的能力施教，这将有很大的好处，有利于政权……虽然善功比知识更好，但没有知识就不可能行善。"[①] 鉴于此，查理曼在位的 30 多年里，颁布了一系列关于教育的敕令，整顿宫廷学校，并建立了较为完善的学校教育制度，包括培养神父和教士的主教座堂学校和修道院学校。

加洛林王朝的宫廷学校从马特尔时代已经建立，一直是权贵子弟教育的中心。查理曼执政后，把提高宫廷的知识水平作为文化复兴的第一步，并把宫廷学校的改革和管理委托给英格兰学者阿尔琴。在阿尔琴的领导下，宫廷学校加强自由学科教育，水平不断提高。当时宫廷学校的主要活动是在阿尔琴等学者的指导下进行对话和辩论，宫廷学校的学生包括查理曼本人、他的妻子和儿女、他的秘书、高级贵族及其子女以及那些将要被培养成皇帝差役的年轻人，甚至还有才智优异的平民子弟。

鉴于当时缺乏合适的教学材料，阿尔琴亲自动手编写教材，包括《开发年轻人智慧的问题》《论正字》《丕平与教师的对话》《论文法》《论美德》《论灵魂的本质》《论修辞和美德》《论辩证法》《论七艺》等。这些著作结构简单，有的是用问答的形式写成，有的则是两个或更多人之间的对话，其内容和风格主要受西塞罗和比德的影响。

---

① 赵敦华：《基督教哲学 1500 年》，第 2 版，192 页，北京，人民出版社，2007。

在阿尔琴的努力下，加洛林王朝的知识和教育得到了极大的发展，其宫廷学校和一些修道院学校成为西欧地区的重要的知识和教育中心，为此后文化和教育的进一步复兴打下了基础。

二、骑士教育

骑士教育是西欧中世纪封建社会一种特殊的世俗教育形式，是封建等级制度的产物。在西欧社会的封建等级制度中，国家的最高统治者是国王或领主，按照分封的次第以及权力地位，以下贵族依次为公、候、伯、子、男爵，处于贵族底层的是骑士。在发展过程中，骑士制度不仅成为封建等级制度的重要组成部分，而且发展成为一个独立的社会阶层，并拥有一套独特的行为方式、荣誉观和道德准则。骑士教育正是在骑士制度的基础上形成和发展起来的。

骑士教育并无专设的教育机构，也没有专职的教育人员。它主要以家庭教育的形式在骑士生活和社交活动中进行。骑士教育的目标是培养具有剽悍勇猛、虔敬上帝、忠君爱国等品质的未来骑士。

骑士教育的实施分为三个阶段。儿童出生到7岁为第一阶段——家庭教育阶段。这一阶段在家庭中进行，主要内容是宗教知识、道德教育和身体的养护与锻炼。孩子出生后的首要大事是接受洗礼，并选定教父和教母，随后在父母、亲人和教父母以及教会神职人员的言传身教过程中，在亲身参与各种宗教活动以及履行宗教义务的历练中，学会服从教会权威，学习尊重和保护弱者，乐善好施，养成勇敢、忠诚、诚实、恪守信誉等良好的品质。与此同时，儿童还需要进行身体锻炼，学习语言和"七艺"等简单的内容，以养成健壮的体格和基本的学识能力。

儿童七八岁后进入第二阶段——侍童阶段。封建主按其等级将孩子送到高一级的贵族家里充当侍童，侍奉主人和主妇，接受礼仪教育。在服侍主人和主妇尤其是主妇的过程中，儿童学习上流社会的礼节和行为规范，养成举止得体、彬彬有礼的习惯，同时学习拉丁文法、唱歌、吟诗、下棋、口才训练、乐器演奏、赛跑、角力等知识和技能。

14～21岁为第三阶段——侍从阶段。此时，由侍童转为侍从的准骑士继续在主人家里学习骑士所需的各种军事技能和生活方式，为主人料理日常生活事务、招待客人、照管马匹和保管武器等，战时则随主人出征，并以自己的生命保护主人的人身安全。这一阶段的重点是学习"骑士七技"，即骑马、游泳、投枪、击剑、打猎、弈棋和吟诗。

到21岁时，通过隆重的仪式，侍从们被授予骑士称号。骑士的誓词要求骑士效忠教会和君主，攻击异端，保护妇女及贫弱之人，捍卫邦国，愿为同胞的福利洒尽最后一滴血。仪式结束后，即获得骑士身份。

封建贵族的骑士教育内容比较实用，培养了当时社会所需要的实际应用人才。中世纪被歌颂的"骑士精神"实际上体现了当时社会所崇尚的人格品质和道德风尚，即对主人和君主尊崇忠诚、对贵妇斯文典雅、作战时勇猛果敢、与人交往慷慨豪放。随着社会的发展，骑士阶层逐渐演化成为绅士阶层，骑士教育也成为绅士教育的原型和来源。

三、行会教育和城市教育

行会教育和城市教育是中世纪后期城市兴起的产物。罗马鼎盛时期，西欧曾出现过许多繁荣的城市。然而，由于蛮族入侵和由此导致的连年战争，到4～5世纪的时候，那些原本繁荣的城市或完全消失，或沦为村落。少数幸存的城市，大都成为封建诸侯或主教的驻节地。到10～11世纪时，随着社会的安定、贸易活动的活跃和商业的繁荣，在交通要道、封建主的城堡和教堂附近，逐渐出现了一些手工业和贸易的聚集地，在此基础上形成了市集、乡镇，并进而发展成为城市。与古代希腊罗马的城市不同的是，中世纪城市首先是作为经济活动的中心出现的。随着城市人口的迅速增加、市民阶层的逐渐扩大和文化的发展，同时为了适应手工业和商业发展的实际需要，城市逐渐创办了一些手工业者或商业的行会学校和城市学校，成为中世纪的知识和教育中心。

（一）行会教育

由于商业和手工业的发展，从9世纪起，首先在意大利的自由城市，逐渐产生了一种新的联合组织——行会，其名称有"兄弟会""友谊会""协会""联盟"等。到12世纪，行会已遍及整个欧洲大陆，席卷了城市和乡镇。不仅商人、船员、工匠、画家、教师、演员、猎人、农人，而且僧侣、乞丐、刽子手等，都成立了行会。商人行会始于9世纪，到12～13世纪时势力逐渐壮大。随着手工业行会的力量不断增强，商人行会开始衰退。16世纪中叶，因商品经济的进一步发展，行会逐渐瓦解。

行会是为了保护本行业的利益而互相帮助、限制内外竞争、规定业务范围、保证经营稳定、解决业主困难而成立的一种组织。行会有以下一些特点：一是垄断性。如商人行会规定，不参加行会的人不得营业。参加者必须按规定的时间、地点和商定的价格进行交易，违反者要受到惩罚。手工业行会则对行会会员的生产条件、营业条件、招收学徒的数目、劳动时间、产品的规格、数量、价格及使用的工具等，都有严格的规定，商品销售与原材料的采购也统一办理。行会还通过获得独立裁判权、建立仲裁组织和机构等来解决各种问题，以保证自己的垄断地位。二是职业性与技术性。如商人行会、手工业者行会、画家行会、教师行会等，都是个人按其职业以誓约而联合组成的，并展现各自不同的技术特征。三是等级性。行会成员通常划分为店主、师傅和学徒三个等级，不同等级各自具有不同的权利和义务。四是地区性。如意大利的画家在帕多瓦、特拉维索、维罗纳等城市均组织了各自独立和彼此友好的行会。每个城市的画家分属于自己的行会，各有其独特的风格与个性。

在城市的发展过程中，教育成为市民阶层争取独立、维护自身的利益以及扩大自身影响的重要手段。因此，各行会都极为重视对自己行业接班人的培养，他们在创办学校和发展职业教育方面发挥了组织、领导和管理者的作用。

行会教育的形式主要有以下几种：

（1）艺徒制。按照行会的规定，要想从事某种行业的人，必须加入某一行会，接受艺徒训练。这种艺徒训练由师徒之间订立的契约来约束，契约是由师傅及儿童的父母或监护人共同签订的。艺徒训练一般分三个阶段进行。第一阶段是学徒，期限是两年至十年不等。契约规定师傅应尽其所能用最佳方法把技艺传授给学徒，不得保留自己的技术，督促学徒学习读、写以及一些计算知识和宗教知识，并为学徒提供食宿和衣服等。学徒则应勤奋学习和工作，服从师傅的指教，保守行业秘密，恪守行会的道德规范；未经师傅同意，不得结婚等。第二阶段是帮工。学徒期满，符合出师条件者便可出师，由师傅发给证书，成为帮工，也即成为师傅的帮手。帮工可以自由地到各地拜师学艺，增长阅历，娴熟技艺，并按照行会的规定领取工资，但不得自行开业。第三阶段是工匠。帮工在实际锻炼中不断地提高自己的技艺，达到了专精的程度，向行会和师傅呈现一件"精心杰作"，经由行会和师傅鉴定合格，经过一定的仪式成为工匠，成绩优异者还可以成为师傅，有权独自开业，雇用帮工，招收和培养学徒。

（2）学校学习和学徒训练相结合的方式。有志于成为商人的青年，首先进入文法学校，学习基本的读、写技能，然后进入算术学校，学习简单的计算法、掌握分数算法、利息推算和记账法，最后到商人或银行家的字号里，接受必要的学徒训练。

（3）职业学校或艺徒学校。随着生产规模的扩大，有的行会开始自行筹款，提供固定的教育场所，担负校舍建筑和学校经费，聘用教师和校长，建立正规的职业学校或艺徒学校，如英国的著名公学商人泰勒学校、慕尼黑工匠联合会开办的学校等。行会学校在学习内容上，注重实际应用知识的学习，除读、写、算外，有些学校也教文法、修辞和几何学。学校一般用当时欧洲普遍应用的文字——拉丁文进行教学。

（二）城市学校

随着城市的发展，行会学校逐渐发展成由市政机关办理、校长和教师改由城市自治机关选派的城市学校。城市学校并不是一所学校的名称，而是为新兴市民阶层子弟开办、由城市当局管理的、学习世俗知识的学校的总称，其中包括不同种类、不同规模的学校。城市学校主要有以下一些类型：

（1）城市拉丁语学校。中世纪时期许多城市同时存在着两种拉丁语学校，即由教会办理的拉丁语学校，以及由市政当局管理的城市拉丁语学校。城市拉丁语学校的学生主要是商人和其他富人的儿子，但教学内容与教会办理的拉丁语学校没有多大的区别。

（2）写作和算学学校。这种学校与世俗生活的联系更加密切，主要讲授阅读、写作、商业代数和簿记，学生则主要是工匠和商贩的儿女。到13世纪，随着方言的发展，这种学校开始使用本族语进行教学。到15世纪时，这类学校在欧洲城市已经非常普遍，汉堡的50名算学教师还成立了行会，这可以算是最早的教师联合会。

（3）歌祷堂学校。一些笃信宗教的富有商人留下部分遗产修建歌祷堂（小教堂），聘用教士为其灵魂超度而祈福，这些教士则利用自己的业余时间向歌祷堂附近的居民和儿童教授识字、算术等，这便是歌祷堂学校。这种学校免费，属初等学校性质，由神职人员任教，但受俗人资助和监督。16 世纪时,这类学校在英格兰就有百所之多。

城市学校的出现,体现了新兴工商业阶级的要求和力量,打破了教会对学校教育事业的独占权。教会虽竭力扼制这种新型学校,但由于这种学校适应了新的生产力发展的要求,教会终究不能阻止它的发展。另外,城市的扩展和市民的兴起促进了文化的世俗化,知识从修道院中走出,成为市民阶层的财富。

第三节　中世纪大学

一、中世纪大学的兴起与发展

中世纪大学是指教师和学生为了学习和教授某项专业的共同目的而形成的行会组织,这种组织既服务于人才培养,又保护自己所从事的教学行业的专业利益,从而成为与教会教育不同的、世俗的和专业化的高等教育机构。大学是当时社会的政治、经济和文化等全面发达的产物。

最早的中世纪大学出现于 11 世纪,其形成主要有三种模式:一是自然形成的大学;二是因迁校而形成的大学;三是由教皇以及封建领主创办的大学。西欧最早建立的大学有意大利的萨莱诺大学、波隆那大学,法国的巴黎大学,英国的牛津大学和剑桥大学等,它们有"母大学"之称,后来的大学大都是以它们为样板而建立起来的。

意大利是欧洲中世纪经济较为发达和城市较为繁荣的地区,最早的中世纪大学因而首先在这里孕育而成。意大利南部的萨莱诺风景秀丽、气候宜人,丰富的矿泉资源使这里成为闻名欧洲的疗养胜地,素有"健康之所"的美名。这里原有一所医学校,到 11 世纪初,成为医学研究的中心。11 世纪下半期,曾考察印度、埃及、巴比伦等地医学的亚非里加奴来到萨莱诺,在此编译了希腊著名医学家希波克拉底以及其他希腊和阿拉伯医学家的名著,并进行讲学工作。此后,原有的医学校逐渐发展成为萨莱诺大学。1099 年,曾参加第一次十字军东征的诺曼公爵来此疗养,把这所大学的名声传播到欧洲各地。1231 年,萨莱诺大学得到政府的正式承认,成为以医学见长的大学。

意大利北部的城市为了维护自身的独立,以及解决因商业发达而导致的纠纷和民事诉讼的需要,尤为重视罗马法和民法的研究,在意大利北部诸城市中,以波隆那的法学研究最为著名。12 世纪初,罗马法学者伊尔纳留斯在此编撰解释《查斯丁尼法典》的书籍。1142 年,教会法学者格雷廷在此著书立说,并讲解教会法。两位学者的教学吸引了大批的听众,波隆那由此发展成为一所以法学研究和教学而著称的大学。1158 年,波隆那大学获得特许状。1316 年和 1360 年,波隆那大学分别增加了医学和神学学科的教学。

巴黎是中世纪基督教世界的知识之都,大批经院哲学学者云集于此,宣传各自派别的理论。12 世纪初,在巴黎圣母院大教堂附属学校的基础上演化成立了巴黎大学。1108—1139 年,著名学者阿伯拉尔在巴黎大学任教,因击败唯名论者洛色林和唯实论者威廉而名噪一时，并因雄辩、多才、练达机变和智慧而吸引了数千名追随者。1180 年，巴黎大学得到法国国王的正式批准。1198 年，巴黎大学又得到教皇赐予的许多特权。1200 年，教皇奥古斯都颁布教谕，完全承认巴黎大学，并把大批自己宠信的教士派往巴黎大学任教，使得巴黎大学成为欧洲正统神学理论研究的中心。

13 世纪以后，世俗政权和教会当局竞相建立大学。如英国在 1168 年和 1209 年分别建立了牛津大学和剑桥大学，德国在 1358 年和 1388 年分别建立了海德堡大学和科隆大学。据统计，到 14 世纪，新建立的大学分别有：意大利 18 所，法国 16 所，西班牙和葡萄牙共 15 所。到 1400 年，全欧新建大学 23 所；到 1500 年，又新设 35 所；到 1600 年时，大学总数达到 105 所。

二、中世纪大学的特征

（一）组织与管理

中世纪大学的领导体制可分为两类：一类是以波隆那大学为代表的"学生大学"，由学生主持校务，教授的选聘、学费的数额、学期的时限和授课的时数等，均由学生决定。欧洲南部的大学多属于此类。一类是以巴黎大学为代表的"先生大学"，由教师掌管校务。欧洲北部的大学多属于此类。

每所大学在建校之初都制定有《大学章程》，规定组织由哪些成员构成、组织成员具有什么样的权利、如何遴选组织的首长、选举出来的首长对内对外如何行使管理职权等。校长的选举以及校长职责与职权的行使是大学组织发展得以生存和发展的核心。在波隆那，校长由学生推选产生；而在巴黎大学则由教师推举，而且校长一般由文学院院长兼任。校长的管理工作包括：上任时召开会议，让全体成员更好地了解教学场所、教师、教学方法与教学内容；解释大学的规章制度，并成立修改规章制度的委员会；决定每年的人事安排，决定任课教师，给予多少报酬等；对违反规章制度者进行处罚；与城市当局和社会各阶层沟通，处理各种矛盾和冲突，需要时开庭审理有关案件。校长的任职资格为：诚实、庄重的品行，尤其是坚忍不拔的素质；年龄必须在 25 岁以上。

中世纪大学一般有以下四个学院：文学院、法学院、医学院、神学院。每个学院有自己的章程和院长，还有司仪和司库。院长是教师中的一分子，是从教师中选举出来的，负责学院的日常管理、教学、辩论和考试等工作。

为了保护自身的利益，大学还效仿行会的做法，建立由教师或学生组成的行会性质的社团。其中最先出现的是学生的社团组织，称为同乡会，旨在扶植"兄弟般的博爱、互联互睦、慰病扶贫、理丧、消仇恨和除怨言。陪伴和护送要取得教师职位的人出入考场，以及成员们在精神上的慰藉"。[1] 教师则按照学科专业组成了教授会，它是一个本学科所有成员参与的协商性团体，共同决定和处理其内部事务，包括学术发展政策的制定、校长的选举、学

---

① ［英］博伊德、金：《西方教育史》，任宝祥、吴元训等译，138 页，北京，人民教育出版社，1985。

生的遴选、课程的设立、教师的延聘等，这一组织形式奠定了西方大学"教授治校"的传统。

（二）课程教学与学位制度

中世纪大学的课程开始并不固定，较为随意，课程由各大学甚至各教师自己规定。13世纪以后，基于教皇的训令或者是大学的章程，课程方才趋向统一，统一使用拉丁语进行教学。一般而言，中世纪大学的课程包括人文、法律、医学和神学，其中人文学科是基础课程，一般学制为六年，主要学习内容是"三艺"和"四艺"，以及自然哲学、道德哲学和形而上学。结束文科学习后，学生可以根据自己的意愿分别进入法学、神学和医学等高级系科进行专业学习。

中世纪大学最常用的教学方法是演讲，演讲由阅读、评注和介绍作业等部分构成，同时穿插不同程度的讨论。演讲又分为普通演讲、特殊演讲和粗略演讲，其中普通演讲由年长的、富有经验的教师负责，特殊演讲是普通演讲的补充，由不太出名的教师负责，粗略演讲则是教学训练的一部分内容，由学士或年长的学生担任。此外，还采用辩论的方法。辩论也有两种方式：一种是一个人就某个论题的正反两面，自己提出论据，自己进行辩论；另一种是"问题辩论"，辩论的题目由教师给出，学生分成支持和反对两组展开辩论，然后教师再出面总结这些问题。大学教师中每年也举行两次大型的辩论，讨论一些深刻的问题。

中世纪大学最为重要的发明就是学位制度。学位的最初含义是对一个人任教资格的认可和证明，表明一个人的知识能力或者专业技术达到了当教师的程度和水平，可以进入作为学者行会的大学当教师。具体而言，学生学习三至七年，修完规定的课程，经过考试及格，便可以获得"硕士""博士"或"教授"学位。在中世纪，硕士和博士都是用来称呼大学教师的，并没有高低之分和程度上的差异，只是在不同的大学用法不同而已。直到15世纪时，博士才被用来指称高级系的教师，硕士用来指称低级系的教师。硕士考试不公开举行，合格者发给证书，取得教学资格；而博士则通过公开的考试，需要进行演讲和辩论，并伴有隆重的仪式。至于"学士"学位，其起源要比硕士和博士晚，时间约在13世纪，起初只是一种获得教授证书的候补者的资格，意味着取得了进一步学习的资格，后来才发展成为一种独立的、指称低于"硕士"水平的学位。

三、中世纪大学的影响

大学的孕育诞生，是最能体现中世纪历史价值的遗产之一。中世纪大学产生后，迅速成为欧洲文化复兴和传播的中心，也是随后进行文艺复兴、宗教改革和近代启蒙运动的重要阵地。

欧洲中世纪大学为教师的选拔和使用提供了一套客观的标准，奠定了现代大学学位制度的基本框架，确立了衡量高等教育质量和评价高等教育学术水平的基础，有利于高等教育质量和水平的提高。

中世纪大学还在一定程度上打破了教会对教育的垄断，促进了教育普及，使较多的人不受封建等级限制得到教育，符合当时新兴的市民阶级对世俗教育的要求。与此同时，它满足了社会对各级人才的需求，既有利于知识的传承、传播和交流，也促进了社会的发展。

中世纪大学的发展提升了学术知识和知识分子的地位，形成了尊重学术和人才的传统。在中世纪，庄严的博士和高贵的骑士均被看作尊贵的高等职责的承担者。一个人获得了骑士头衔，他的行为就达到了理想的标准；一个人获得了博士学位，他的学识就达到了优越的境地。此二者一个是英雄，一个是贤哲。由此可见，博士等学位头衔在大学的发展过程中逐渐成为知识贵族的敲门砖，在整个基督教体系中打破了教士与骑士独居社会最高阶层的局面，成为与教士和骑士具有同等地位但性质截然不同的社会阶层。

中世纪大学追求和传播高深学问的宗旨，世俗化的趋向，学术自治的组织原则，学术自由的精神，以及教学体系、学业考核制度、法律地位等，都是近现代大学教育制度的直接先驱。现代大学的一系列组织结构和制度原则都与欧洲中世纪大学有着直接的联系。这些结构与制度在几百年的历史演变过程中得到了巨大的发展与完善，成为欧洲乃至世界各国人才培养制度化的萌芽，奠定了教育体制的基础，在人类文明传承、延续与创造的过程中发挥了重要作用。

➡ 本章回顾

在西方教育的发展史上，中世纪往往被认为是古希腊、古罗马和文艺复兴两个文化辉煌时期间的低谷，是一个相对荒芜、发展缓慢的时期。源于基督教教义和教会统治的思想观念，限制了理性的健全发展和理智的正当运用，扼杀了思想的创造性，阻碍了人们对教育现象的客观认识，因而使教育思想的发展丧失了必要的前提。

但通过对中世纪教育的历史发展的梳理，不难发现，虽有上述消极作用，但欧洲的文化教育传统并未因此而完全断裂。在西方文化教育的发展史上，中世纪上承古希腊、古罗马文化，下导文艺复兴，为近代西方文明的发展留下了大量的遗产，发挥了不可替代的作用。

中世纪逐步形成了学校系统的雏形，这些教育机构不仅在中世纪发挥过作用，在近代早期也仍然起着不可忽视的作用。修道院作为学术和教学中心的地位得以确立，并保存了学术和书籍，教会一直在努力创办学校和管理学校，促进学术的发展，宫廷学校成为学术复兴的中心，尤其是中世纪大学的兴起为近代大学的建立奠定了直接的基础。

在教育思想上，中世纪教育强调道德教育的重要性，并就道德教育的内容、方法等问题提出了大量的见解。客观上说，这些见解起到了进一步丰富道德教育思想的作用。

中世纪逐步建立了较为严格的教育和教学制度，如教师任教许可证制度、学位制度、大学中的院系制度、入学和结业制度等。这些都是教育史上的重要创造，并一直沿用到今天。如果说近代西方教育在思想观念和教学原则上更受益于古希腊、古罗马，那么，在组织制度上则更多地受益于中世纪。

正是在上述各方面因素的作用下，中世纪的教育为随后的文艺复兴运动做好了准备。

🔁 课后练习

一、不定项选择题

1. 中世纪大学一般有（　　　）。

A. 文学院　　　　B. 法学院　　　　C. 医学院　　　　D. 神学院

2. 下列选项中属于中世纪最早建立的一批大学的是（　　　）。

A. 巴黎大学　　　B. 萨莱诺大学　　C. 牛津大学　　　D. 科隆大学

3. 帮助法兰克王国加洛林王朝的查理曼大帝建立宫廷学校的是（　　　）。

A. 英格兰学者阿尔琴　　　　　　　B. 英格兰学者比德

C. 意大利学者彼得拉克　　　　　　D. 巴黎学者阿伯拉尔

4. 下列选项中属于基督教教育机构的是（　　　）。

A. 修道院学校　　B. 行会学校　　　C. 教理学校　　　D. 座堂学校

二、名词解释

1. 骑士教育　　　2. 艺徒制　　　3. 圣·本尼狄克修道院

三、简答题

1. 请简要回答西欧中世纪世俗教育的主要形式。

2. 请简要回答中世纪基督教家庭教育的主要内容和方式。

四、论述题

请述评修道院学校在西欧中世纪社会的地位与作用。

🔁 进一步阅读文献

1. ［美］格莱夫斯. 中世教育史. 吴康, 译. 上海：华东师范大学出版社, 2005.

2. ［法］韦尔热. 中世纪大学. 王晓辉, 译. 上海：上海人民出版社, 2007.

3. ［美］朱迪斯·本内特, 沃伦·霍利斯特. 欧洲中世纪史. 杨宁, 李韵, 译. 上海：上海社会科学院出版社, 2007.

第三章　文艺复兴与宗教改革时期的教育

◉ 学习目标

1. 了解近代文艺复兴运动及其对教育的影响，理解人文主义教育发展的特征、代表人物及思想，从现代教育产生的角度理解人文主义教育的意义。

2. 了解宗教改革的过程、意义和对教育影响，理解马丁·路德、加尔文等人的教育思想及其历史地位，理解宗教改革与国民教育的关系，了解宗教改革时期各教派的教育改革实践活动。

3. 了解近代科学革命对近代教育的影响，理解近代科学教育的思想与实践，理解掌握洛克和夸美纽斯等人的教育思想。

14世纪下半叶至17世纪的文艺复兴、宗教改革时期是欧洲中世纪社会向近现代社会发展的转折点，在文艺复兴运动的推动下，经过宗教改革、科学革命以及随后的启蒙运动、工业革命和政治革命，西方逐渐进入现代文明社会。在此过程中，教育也发生了重要的变化，注重理性、知识和科学，强调教育与国家和经济发展的联系，培养公民和合格劳动者等逐步成为近现代教育的普遍特征，教育逐渐脱离宗教的控制，对各个国家的经济社会发展发挥了重要的作用。

第一节　文艺复兴与人文主义教育

一、文艺复兴及其意义

"文艺复兴"最初的意思是指非基督教的古希腊、古罗马古典世俗知识和人文学科的复兴。但就本质而言，文艺复兴是要利用古代文化重视人性和人的世俗成就的思想去反思和对抗以神学为核心的中世纪宗教信仰体系，从而创造一种新的文化和世界观。因此，文艺复兴运动可以说是欧洲新兴资产阶级在意识形态领域里向封建主义和基督教神学体系发动的一场伟大的文化革命运动，它起到了推动人性解放的重大作用。

文艺复兴时期的精神和观念提倡以"人"为中心，反对以"神"为中心，其主要表现为：提倡人权，肯定人的价值、地位、能力，反对绝对依赖和盲目信仰教会的教义和教规；提倡个性解放，反对压抑和禁锢；提倡现实幸福，肯定现世生活的乐趣和享受，反对禁欲主义和来世观念；提倡古希腊身心既善且美的和谐发展教育，反对把肉体视为"灵魂的监狱"；提倡学术，尊崇理性，反对愚昧无知；主张人生而平等，批判等级制度。这种人文主义世界观在当时的历史条件下是进步的，把人们的思想从封建枷锁和神学桎梏中解放出来，扩大了人们的视野，促进了当时文化、科学、艺术和教育领域的变革。

二、人文主义教育的兴起与发展

文艺复兴运动具有阶段性和地域性，最初发生于意大利，以后逐渐蔓延至尼德兰（相当于今天的荷兰、比利时、卢森堡和法国北部的一部分）、法国、英国和德国等地。文艺复兴前期，人文主义运动具有显著的贵族色彩，到后期逐渐走向平民大众。

与此相对应，人文主义教育首先在意大利兴起，15 世纪末以后逐渐扩大到阿尔卑斯山以北。意大利的人文主义教育强调以个人发展为中心，主张世俗教育，重视智力培养，发展健全的体魄，向往人的全面发展。与此不同的是，北方人文主义教育更加重视道德和宗教教育。

（一）意大利人文主义教育

意大利是文艺复兴的策源地，其许多城市，如佛罗伦萨、威尼斯等都是当时经济实力最强的城市共和国，并成为文学、艺术、科学技术发展的摇篮。意大利的文艺复兴以古罗马文化的复兴为先导，并迅速影响到教育界，由此形成了意大利人文教育的理想，即通过接触希腊罗马文献来丰富和陶冶人们的心灵。人们认为古代的经典作品是无与伦比、不可超越的，他们不仅在这些作品中发现用优美语言所表达的最高智慧，而且还发现伟大的艺术品对人的性格所造成的持久影响。因此文艺复兴时期的意大利先后出现了一批重要的持有古典主义观念的人文主义教育家，如彼特拉克、弗吉里奥、维多里诺等。他们的思想和实践不仅反映了人文主义的理想，而且影响了这个时期意大利教育的发展。但到 16 世纪中后期，意大利人文主义教育逐渐走向了形式主义，即专注于对古代文学形式上的模仿，教学只重记忆不重理解，枯燥乏味，体罚成为教学中常用的手段。人文主义者的教育理想也因此黯淡了不少。

（二）北方人文主义教育

北方人文主义教育是在意大利人文主义教育的影响下发展起来的，但是由于北方的历史和文化背景与意大利不同，因此北方人文主义教育与意大利人文主义教育具有一些不同的特点。北方人文主义者更关注公益，视社会为一体，而且无论在什么地方都极力追求道德宗教的进步，不甚注重文学美育方面的教育。北方的文艺复兴是平民和社会取向的，而意大利的文艺复兴运动则是贵族和个人取向的。①

北方的文艺复兴运动首先在尼德兰地区开始。16 世纪时，尼德兰的资本主义生产关系

---

① ［美］格莱夫斯：《中世教育史》，吴康译，188 页，上海，华东师范大学出版社，2005。

已相当发达，与此同时，人文主义教育也开始发展。在创立新教育方面，最有成绩的是平民生活兄弟会学校。它们引进了意大利的人文学科与课程，创立了分班教学等一套教学组织和学校管理制度，成为北方学校的典范。在此过程中，北方也涌现出了许多杰出的人文主义教育家，著名的有荷兰的伊拉斯谟、英国的托马斯·莫尔、法国的拉伯雷和蒙田等。但从16世纪后期起，北方人文主义也由盛转衰，与意大利人文主义教育一样走上了形式主义道路。学习古典著作流于形式，把学习变成单纯模仿，不重理解，只要记忆，学生的学习完全失去了主动性和创造性。人文主义教育面临新的危机与挑战。

人文主义教育在发展过程中，体现了以下总体特征：

（1）在教育目的上，反对封建教育扼杀儿童天性，提出了培养全人的教育目标，培养社会、政治、文化、商业等方面的积极的活动家，以及具有探索精神的开创性人物。

（2）首先，在教育内容上，反对单纯的宗教教育，主张学校课程内容的拓宽和学科范围的扩大。人文主义教育家首先恢复了体育在学校教育中的地位，崇拜古希腊人的体格和健康生活，注意身心发展之间的联系；其次，在智育上强调"人文学科"，古典语言、古典著作构成教育内容的核心，传统的"七艺"仍被保留，但抛去了浓厚的宗教成分。到后期，本族语、自然科学也日益成为教育的重要内容。但总体而言，人文主义教育并不排斥宗教教育。

（3）在教育方法上，反对权威和体罚，主张热爱儿童，尊重儿童个性，启发儿童学习的积极性和主动性，允许学生独立思考，开始注意直观和实物教育。

（4）反对封建等级限制，扩大受教育范围，创办多种性质的学校。

（5）重视教师的作用，认为教师的道德、智慧、学识和身体素质是教学成功的关键，强调教师教育学生要言传身教和以身作则。许多人文主义教师本人就是德高望重、学识渊博、掌握了几种语言，并在教学中取得巨大成就的教育家。

这些新的特征对于打破中世纪宗教教育对人的禁锢，重新发现古典主义的精华，发展人类本身的能力有着重要的引导价值，并且成为宗教改革等近代西方社会后续重大事件的激发因素。

三、人文主义教育思想及其影响

在人文主义教育的发展过程中，涌现出许多杰出的人文主义教育家，正是在这些教育家的努力下，人文主义教育才确立了其地位和意义。下面就对其中一些主要的人文主义教育家的思想进行介绍。

（一）弗吉里奥

弗吉里奥是文艺复兴时期第一个明确表达人文主义教育思想的人。[①] 他是拜占庭学者克里索罗拉的学生，曾在巴维亚、威尼斯、米兰、帕多瓦和罗马等地从事教育活动。他在两个方面对当时的教育产生了重要影响：一是出版了对古罗马教育家昆体良的著作《雄辩术原

---

① ［英］博伊德、金：《西方教育史》，任宝祥、吴元训等译，162页，北京，人民教育出版社，1985。

理》所做的注释，引起了人们对昆体良教育思想的极大关注。文艺复兴的每一位教育家，无论是教育理论家还是教育实践家，不管是在意大利还是在日耳曼国家，都深受昆体良教育思想的影响。在这方面，弗吉里奥功不可没。二是他写了一篇题为《论绅士风度与自由学科》的专题论文，全面概括了人文主义教育的目的和方法。这篇论文在以后的两个世纪中都享有盛誉，影响极大。弗吉里奥主张对青年实施古典的自由教育以培养事业家，认为必须使所学的科目适合学生的个人爱好和年龄。他特别重视道德品质的培养，把学识和品行结合起来作为教育的共同目标，认为德行重于学问。此外，他还对传统的"七艺"做了较大的修改，提升了"四艺"的学科地位。

（二）维多里诺

弗吉里奥的教育思想由维多里诺付诸实践。维多里诺 18 岁入帕多瓦大学学习，曾受教于彼特拉克的学生，对西塞罗的《论雄辩家》有精深的研究，成为当时最优秀的拉丁文作家之一。维多里诺在帕多瓦教了 20 年的文法和数学后，于 1423 年在曼图亚公爵冈查加的一再邀请下，来到曼图亚担任家庭教师，教导公爵的三个儿子。后来，入学者日益增多，也允许曼图亚家族重要成员的子弟入学，于是其私学发展成为一所宫廷学校，名为"快乐之家"，意喻学校应当是接近自然和充满快乐的地方。"快乐之家"校址在郊外一个围绕着宫殿的公园里，四周都是草场，环境优美，建筑恢宏瑰丽，布置雅洁，学生有足够的活动空间，充满了自然质朴的风气。他在这所学校里工作了二十多年，直至去世。他的教育实践获得了很大的成功，"快乐之家"被认为是当时欧洲最好的宫廷学校，成为欧洲大陆人文学校的范例和人文主义学校的发源地。维多里诺也由此博得了大教育家的名声，被人们誉为"仁爱之父"。

"快乐之家"的教育实践体现了维多里诺的人文主义教育思想。该校的学生大部分是贵族子弟，由于维多里诺的坚持，学校也招收了一些富有天才的贫苦学生，并免费提供给他们衣服和食物。学生一般六七岁入学，修业年限约为 15 年，从小学一直读到大学。维多里诺倡导自由教育，培养全人。他十分赞赏柏拉图的教育名言，"自由人不能用强迫的或苛酷的方法施教"，并接受了古希腊亚里士多德关于培养和谐发展的人的思想，认为教育的目的在于培养身心和谐发展的人，即"受过良好教育的完全公民"。这种人应当是学识渊博，道德高尚，身体健康，有社会责任感，能胜任管理国家、教会和工商业事务的工作。

为此目的，"快乐之家"实施体育、德育、智育并重的方针，开设以古典语文为中心的内容十分广泛的人文主义课程，范围从最基本的拼读字母和说话练习开始，到读、写、算的基本训练，再到拉丁文、希腊文、修辞学等传统的经典文化，以及数学、天文、历史等知识。此外，学生还学习《圣经》和奥古斯丁的著作，培养宗教感情和信仰，维多里诺认为这是人文主义教育中不可缺少的部分。他重视体育，主张学习骑士教育中的优点，对学生进行各种体育锻炼，如骑马、射箭、击剑、角力、游泳和各种有益于身心健康的游戏。这些内容涵盖了当时可以想象的所有文化教养，实现了古典文学、基督教和骑士教育理想三者的调和。这种由多方面文化构成的课程后来成为欧洲古典中学智力训练的基础。

维多里诺还强调尊重学生的身心特征和个性差别，采用多种教学方法进行教学，反对机械背诵，提倡启发学生的学习兴趣和主动性，与此同时，他还特别注意教学方法的实用性和趣味性。他使用活动字母教授读写；用游戏的方法教授算术的初步知识；有时还和学生一边散步，一边讨论和学习。此外，他还主张实行学生自治，减少惩戒，禁止体罚。

（三）格里诺

意大利另一位人文主义教育家格里诺，是克里索罗拉的学生和维多里诺的好友。1429年，他应费拉拉侯爵之邀在费拉拉开办了一所宫廷学校，该学校与维多里诺的"快乐之家"被誉为文艺复兴时期教育的两颗"明星"。格里诺的教育观点与维多里诺不同，他不再把培养有德行、忠于社会的身心和谐发展的人作为主要目标，而是突出智育，以学习古典著作为教育宗旨。在他看来，古典文化本身就是教育的目的，而不是使人全面发展的手段。他坚决主张，一个受过教育的人必须学习特定的科目。在教学方法上，他认为文法是教育的基础，主张应先学习语法规则然后再学习古典作品，把规则与文学作品分割开来。这种对语言形式方面的强调不仅违背了人文主义思想的目标，而且还导致了形式主义的倾向。与这种倾向相伴的是过高地评价西塞罗文体，并把它当作作文的唯一正确的范例。

（四）伊拉斯谟

伊拉斯谟是16世纪早期著名的人文主义学者和杰出的教育理论家。他由于在人文主义教育方面的重要贡献，而被称为"欧洲的导师"，他和《乌托邦》的作者莫尔被认为是北方文艺复兴的典型代表。伊拉斯谟一生撰写了大量著作，其主要教育著作有《愚人颂》《论童蒙的自由教育》《一个基督王子的教育》等。他的教育思想表现在以下几方面：

1. 对传统教育的批判和论古典文化的价值

伊拉斯谟对古典文化推崇备至。在古典文化与宗教二者的关系中，他将基督教与古典文化摆在同等重要的位置。他主张人文主义基督教化、基督教人文主义化。伊拉斯谟虽然不反对宗教本身，却对教会推行的蒙昧主义深恶痛绝。他认为人类进步的主要障碍是"愚蠢"，而促进人类进步的力量则是"启蒙"，这种启蒙，只能凭靠对古典文化的研究，因此，他积极提倡研究古代文化。另外，他对当时已失去"启蒙"作用的学校也进行了无情的批判。伊拉斯谟在《愚人颂》中，揭露了封建统治的腐败无能和教会的愚民行径，嘲讽天主教对教育的垄断，抨击中世纪教育的种种弊端。他辛辣地讽刺经院学者，认为他们挂着"哲学家"的招牌，实则是一些"蠢学家"。正是在对传统教育的批判基础上，伊拉斯谟提出了具有人文主义色彩的教育观念和方法，强调教育对人、社会、国家的作用和价值。

2. 教育的作用和重要性

伊拉斯谟认为教育对改善社会、促进人类的文明进步、巩固社会的和平与安定，都具有极为重要的作用。他说，一个国家的主要希望，在于它对青年的适当教育，若有了这样的制度，就不需要很多法律或惩罚，因为人民将自愿地遵循正义的道路。伊拉斯谟不仅认识到社会的改善、进步需要教育，而且认为对一个人来说，同样需要通过教育才能使其成为人。他指出，人如果不接受哲学的理性教育和学习语言，将是一种比畜生还要低下的造物。

在此可见，伊拉斯谟对人性持乐观的看法，认为人性中有一种潜在的能力，经过精心的培养和适当的教育,这种能力就可以充分地、完美地实现。他说:"如果农夫不注意,则土壤的质地愈好,就愈会被荒芜,长满无用的野草和灌木。一个人的性格也是这样:它愈丰富、愈高贵、愈正直,若不用优良的教学加以改善,则它愈会被可耻的坏习惯所袭击。"①他认为影响个人的发展有三个因素:一是自然,即部分是先天接受教育的能力,部分是对美德的天生爱好;二是训练,即教育和指导的熟练的应用;三是练习,即放手运用我们自己的能动性,亦即自然赋予的能动性,并通过训练促进这种能动性。三者中,"训练"最为重要。在他看来,"自然"强而有力,"训练"辅之以"练习"则更加有力,三个因素共同发挥作用就没有什么完成不了的事。②伊拉斯谟在肯定后天的训练和练习的重要意义时,并没有忽视由人的天性所造成的个性差异。他认为正是这种差异使得有人喜爱数学,有人喜爱神学,有人喜爱修辞学、诗歌或军事学。他认为教育的首要任务是在年轻人的头脑里播下虔诚的种子;其次是使年轻人能够热爱并透彻地学习自由学科;再次是使年轻人能为生活的义务做好准备;最后是使年轻人很早就习惯于基本的礼仪。③

正是基于教育对人和社会发展的重要性,伊拉斯谟特别强调国家和教会的教育责任。他坚决主张国家和教会应提供足够数量的、能够胜任青年教育工作的合格教师来促进教育事业。在他看来,提高教师的素质主要是政府的责任,其重要性绝不亚于整顿一支军队。

3. 论教育方法

伊拉斯谟非常重视教学方法,他在这方面的见解至今仍有积极意义。他坚持规则必须严格地服从内容。他说:"我必须阐明我的信念,即词法、句法规则知识虽然对每个学生都是非常必要的,但还应当尽可能少些、简明些,并精心加以组织。我不能容忍一般语法教师的愚蠢行为,他们浪费了数年宝贵的时间,把规则硬灌给儿童。因为我们的语言能力不是靠学习规则,而是靠同习惯于用准确精练的语言表达思想的那些人的日常交往,靠大量阅读优秀作家的作品来获得。关于后者,我们应选择不仅文体正确、典型,而且题材也富有教益的作品。"④ 在教学中,他主张要了解儿童的性情,对儿童因材施教。他建议教师"必须在一种情况下采用一个方法,在另一种情况下采用另一个方法。当他的学生还是一个小孩子时,他可以通过有趣的故事、令人愉快的寓言和巧妙的比喻引进他的教导。当他年龄稍长时,他可以直接地教他相同的东西"⑤,他反对机械背诵,重视采用游戏、实物教学、鼓励等方法,以引起儿童的学习兴趣。他主张教师对学生应严慈相济,反对对儿童进行体罚和羞辱。他指

---

① 华东师范大学教育系、杭州大学教育系:《西方古代教育论著选》,208 页,北京,人民教育出版社,2001。

② [英]博伊德、金:《西方教育史》,任宝祥、吴元训等译,176~177 页,北京,人民教育出版社,1985。

③ [英]博伊德、金:《西方教育史》,任宝祥、吴元训等译,175 页,北京,人民教育出版社,1985。

④ [英]博伊德、金:《西方教育史》,任宝祥、吴元训等译,175 页,北京,人民教育出版社,1985。

⑤ 华东师范大学教育系、杭州大学教育系:《西方古代教育论著选》,208 页,北京,人民教育出版社,2001。

出，好教师应把鼓励与纪律相结合，把耐心、理性与严厉相结合；好的教育方法要以尊重儿童的人格、个性和自尊心为前提，不尊重儿童人格的教育方法是野蛮和愚蠢的方法。伊拉斯谟还主张，儿童的教育要从早期开始，要趁儿童的思想尚未形成之机，使他们的心灵充满有益的思想，因为"从来没有什么东西像在早年学习的东西那样根深蒂固"。

可以说，伊拉斯谟是教育史上继昆体良之后，把教育方法提高到重要地位而予以研究的少数的教育家之一。

（五）托马斯·莫尔

托马斯·莫尔是欧洲文艺复兴时期英国杰出的人文主义者、西方早期的空想社会主义者。莫尔是伊拉斯谟的莫逆之交，伊拉斯谟到伦敦通常都是由莫尔接待，两人共同翻译了古希腊作品和著作，相互交换人文主义理念，各自完成了名著《乌托邦》和《愚人颂》。

《乌托邦》是一部政治经济学著作，也是一部教育著作。全书分两篇，在第一篇中，托马斯·莫尔揭露了当时英国社会的种种罪恶，并指出造成这种罪恶的根源在于资本主义私有制，因此提出了消灭私有制的主张，这是莫尔理想社会的一条基本原则。在第二篇中，阐述了他空想社会主义的理想，在他名为乌托邦的理想国度里，消灭了私有财产，财产公有，国家领导人由民主选举，人人参加体力劳动，只有被选举担任公职的人除外。政治民主，劳动产品按需分配，宗教信仰自由，大家和睦相处。乌托邦岛上大部分公民把劳动后的剩余时间用于学习和学术探讨。因此，教育在乌托邦岛上受到特别的重视。

乌托邦岛上实行公共教育制度，所有儿童不分男女都进学校接受教育。学校教育的内容极其广泛，在智育方面除了教授读、写、算之外，还教数学、几何、天文、地理、音乐、自然科学等知识，同时重视学习希腊古典文学。学校都采用本族语进行教学。在体育方面，重视对儿童进行身体锻炼，培养儿童的健美强壮的体格。在道德教育上，莫尔认为，在一切财富中，美德占首位，学位居第二位。主张知识应与道德有机地结合在一起，如果没有道德，那么知识就会成为罪恶的根源。只有与道德联系在一起的知识才更珍贵。莫尔的德育思想，超越了一般的人文主义者，他在许多方面论述了社会主义的德育观念。如他强调，人们在追求快乐时，他们的行为应以不违反公共利益为前提，个人利益要服从集体利益，着重培养儿童维护集体的意识和形成优良的品德。莫尔还重视美育，强调自然之美与精神之美，在美育中，音乐占有特殊地位，健美的身体也是美育的一个重要方面。宗教教育在乌托邦岛上依然存在，而且占有重要地位。但莫尔反对残害人性的基督教，他赋予宗教以新的内涵，主张人们崇尚自然，向儿童灌输自然的宗教感情和对上帝的信仰。莫尔在其理想的社会里所构想的教育，就是要培养德、智、体、美等全面发展的人。

莫尔在《乌托邦》里还提出重视对儿童进行劳动教育的主张。莫尔是在西方教育理论的发展中最早论述劳动教育问题的思想家之一。他要求必须依据儿童的年龄和能力学习手工业和农业劳动技术，而且要求在劳动教育中注重劳动实践与理论的并进。他说："乌托邦人不分男女都以务农为业。他们无不从小学农，部分是在学校接受理论，部分是到城市附近的农庄里作实习旅行，有如文娱活动。他们在农庄里不是旁观者，而是每当有体力劳动的机会，就从事实际操作。"①

莫尔还论述了成人教育与终身教育问题。乌托邦岛上，不只限于儿童和青年时期学习，而是终生都在学习。"大部分公民，不分男女，总是把体力劳动后的剩余时间一辈子花在学习上"②。为了普及科学，乌托邦岛经常举办演讲会。科研人员必须参加，其他人可根据自己爱好自行选择所听的演讲。莫尔的空想社会主义教育思想同其空想社会主义思想体系一样，对后世产生了极其深远的影响。

第二节　宗教改革与国民教育

一、宗教改革及其对教育的影响

16 世纪在文艺复兴运动处于高潮的时期，欧洲宗教界掀起了一场轰轰烈烈的改革运动。这场宗教变革，既是一场试图用一种新的宗教学说取代旧的宗教学说的观念变革，也是一场正在形成中的欧洲各民族国家极力摆脱罗马天主教会控制和干预的社会政治运动。

宗教改革运动首先是从德国开始的。由于长期缺乏政治上的统一，地处欧洲中部的德国不断受到罗马教皇的欺凌和压榨，德国社会各阶层与罗马教廷的矛盾十分尖锐。1517 年 10 月，德国萨克森威登堡大学神学教授马丁·路德针对教皇利奥十世派特使到德国兜售"赎罪券"，公开发表《关于赎罪券效能的辩论》，即《九十五条论纲》，质疑赎罪券的价值，认为赎罪成为买卖是可耻的行为，并否认教皇拥有赦免任何罪恶的权力。

马丁·路德的论纲在德国获得了广泛的响应，揭开了欧洲各国挑战罗马教廷权威的序幕。1520 年，马丁·路德被逐出教会，从而彻底走向与罗马教廷决裂的道路。就在这一年，马丁·路德先后发表《致德意志基督教会贵族书》《教会的巴比伦囚徒》《基督徒的自由》三篇著名的宗教改革论著，猛烈抨击罗马教皇和教廷的腐朽，全面阐发其新的宗教理念。他的思想很快就成为欧洲宗教自由的旗帜，那些力图摆脱罗马教廷干预的欧洲国家和地区，如瑞士、英国等也纷纷仿效路德，改革本国和本地区的宗教。

随着宗教改革运动的推进，天主教和新教的斗争变得越发激烈，欧洲各地逐步沉陷在旷日持久的宗教战争之中。在战争和妥协中，各国签订《威斯特法利亚和约》，确定了"教随国（君）定"原则，规定路德派、加尔文派信徒同天主教徒一样享有同等的权利，承认国际间大小国家平等、信教自由的近代政治和宗教原则，大体上确立了欧洲各国疆界和新旧教会势力范围，结束了中世纪以来罗马教皇一统天下的局面。"欧洲大陆上的宗教改革运动可以认为至此结束"③。近代主权国家政治体系也就此建立。

① ［英］莫尔：《乌托邦》，戴镏龄译，55 页，北京，商务印书馆，1982。
② ［英］莫尔：《乌托邦》，戴镏龄译，71 页，北京，商务印书馆，1982。
③ ［美］威利斯顿·沃尔克：《基督教会史》，孙善玲等译，502 页，北京，中国社会科学出版社，1991。

宗教改革运动沉重打击了天主教教会势力，导致欧洲宗教世界分裂，同时也促进了欧洲民族意识的觉醒和民族宗教文化的发展。欧洲各国的封建君主纷纷摆脱罗马教廷控制，并将各国教会置于世俗力量的控制之下，进一步强化了封建王权专政。新的主权国家要求有新的教育，欧洲各国所急需的不仅是培养宗教信徒和政治首领的教育，更是培养效忠于民族国家的良好公民的教育。因此欧洲各地的新旧宗教力量与世俗政权竞相给予民族文化教育事业以高度的关注。

正是在宗教改革运动中，一些宗教人文主义者和新教神学家，如马丁·路德和加尔文等，从"因信称义"等新教神学观和君权独立的政治观出发，大胆改革教育，较早地提出了教育平等、强迫义务教育、建立国民教育制度的主张，并在德意志、瑞士等地区进行了初步的实践，从而为西方近代国民教育的发展开辟了道路。

二、马丁·路德和加尔文的教育思想

(一) 马丁·路德的教育思想

马丁·路德在抵御天主教会的进攻，系统阐释自己神学观念的过程中，撰写了多种著作，其中的《致德意志基督教贵族书》《为基督教学校致德国市长和市政官员书》和《论送儿童入学的义务》集中体现了马丁·路德的教育思想。

作为宗教改革的主要人物，马丁·路德的观念深刻影响了新教教育思想的形成和教育实践的开展。在其为宗教改革运动提供理论支持的过程中，教育成为其实现神学信仰、扩大新教影响的得力手段。尤其是他的一些具有开拓性的教育见解不仅直接促进了西方教育思想从中世纪向近代转变的实现，而且还对后来西方国民教育制度的建设和近代教育思想体系的完成产生了意义久远的影响。

1. 教育思想的神学基础

马丁·路德的教育思想是建立在其神学和政治观念之上的，其神学理论的核心和基础是其"因信称义说"，即人只要真诚地信仰上帝，就可以得到救赎，上帝与信徒是直接相通的，因此不需要任何善功，也不需要通过教会等中介组织。信徒对上帝的信仰是在独立阅读、理解和解释《圣经》的基础上产生的，这样，信仰就成为一种人的内在的活动，任何外在的权威和中介作用，包括教会都失去了存在的合理性与必要性。由于个人对《圣经》的掌握完全以个人的理解为基础，信仰开始成为一项与个人理性发展密切相关的事情。基于信仰目的的理性发展成为个人的一种正当权利，理性的权能实现了合法化。因而，在中世纪长达千年的沉重压抑之后，一种宗教自由主义和理性主义开始赢得自己应有的地位。

与"因信称义说"直接相联系的是马丁·路德所提出的"人人皆僧侣"的原则。马丁·路德认为，人只要为信仰，在上帝面前就享有平等的义务和权利，"在他们中间，除了职务的不同外，没有其他的差别"[①]，更不存在一部分教徒必须借助于另一部分教徒才能实现个

---

① 金陵神学院托事部编译：《路德选集》（上册），164 页，香港，基督教辅侨出版社，1957。

人灵魂得救的情况。马丁·路德进一步认为，任何基督徒，经过大家同意，都可以主持圣礼，成为僧侣。这种平等观彻底否定了教阶制度和教士的各种特权。人人从事僧侣工作的前提是每个人都有能力阅读《圣经》，这就向个人提出了必须掌握基础文化知识的要求，因此，这一原则就成为新教领袖们推行普及教育与义务教育的神学理论依据，并在事实上为西方文化体系中的核心价值观——个人主义的发展及成型提供了基础。在上述宗教教义的基础上，马丁·路德还提出了一系列支持世俗政权的政治主张。这些主张为世俗政权介入教育，开展国民教育奠定了理论基础。

2. 马丁·路德教育思想的主要内容

（1）论教育的宗教和世俗的双重目的。基于马丁·路德的神学和政治学说，他提出了教育不仅应该具有灵魂得救的宗教目的，也应该具有国家和社会的世俗目的。从马丁·路德的"因信称义"观念中我们可以看到其教育目的在于培养对神的虔诚信仰，从而使灵魂获得拯救，其他具体的目标，如公民的训练、职业技能的训练、教士和政府官吏的培养等，都是实现最高目的的必要途径。但在注重教育的宗教化目的的同时，马丁·路德也高度强调了教育的世俗化目的，甚至把二者放到同等的地位。他认为，即使没有灵魂，没有天堂，没有地狱，只有文职政府，也同样需要良好的学校和有学问的人。[1] 他进一步指出，"要想使国家兴旺，学校与教师都是不可少的"[2]。这是因为，城市和世俗国家的"最大幸福、安全和权力乃在于有才能、有学问、聪明、正直和有文化的公民，他们能维护、保全并利用各种财富与优势"[3]。马丁·路德的这个思想与其政治学说一样，深刻反映了近代民族国家兴起的客观需要，从而成为其教育学说中具有鲜明近代色彩的因素。

（2）论义务教育。在马丁·路德的教育思想中，关于义务教育的主张最具独创性和进步意义，而这种主张的提出又是以其宗教—政治学说为基础的。

马丁路德的"因信称义"学说事实上提出了一种教育平等的思想观念，因此路德认为，应当使每一个儿童，不分性别和等级都受到教育。马丁·路德基于宗教和政治的教育平等观念所提出的普及教育的主张把教育的权利扩大到更为广泛的社会阶层，扩大到每一个男女儿童，从而揭开了西方近代教育民主化进程的历史序幕。

在此基础上，马丁·路德阐释了实施普及教育的具体主张。一是强迫入学的主张，即国家或城市当局和父母有使自己的孩子和青年一代受到教育的神圣义务和责任。马丁·路德明确地指出，当局应当像强迫臣民服兵役一样，强迫父母送子女入学，对拒不承担这种义务的

---

① 华东师范大学教育系、杭州大学教育系：《西方古代教育论著选》，193 页，北京，人民教育出版社，2001。

② 华东师范大学教育系、杭州大学教育系：《西方古代教育论著选》，185 页，北京，人民教育出版社，2001。

③ 华东师范大学教育系、杭州大学教育系：《西方古代教育论著选》，185 页，北京，人民教育出版社，2001。

父母，予以必要的处罚。二是主张教育应该完全成为国家的事业和职责，国家和城市当局等世俗政权应该负责建立学校并加以管理。如果各地方当局在财政上有困难，可以从解散的修道院中拿出钱来维持学校。

（3）关于教育体制的构想。为了实现二元化的教育目的，同时也为了实施义务教育，马丁·路德提出了关于建立新教教育体系的设想，包括家庭教育、初等教育、拉丁学校、大学四个教育阶段。

家庭教育阶段。马丁·路德赋予家庭教育以非常重要的意义，他认为家庭是教育的基础力量，良好的家庭训练与和睦的家庭生活是良好政府与社会福利的基础。因此他主张，在儿童进入国立初等学校之前，就应由父母负责对其进行教育。家庭教育的主要内容是宗教和道德，基本材料是《圣经》，其次是《伊索寓言》。

初等教育阶段。马丁·路德认为，等儿童成长到一定年龄，父母应当把他们送到公立初等学校接收初等教育。具体的安排是，男童每天在学校应学习一两个小时，其余时间则在家庭中学习或从事其他喜爱的工作，使学习和工作结合起来。女童每天在校应学习 1 小时，其余时间在家庭中劳动。至于教学内容，初等教育以宗教为主，自由艺术学科为辅，学习内容除了《圣经》之外还应该包括语言、艺术、历史、音乐以及体育等。马丁·路德非常重视语言教学，他指出，各种语言及其他自由艺术不仅无害，而且具有很大的实际利益，对于理解《圣经》和维持文职政府都有好处。

拉丁学校和大学阶段。马丁·路德主张，让那些有前途的可能成为有才华的教师、传道士和工作者的最聪明的学生，在受完初等教育之后继续深造。因此拉丁学校就不是普及的，而是具有比较严格的资格限制的。大学教育主要是为培养教会和国家未来的领袖，它的学生主要来源于拉丁学校的优秀学生。关于拉丁学校和大学的教学内容，马丁·路德基本上沿用了人文主义者的课程，包括语音、修辞学、文法等古典人文学科。在他的课程设置中，也有一些人文主义学校所没有的内容，如历史、数学、自然科学、音乐和体操等。马丁·路德认为，在拉丁学校和大学中，应设立良好的图书馆和其他必要的教学设备。他建议在图书馆中收藏各种与宗教有关的书籍及语法、艺术、科学、法学、医学等方面的书籍。马丁·路德所设想的教育体制，在德国新教各邦和欧美其他信奉新教的地区得到广泛实践，在 16 世纪以后较长一段时间里，成为这些国家和地区学校教育的基本模式。

（二）加尔文的教育思想

加尔文为 16 世纪西欧著名的新教神学家、加尔文宗的创始人，是继马丁·路德后新教理论体系的主要阐释者。加尔文以"预定说"及"选民"理论为核心的新教理论对宗教改革的发展发挥了巨大的理论支持作用。由于新教改革素以注重教育作用的发挥为特点，因而加尔文的新教理论以及加尔文对教育问题的直接关注，不仅确保宗教改革顺利而富有成效地开展，而且还进一步丰富了这一时期的新教教育思想体系。

1. 论教育的重要性

从"预定论"的神学教义出发，加尔文认为人的得救与否以及贫困与富裕，不是靠斋戒、忏悔、赦罪等善行，而是早已由上帝的意志所"预定"，但无论上帝如何预定，个人今生都要积极而正当地生活。加尔文认为人生的动力来自信仰，信仰的源泉始自《圣经》，因此基督信徒应当成为有知识的人，这是阅读《圣经》、认识上帝、履行社会职责的必要条件。基于这样的认识，加尔文十分重视教育对个人生活、社会生活和宗教生活的意义，主张把教育视为推动宗教改革、社会改革与发展的有力武器，强调教会、国家、家庭都要对教育予以高度重视，在此基础上他还提出了实施普及、免费教育的主张，要求国家开办公立学校实施普及教育。

2. 论普及义务教育

加尔文认为，不仅学校是教育的机关，而且教会、国家和家庭都应当成为按照上帝的意志，训练、培养和教育人的机构。他主张，在家庭中，每一位长辈都有责任向家中所有孩子讲授教义问答和基督教教义。教区的行政管理部门或宗教法庭负责对家庭教育进行监督，以确保家庭教育能够真正合乎基督教的要求。教堂有责任在礼拜等各种宗教仪式中，对儿童乃至全体教徒进行宗教教育。

加尔文更为明确地提出了由国家负责实施对全体公民教育的主张。他认为所有儿童不分性别与贵贱贫富，都应当接受教育，以学习基督教教义和日常生活所必需的知识、技能。对国家来说，为了保障公民的这种权利，应当开办公立学校，实行免费教育，使所有儿童都能进入学校接受教育。加尔文还认为，实施普及教育与免费教育，不仅是为了促进宗教信仰，而且也是为了世俗国家的利益。这是因为，对公民的教育有利于国家意志、法律和法令的执行，有利于社会秩序的稳定，有利于道德的进步。因此，公民的教育有助于国家的发展。但需要注意的是，加尔文主张世俗政权是上帝按其神圣意志所任命的，教会权力要高于国家政权，因此国家办理教育需要听从教会的指导和命令。

与马丁·路德相比，加尔文更加强调信徒或者国民的教育务必要与道德有所关联，加尔文对人的堕落和人心的罪恶有着根深蒂固的认识。在加尔文看来，带着"原罪"来到现实世界的人，若不加教化，惩恶扬善，必然会走向堕落，单纯的知识学习并不能改进人的道德灵魂，一个真正的基督徒所需要的勤奋、俭朴、效率、责任感等美德，需要通过严谨的道德法令来规训。加尔文为此制定了严格的宗教戒律，并要求日内瓦当局强迫自由市民逐个公开宣誓遵守，以此来规范和管理人们的行为道德。

3. 关于教育制度的构想

为了实现他所提出的教育目的，加尔文还亲自领导了日内瓦共和国普及、免费教育的实践。根据日内瓦的实际教育状况，并借鉴了路德宗在德国的教育实践，加尔文构想了一整套较为完整的教育体制。加尔文设想的主要学校包括：

(1) 初级学校。初级学校是实行普及教育与免费教育的场所，向所有儿童开放，基本任务是进行宗教和一般知识与技能的基础训练，主要的学习内容是宗教、阅读、书写、计算，此外还有道德教育和公民训练。

(2) 中学。中学是进行中等教育的场所，主要形式是文科中学，主要任务是为高等教育做准备。它由市政当局管理，教师由政府任命。文科中学实行收费制，主要招收初级学校的优秀毕业生。加尔文把文科中学划分为七个年级，其中七年级为最低年级，一年级为最高年级。根据他的设想，七年级的主要学习科目是法语、拉丁语；六年级学习法语和拉丁语的语词分类及变化；五年级开始学习法语、拉丁语的写作，学习罗马诗人维吉尔的诗歌作品；四年级开始学习文法、希腊文以及西塞罗等人的作品；三年级系统学习希腊文法；二年级学习逻辑学以及荷马、色诺芬等人的作品；一年级通过西塞罗、荷马等人的作品，学习雄辩术、修辞学。

（3）高等教育。高等教育的主要机构是学院，主要目标是培养传教士、神学家、教师以及教会和国家的领导人。学院的教学内容主要包括两大类：人文学科和宗教科目。人文学科包括古典文学、伦理学、诗歌、物理学、古典语言等。加尔文认为，领导学院的必须是学问渊博、富有经验的人，学院的教师同时也是教会的官员，和牧师一样受基督教教规的约束。

三、各教派的教育改革实践及其影响

马丁·路德、加尔文等宗教改革者不仅全面、系统地阐述了关于建立公共教育制度、实施普及义务教育的主张，而且凭借宗教改革和宗教政治学说的广泛影响，使这些观念传播到更为广阔的地域，并在近代早期由许多城市和国家进行了初步的实施，从而为真正确立一种民众教育奠定了坚实的基础。

在 16 世纪的德国，马丁·路德的教育思想由他的信徒和同事着手付诸实践，并且得到一些信奉新教的诸侯的支持。在高等教育方面教育家梅兰希顿按照马丁·路德的主张改造了原有的几所大学如海德堡大学、维登堡大学，使它们成为新教思想的重要阵地，同时他以各种方式积极参与了马尔堡大学、哥尼斯堡大学、耶拿大学等大学的创建工作。这些大学到十八九世纪时，成为德国著名的学术中心。此外，梅兰希顿先后为大学编写了文法（希腊文、拉丁文）、修辞学、逻辑学、伦理学、神学、物理学等科目的教科书，这些教科书在德国大学被广泛地运用，有的一直沿用到 18 世纪。

在中等教育方面，梅兰希顿也做出了重要贡献。1525 年，他分别为艾斯勒本和纽伦堡开办的最早的新教中学制定了规章制度和课程计划。1528 年，梅兰希顿为萨克森邦制订《萨克森学制计划》，提出了拉丁文法学校体制的具体设想，他的设想以后为大部分德国新教地区所采纳，由此形成的中等学校体制一直沿用到 19 世纪初。

另一位对创建和完善新教中学做出巨大贡献的是斯图谟。从 1537 年起，他担任斯特拉斯堡文科中学校长长达 40 多年。在这所中学，斯图谟根据马丁·路德的思想，提出了以培养虔信为核心的教育目的，并首创了分级教学形式和固定课程。由于他的努力，斯特拉斯堡文科中学成了文科中学的典范和广泛效法的榜样。

马丁·路德的另一位信徒布根哈根则对德国初等教育的实际创建贡献了自己的力量。1528 年，布根哈根为不伦瑞克城制定了学校和教会章程，提出为所有儿童开办良好的学校，以便进行宗教教育。以后，他致力于创办这类初级学校。到 1559 年，这类学校最终得到官

方认可。同年，符腾堡公国在学校法令中，正式规定在乡村建立"德语学校"，教授读、写、音乐、宗教和算术等。到 17 世纪初，魏玛等各邦先后仿效，从而推动了德国初等教育的发展。

路德派的教育实践还随着新教运动扩展到中西欧之外，如 17 世纪，随着信奉路德新教的德国移民来到新大陆，路德教义及其教育思想也传播到美国，从而在美国出现了具有德国特点的教育制度，尤其是美国的密苏里、威斯康星、俄亥俄和爱荷华等州。

加尔文派的教育实践主要集中在日内瓦。1538 年，加尔文邀请法国学者卡迪埃来日内瓦参加与领导教育改革的工作，他们共同起草了《日内瓦初级学校计划书》，主张对儿童实行普及义务的初等教育。1541 年，他起草了《基督教教规》，其中对大学的任务、课程、教师和学校的管理等，都做了严格的规定。1558 年，他又根据从斯图谟的斯特拉斯堡文科中学所获得的实际经验，创办了日内瓦学院（日内瓦大学的前身），以培养传教士、神学家和教师。该校由于办学有方，吸引了来自瑞士其他城市和西欧其他一些国家的许多学生。日内瓦学院因而成了培养加尔文宗传教士和教师的摇篮，并成为荷兰的莱顿大学、英格兰的剑桥大学、苏格兰的爱丁堡大学、美国的哈佛大学等学校的样板。翌年，加尔文还创办了一系列教育机构，其中包括法律学校、文科中学等，并专门制定了《日内瓦法律学校条例》。在他的领导下，日内瓦的教育事业取得了明显的发展，在他去世前，日内瓦的私立学校共有 1 200 名学生，公立学校有 300 名学生。

随着加尔文教义的不断传播，以及加尔文宗活动的不断扩展，加尔文的国民教育思想及其在日内瓦的教育实践也逐渐扩散到法国、德国、荷兰、苏格兰以及北美等地，影响极为深远，对近代西方教育的变迁产生了许多职业教育家无法比拟的深远影响。

第三节　科学革命与实在论教育

一、科学革命及其对教育的影响

伴随着文艺复兴和宗教改革的兴起，宗教对科学探索的禁锢逐渐松动，到 17 世纪，欧洲迎来了近代科学革命这一影响人类文明发展的极为重要的历史事件。科学时代出现的直接诱因是 16 世纪新大陆的发现、日心说以及血液循环理论等带来的对旧知识的挑战。因此在 17 世纪初，天文学家开普勒、科学家伽利略、思想家培根和哲学家笛卡尔等人开始了消除知识危机、创建新知识的各方面基础性工作，最后在牛顿手里完成了科学革命，开创了科学时代。

科学时代带来了人类知识的空前增长，提升了人类探究和控制自然世界的能力，改变了人们对于整个宇宙的认识与理解，促成了人类科学与理性精神的养成。它与 18 世纪启蒙运动一起使得欧洲的思想和文化经历了中世纪以来最重大的变化，影响延续至今。

具体而言，科学时代在思想上带来的变化主要有三个方面：一是破除了对旧有知识和古代权威的盲从，依靠当代人的思维大胆求知，强调科学的自主性和思想的自由，尤其注重怀疑的精神和理性的作用。二是强调知识的实用性，建立了新的知识价值观。例如，培根就强调人们的眼光不应脱离实际事物，号召人们去研究各种实际事物，在实验的基础上通过逻辑归纳的方法获得真正的新知识，以此来构建新的科学知识体系，同时让知识在实践中产生效果，把科学的理论转化为改进人类物质生活的现实生产力。三是否定了宇宙的神秘性，而代之以机械论的世界观。机械论世界观的确立，意味着人们已经意识到物质世界不仅是可知的，而且是可以驾驭的。人类迈向工业时代的思想号角自此已经开始吹响。

这三方面的变化都对教育产生了重要的影响。它确立了教育在科学时代的重要地位和价值，确立了知识在教育中的地位，促使教育思维方式的转变和教育基本问题的变化，促进了教育内容和研究方法的科学化。正是从这时候开始，欧洲教育逐渐朝着科学与理性所指引的方向迈进，由注重书本转向注重经验，从注重思辨转向注重实践。受科学革命的鼓舞，教育思想界开始出现以传播和推广自然科学知识为主要内容的科学教育的萌芽，并出现了一种强调传授实用知识、提倡运用科学教学方法的实在论教育学说。

二、近代实在论教育的思想与实践

实在论教育学说是近代科学兴起过程中出现的一种教育思潮，反映了近代科学革命给教育界带来的冲击和影响：其一，随着科学探究的领域不断扩张，新的科学知识不断增加，人们开始意识到，有必要把更为丰富和更为先进的知识充实到后代的教育之中；其二，科学革命把人们探究的兴趣从虚无缥缈的天国幻境带回到实实在在的自然现实世界，社会中求真务实的风气日渐盛行，摆脱狭隘的经院教育和放弃教条的书本教育，强调从社会实践中锻炼和培养人，已经成为时代的趋势；其三，科学家们从事的研究活动使人们逐渐认识到，揭示和把握支配人的活动的自然规律，并遵循这些规律开展儿童的教育工作，已经成为历史赋予生活在科学时代的教育家们的特殊使命。十六七世纪的实在论教育学说就是在这样的背景中提出来的。这种教育学说强调的是教育要关注真实的事物，关注现实的生活，遵循教育的自然或科学规律，具体分别表现为三种形式，即人文实在论、社会实在论和感觉实在论。

（1）人文实在论是实在论教育学说的早期表现形式，反映了近代科学的兴起带给教育思想界的最初变化。这种教育学说仍然坚持把古典语言、古典著作及圣经的学习放在教育的核心地位，但同时又积极提倡拓展教育内容，尤其强调要把自然科学知识纳入儿童教育之中，并极力反对古典人文主义教育的形式主义和复古主义，主张学习经典文献只是手段而非目的，目的在于通过学习古人之文进而求古人之道，以帮助青年更好地适应现实生活世界。其主要代表人物是英国诗人、政论家约翰·弥尔顿。

（2）社会实在论是实在论教育学说的第二种表现形式，是针对科学革命之后出现的崇尚务实的社会风气的一种反应。社会实在论者强调要从现实生活事务中，而不是从脱离现实社会生活的古典语言或文献中，直接感悟和学习社会经验，形成和培养社会实践技能。其主要代表人物是著名的英国教育家、哲学家洛克。

（3）感觉实在论是实在论教育学说的第三种表现形式，与科学革命所带动的哲学认识论的进步紧密相连，是人类从探索科学认识的方法中获得的积极成果应用于教育而产生的新成果。感觉实在论重视感官经验和具体个别事物在教学中的作用，并尝试从心理学的视角来解释教育问题。这不仅体现了学校教育内容的积极拓展，更为重要的是体现了教育方法上的巨大飞跃，也就是运用科学的认识规律来指导教育实践活动。16世纪早期的西班牙学者维夫斯，16世纪晚期、17世纪早期的德国学者拉特克，以及17世纪的捷克教育家夸美纽斯都是感觉实在论的最重要的代表人物。

从上述实在论教育学说中我们可以看到，实在论者摒弃文艺复兴后期以来出现的形式主义、古典主义做法，强调现实的和实用的知识的传授，重视运用科学思维来探寻教学规律，从而为教育学理论的科学化和心理学化奠定了基础。受近代科学革命以及实在论教育学说的影响，英国皇家学会、法兰西科学院、德国柏林科学院等探究和传播新知识的科学研究机构得以出现，实科学校或文实中学等注重传授实际知识的学校开始作为新兴的教育机构在欧洲各国建立，欧美国家的中学教育开始表现出实在论的变革倾向，大学中也逐渐增加了自然科学课程的教学，学术探究的风气逐渐形成。但需要指出的是，近代科学革命刚刚兴起，自然科学的巨大威力尚未完全得到人们的直观认可，此时的科学教育仍然没有能够在中学或者大学中占据强有力的位置，只有等到工业革命真正爆发之后，自然科学的教育才得到更为广泛和普遍的接受。

三、夸美纽斯与洛克的教育思想

（一）夸美纽斯的教育思想

捷克教育家夸美纽斯是17世纪感觉实在论教育学说最伟大的倡导者和实践者。他基于近代机械论世界观的认识基础，力图运用科学的方法来理解和指导教育工作，撰写了包括《大教学论》《母育学校》和《泛智论导言》在内的一大批卓越的教育理论著作，并提出了一套完整的教育理论体系，从而首次把教育学从哲学中独立出来，完成了教育理论史上的哥白尼式的变革，奠定了近代西方教育学理论发展的基础。

1. "泛智"教育

夸美纽斯敏感地觉察到近代科学革命的兴起和各种科学知识急剧增长，提出了"泛智"教育主张，要求"把一切事物教给一切人类"，使所有的人通过接受教育获得广泛、全面的知识，并能够在智慧上得到全面、充分的发展。

夸美纽斯的"泛智"主张体现出两重意义：一是教育内容泛智化，也就是要把人们现世和来生所需的一切事项，主要包括智力、道德和宗教信仰，全部纳入教育内容之中，这种百科全书式的教育才是周全的教育，才能使人们懂得科学，纯于德行，习于虔敬；二是教育对象普及化，也就是要求学校向全体人们敞开大门，一切城镇乡村的男女儿童，不论富贵贫贱，都应该进学校接受一切有用的教育。其中的第一重意义，是夸美纽斯针对科学革命所要求的学校教育内容扩充做出的反应，第二重意义则体现出夸美纽斯教育思想的民主性。

2. 教育适应自然

从泛智教育理念出发，夸美纽斯进一步主张把教育工作建立在科学理论基础之上，努力寻求一种教学的方法，使教学可以既好又快又彻底。为此，夸美纽斯提出了教育要适应自然的原则，其含义主要有以下两层：

一是教育要适应自然界及其普遍法则。夸美纽斯认为世界上的一切都是按照机械原则安排的，是有秩序的，秩序是事物的灵魂。教育活动同样也是有秩序的。秩序是把一切事物教给一切人们的教学艺术的主导原则，它应当并且只能以自然的作用为借鉴。只有通过借鉴自然界的运行秩序，才能使得教育和教学工作步入科学化的轨道。

二是教育要适应人的自然本性和认识发展规律。夸美纽斯指出，人是造物中最崇高、最完善、最美好的事物，但人的性情和天赋是各有差别的，不同年龄阶段的儿童的认识能力又是各不相同的，因此教育要按照儿童的个性差异和年龄特征区别对待。受培根哲学的影响，夸美纽斯认为头脑里的一切没有不起源于感觉的，人的认识活动就是从感觉开始，通过想象成为记忆，然后再通过归纳个别达到理解一般，最后在理解的事实上进行判断，形成正确的知识。据此顺序，夸美纽斯总结出一套教学原则，如直观性原则、循序渐进性原则、巩固性原则、系统性原则等，这些原则后来成为近代学校教学工作的指导思想。

3. 建立统一的学制系统

夸美纽斯还提出按照儿童身心发展的自然规律，建立统一的学制系统，以落实其泛智教育主张。他把人的学习期（从 0 岁到 24 岁）以六年为一阶段，划分成婴儿期、儿童期、少年期和青年期四个时段，与之相应的是母育学校、国语学校、拉丁语学校和大学四级学制系统。各级学校均按照适应自然的原则，采用班级授课制和学年制开展工作，分别开设不同的课程来教育和培养儿童。如母育学校要在各个家庭实施，注重体育、自然与思维的研究、活动与表现、语言以及道德训练，为儿童体力、道德和智力发展奠定基础；国语学校要在每个城镇和乡村开设，招收一切儿童，教学内容着重本国语的读、写，以及算术、唱游、诗歌、韵律、道德规条、政治、经济知识、机械艺能。另外，这两个阶段还重视感官训练，母育学校侧重外感官训练，国语学校注重内感官训练。拉丁语学校在每个较大的城市都设立，招收较有理想的学生，主要学习文法、修辞、逻辑、算术、几何、天文、音乐、物理、地理、年代学、历史、伦理学、神学等；大学要在每个王国或省设立，招收少数最有才华的人，提供哲学科、医学科、法学科、神学科等四类学科的完全训练，培养未来的教师和学者。夸美纽斯的这套前后衔接、完整的学制系统，总结了古希腊以来西方教育家对于学校教育设置的基本构想，为宗教改革以来形成的国民教育理念的实践提供了具体而详尽的指导，也使得科学革命以来出现的实在论教育学说获得实践的制度支持。

从教育内容到教育方法，再到教育制度，夸美纽斯的教育思想，汇集了人文主义者、宗教改革者、人文实在论者、社会实在论者在教育理论和实践方面所取得的一切有益的成果，实现了文艺复兴以来西方教育优秀思想和实践的伟大集成。他提出了系统的教育思想，在教育工作的一切重要领域都留下了开拓者的足迹以及辛勤耕耘的丰硕成果，尤其是在近代教学理论方面做出了比较全面的贡献，奠定了近代教育理论的基础，完成了近代科学革命之后教育领域内具有划时代意义的革命。从此，西方教育理论和实践开始沿着科学化的方向不断攀登。但是，夸美纽斯的教育思想中也存在着一些明显的缺陷，如他的教育思想中具有过分浓郁的宗教气息，对科学知识及教育科学的认识也不准确，这些缺陷既有他本人认识上的原因，也有时代本身的局限。

(二) 洛克的教育思想

洛克是 17 世纪英国经验主义哲学家、政治理论家和重要的教育思想家，其教育思想主要体现在《教育漫话》《政府论》《人类理解论》等书中。

1. 洛克教育思想的理论基础

洛克的教育思想不仅与他的政治思想相联系，而且与他的哲学观点不可分割。洛克继承了培根的唯物主义经验论，根据培根关于人的知识来源于人对客观事物的经验的唯物观点，对天赋观念进行了批判。洛克明确指出，天赋观念论阻塞了人类认识真理的道路，他提出了著名的"白板说"。洛克说："人的心灵犹如一张白纸，上面没有任何记号，没有任何观念。""人心没有天赋的原则""观念不是天赋的，而是后天获得的"。我们所有的知识都是建立在经验之上，知识归根结底来源于经验。据此，洛克说明了后天学习的重要性，从而肯定了教育的重要作用。

洛克在《教育漫话》中关注的是如何培养出与其《政府论》中所倡导的资产阶级政体相适应的资产阶级与新贵族子弟，即绅士。绅士的培养旨在满足英国新型工商业阶层的事业家处理公私事务、维护自身权利、开拓海外的实际需要，同时也反映了科学技术进步的时代潮流对教育的迫切要求。为此，洛克提出了一个包容体育、德育、智育在内的绅士教育体系。

2. 绅士教育的目的

洛克在《教育漫话》中明确提出绅士应该是"有德行、有用、能干的人才"。具体来说，绅士应具有"德行、智慧、礼仪和学问"四种精神品质，以及健康的身体素质。"德行"即自制力，指用理性克制各种欲望，使自己的言行符合社会的道德规范；"智慧"即为人处世的能力，指"使得一个人有才干和远见，能去处理他的事务"的能力；"礼仪"指礼貌、礼节和风度；"学问"指各种实用知识以及相应的技能技巧。在洛克心目中，理想的绅士是"高贵的人"，这种人富于理智和才干，有高雅的风度，举止得体，身体健康，能成为新兴资产阶级的"事业家"。显然，他说的绅士与以往死守经文的封建教士和饱食诗书的古典文人存在着明显的区别。

3. 绅士教育的内容

洛克的绅士教育包括体育、德育、智育，其具体内容如下：

(1) 体育。洛克认为，体育是绅士教育的基础，他所说的体育实质上是指健康教育，体育的最高目标是培养"强健的身体"，而强健身体的主要标准是"能忍耐劳苦"，即指身体要能适应各种生活条件、生活方式、气候和水土变化。在洛克看来，要拥有健康的体质，必须从三方面入手：一是身体锻炼要从小进行，以形成习惯，良好的身体素质主要来自从小的外部锻炼。二是身体锻炼要从建立良好的生活制度与生活习性开始，良好的体质要从衣、食、住、行、睡、保健等方面加以注意。三是身体锻炼要顺应自然，应该让儿童多呼吸新鲜空气，多运动，加强锻炼，增强体质。洛克关于健康教育的理论在实践上具有历史进步意义，是对封建经院学校那种反对体力锻炼的思想最有力的批判。他所制定的儿童保健制度，对英国资产阶级儿童的健康教育具有指导作用，对西方体育理论的形成和发展有重大的贡献。

（2）德育。在绅士教育中，洛克把德育置于第一位。他认为在一个人或者一个绅士的各种品性之中，德行是第一位，是最不可缺少的；要被人看重，被人喜爱，要使自己也感到喜悦，德行是绝对不可缺少的。如果没有德行，一个人在今生来世都得不到幸福。因此，导师的任务在于调节学生的心理，使他具有一种正当的心情。这样做，绅士才能具有良好的德行，并使自己获得幸福。

洛克认为，要培养健康的精神状态，应该防止以下两种不良的倾向：一是缺乏自制。他认为，人的本性是放荡不羁的人，在每一个阶段有不同的欲望，这不是人们的过错。人们的错处在于不能使得欲望接受理智的规范与约束。为此，他推崇以理智克制欲望，他指出："一切德行与美善的原则当然在于克制理智所不允许的欲望的能力"。二是"儿童精神过于沮丧"。在他看来，这种情形较之前者更坏。放荡的青年精力充沛，但只要走上正轨，常常能成为能干、伟大的人物，而心情沮丧的儿童的态度是怯懦的、精神是抑郁的，失去了他们应有的活力和勤奋，很不容易振作起来，极难做出什么事业。他指出，这种儿童是管教太严的结果。放纵欲望和心情沮丧是性格中的一对矛盾，在实际工作中很难做到不偏不倚。洛克因此感叹道："要避免这两方面的危险是一门很高深的技艺，如果有谁能找到一种方法，使幼童保持精神焕发、轻松、活泼和自由，同时又可以让他们克制对很多事情的妄想，使他们远离那些令人不快的事情，那么，以我之见，我敢说他才是懂得如何调和这些看似矛盾的方面，觅得教育真谛的人。"[1]

在品德的具体内容上，洛克认为绅士应该具有理智、礼仪、勇敢、节制等美德。洛克极端重视绅士的礼仪，即绅士待人接物的礼貌、礼节和风度，特别是要使人觉得青年绅士体格强健，双眼炯炯有神，举止文雅，颇有风度。他认为，礼仪能使青年绅士所具有的理智、智慧等美德闪烁出它的光辉。对于一个绅士来说，美德是精神上的一种宝藏，但是使他生出光彩的则是良好的礼仪。

在道德教育原则和方法上，洛克提出了许多宝贵的意见，包括：进行早期教育，及早培养学生的自制能力；父母提出的道德要求要合理，要宽严适时，即儿童年少无知时，管教要严，切忌放纵亲狎；儿童长大知理后，则可采用比较温和的管教方法；强调道德实践，要求反复练习，通过儿童自己的反复练习，使其养成道德习惯，使儿童的道德行为像呼吸空气一

---

① ［英］约翰·洛克：《教育片论》，熊春文译，125 页，上海，上海人民出版社，2005。

样自然；通过父母和导师以良好的榜样示范培养儿童良好的品德，要求导师言行一致，以身作则；奖惩合宜，使用"尊重""自由""称誉""赞扬"等而不是物质奖励来对儿童进行道德教育。

洛克还提出了奖惩的几条具体方法：儿童的行为令人喜爱或令人厌恶的时候，其他各种可爱的或可厌的事物应该伴随来到；父母对儿童冷酷的时候，周围的人应表示同样冷淡的态度，即教育态度要一致；父母实施惩罚后，要等儿童改正错误才可改变脸色，即教育态度应连贯；为了维护儿童的名誉，不要当众宣布儿童的过失，要背着别人私下里批评，儿童应受赞扬的时候，应该当着别人的面进行表扬。

（3）智育。洛克认为，智育在绅士教育中处于第二位。在他看来，智育的目标一是传授基本知识和技能，二是发展学生的智力，两者相比，后者更为重要。为了实现智育的目标，洛克进一步讨论了课程内容和教学方法问题。

在课程内容上，洛克从功利主义的角度出发，强调指出绅士所需要的只是一切知识中"最有用处、最有结果"和最基本的那一部分，具体来说，绅士要掌握的学问分为三个部分：一是实用型的知识，包括读、写、算以及速记、地理、历史、伦理、法律、天文、物理、数学、化学、解剖学等。二是修养型的知识，包括希腊文、拉丁文、修辞、逻辑、音乐、绘画等。三是娱乐型的技能技巧，包括跳舞、骑马、击剑、园艺、细木工、金工等。

在教学方法上，洛克从教育过程、教学方法、教学任务等角度出发，提出以下措施：第一，教师应该抓住学生兴致好的时候这一学习良机。他说："采用这种方法，便可节省许多时间和减少疲劳：因为儿童兴致好的时候，学习效率要好两倍，而勉强被迫去做就要花费加倍的时间和劳苦。"如儿童喜欢游戏，教学可以把学习和游戏结合起来，使儿童学中有玩、玩中有学。第二，学习的时候不要使儿童感到疲倦，无论教什么东西，不可一次塞得太多。第三，不要把学习当作一项强加的任务或工作，这样容易使儿童感到厌恶、烦躁。应该使儿童把学习当成一件光荣的、快乐的和消遣的事情，或是把它当成一件做了别的事情以后的奖励。第四，教学要保持新异。由于儿童的心理是见异思迁的，他们的快乐差不多全是建立在更换与变化上面，对同一件事很快就感到厌倦。使儿童的思想长久地用在某一事情上，对儿童来说是一种痛苦。因此，教师应该用新奇的事情去打动他们。第五，善用娱乐。学生读书厌倦以后，可以做一些快乐的事情，特别是娱乐。他认为，娱乐不是懒惰，而是把疲倦了的部分舒畅一下，凡是一个善于利用生活的任何部分的人，他就应把大部分时间用在娱乐上。洛克说："把身体与精神上的训练相互变成一种娱乐，说不定就是教育上最大秘诀之一。"

洛克关于绅士的教育目的及其培养措施的设想，不仅为当时英国资产阶级和新贵族改造传统的旧教育、创办新教育指明了方向，而且他所倡导的注重体育、要求绅士具有德行和优雅的风度的思想，对英国的教育实践产生了深远的影响。因此，洛克的教育思想在人类思想史与教育史上占有重要地位，其影响远远超出了他的时代和国界，成为18世纪启蒙思想的先驱，影响了后代许多教育思想家。

➡ 本章回顾

西方教育通过文艺复兴、宗教改革和科学革命，逐步解除了中世纪宗教神学加之于人的束缚，从而进入了一个新的发展时期。其中文艺复兴时期的人文主义教育注重人的价值和地位，以学习古典人文学科、培养全人的教育理想解放了人的个性，涌现出以弗吉里奥、维多里诺、格里诺、伊拉斯谟、莫尔、拉伯雷和蒙田等为代表的一批人文主义教育家；宗教改革则是在社会制度上批判了僵化保守的教会，提出了教育的世俗目的，关注普通民众的教育，这在客观上有助于文化知识在普通民众中的传播，有助于提升普通民众的文化素质；科学革命则是通过知识获得方式和内容的改变，丰富了人类的科学知识，开拓了人类的认识视野，提升了人类的认识能力，加深了人对自然的理解，强调现实的和实用的知识的传授，重视运用科学思维来探寻教学规律，产生了实在论教育。这三者从人本身、社会和自然三个方面逐步解放了宗教压制在人身上的层层枷锁，西方教育正是在这一时期变化的基础上开始了其近代化的路程。

➡ 课后练习

一、不定项选择题

1. 请为下列著作选出其作者：

《一个基督王子的教育》（　　　）　　　　《乌托邦》（　　　）

《论送儿童入学的义务》（　　　）　　　《论绅士风度与自由学科》（　　　）

A. 伊拉斯谟　　　B. 托马斯·莫尔　　C. 马丁·路德　　D. 弗吉里奥

2. 为萨克森邦制订《萨克森学制计划》的是（　　　）。

A. 梅兰希顿　　　B. 马丁·路德　　　C. 加尔文　　　D. 斯图谟

3. 创办费拉拉宫廷学校的是（　　　）。

A. 格里诺　　　B. 布根哈根　　　C. 夸美纽斯　　　D. 维多里诺

二、名词解释

1. 泛智论　　2. 快乐之家　　3. 人文实在论教育学说　　4. 白板说

三、简答题

1. 请简述文艺复兴时期人文主义教育的发展历程。

2. 请简要概括文艺复兴时期人文主义教育的特征。

3. 请简述宗教改革时期马丁·路德的教育思想。

4. 请简述实在论教育学说的内容和影响。

四、论述题

1. 请论述夸美纽斯的教育思想及其意义。

2. 请论述洛克的教育思想及其意义。

➡ 进一步阅读文献

1. ［英］阿伦·布洛克. 西方人文主义传统. 董乐山, 译. 北京: 生活·读书·新知三联书店, 1997.

2. ［荷］伊拉斯谟. 论基督君主的教育. 李康, 译. 上海: 上海人民出版社, 2003.

3. ［英］约翰·洛克. 教育片论. 熊春文, 译. 上海: 上海人民出版社, 2005.

4. ［捷克］夸美纽斯. 大教学论. 傅任敢, 译. 北京: 教育科学出版社, 2014.

第四章　启蒙运动与工业革命时期的教育

学习目标

1. 了解启蒙运动及其对教育的影响，了解教育世俗化的基本进程及其含义，理解理性主义、自然主义、国家主义的教育思想及代表人物，理解掌握卢梭、裴斯泰洛齐等的教育思想。

2. 了解工业革命及工业化、城市化和民主化对教育的影响，了解工业时代教育发展的整体进程和特性，理解掌握赫尔巴特的教育思想。

18 世纪和 19 世纪在启蒙运动和工业革命的推动下，西方世界逐步发生了重大变化。启蒙运动是继文艺复兴之后的第二次思想解放运动，它猛烈地抨击了旧有的社会制度和意识形态，进而促使整个社会教育思想和体制的变革。启蒙思想家不仅在意识形态上为近代欧洲教育的总体发展构建了基本的蓝图，而且在教育实践中，也积极践行启蒙理念，打破了传统的由教会掌握教育的局面，积极倡导世俗、义务、免费的教育，构建了国民教育的新体制。工业革命不仅促进了科技、经济、社会的发展，也带来了哲学、文学、艺术、心理学等领域的繁荣景象，这些发展在为教育提供坚实的物质条件和广阔的发展空间的同时，也对教育提出了新的挑战，并促使教育进行适应工业社会的变革。

第一节　启蒙运动时期的教育

一、启蒙运动及其对教育的影响

启蒙运动是指从 17 世纪中后期延续到 18 世纪末期的一场声势浩大的现代新知识、思想、文化的解放革新运动，最初产生于英国，而后发展到法国、德国、俄国等国家。它以科学革命为基础，将影响仅限于知识界和学者的科学知识向大众进行传播，为理性和知识同封建迷信、宗教狂热、世俗偏见进行不调和的斗争确立了方向，从根本的意义上塑造了现代社会、现代观念和思想方式，并间接影响了法国大革命和美国独立战争等政治革命，其影响一直延续至今。

　　启蒙运动不仅是启迪蒙昧，反对愚昧主义，提倡普及文化教育的运动，也是宣扬资产阶级政治思想体系的运动，是文艺复兴时期资产阶级反封建、反禁欲、反教会斗争的继续和发展。启蒙思想家从人文主义者手里把反封建、反教会的旗帜接过来，进一步从理论上证明了封建制度的不合理，从而提出一整套哲学理论、政治纲领和社会改革方案，要求建立一个以理性为基础的社会。他们高举理性、自由、人权、博爱的大旗，用政治自由对抗专制暴政，用信仰自由对抗宗教压迫，用自然神论和无神论来摧毁天主教权威和宗教偶像，用"天赋人权"的口号来反对"君权神授"的观点，用"法律面前人人平等"的口号来反对贵族的等级特权。他们用这些思想启发教育民众去推翻封建主义的统治，进而建立资产阶级政权。

　　在启蒙运动思想的影响下，启蒙思想家将知识和理性作为解决一切社会问题的灵丹妙药，他们认为，知识就是力量和财富，人们有了知识，就能认清自己的本性和使命，就能改正错误、走向真理，从而建立一个自由、平等的美好社会。据此，启蒙思想家大多极力主张发展教育，使广大民众都能受到教育、获得知识、发展理性。通过教育和知识传播来培养人和改造社会，这也成为 18 世纪思想的中心。在此基础上，基于对知识的信仰，人们形成了一种乐观主义，形成了将人的理性力量看作国家力量之所在这样的教育观念。他们开始强调教育的可能性和必要性，要求教育不仅仅为经济社会服务，更要为人服务，提出人的发展有必要受教育，人的发展和人的差异取决于教育等衍生观点。这些都深刻影响了现代教育发展的基调。

二、理性主义、自然主义和国家主义教育思想

　　在启蒙运动过程中，基于思想家对僧侣和贵族的特权，封建的等级制度和专制统治的猛烈抨击，以及建立一个自由、平等、博爱的理性王国的设想，他们提出了启迪遭受宗教神学思想奴役和蒙蔽的人类理性，以启蒙思想和科学知识来武装人的头脑，改革传统的教育制度，使教育发挥发展理性、启蒙社会和变革国家的作用。在此进程中，当时的西欧逐步形成了理性主义、自然主义和国家主义三大教育思潮。

（一）理性主义教育观

　　理性主义是启蒙学者的共同信仰，他们相信理性的力量，以理性作为衡量一切事物的尺度。他们以理性反对宗教迷信、神学、权威崇拜、盲从、压抑。理性主义的教育观深信教育的力量，要求发展受教育者的理解力、判断力，培养信念，反对机械背诵、盲目服从、教条主义等。在启蒙时代，理性主义的代表人物是 18 世纪德国著名的哲学家康德，康德理性主义的教育思想主要反映在其《论教育学》一书中。

　　在人性方面，康德认为，教育的根本就是要对人的本性进行适当的控制。教育就是要弃恶扬善，要以理性抑制人性中的野性，进而发展人的各项天赋。因此，教育对于人来说，是不可或缺的。康德强调，人完全是教育的产物，"人只有通过教育才能成为人"[1]。

────────────

① ［德］康德：《论教育学》，赵鹏、何兆武译，5页，上海，上海人民出版社，2005。

教育使人获得知识和道德，使人成为有理性的文明人，从而推动人自身和整个社会的不断向前发展。

在知识论方面，康德认为人既有获得感性认识的能力，又有先验的理性，而知识正是这两者的结合。经验提供形成知识的材料，理性提供形成知识的结构与组织。康德的认识论强调了人的理性思维的重要作用，导致了对教育过程中学生主体作用的新认识。因此，康德进一步认为，教育的过程不是灌输和管束的过程，而是要给学生自我活动、自由发展的空间，要让他们自然地运用自己的各种器官，从而均衡地、有目的地发展人的一切能力。

在道德论方面，康德强调"道德自律"和"道德义务"的重要作用。康德认为，道德是人和动物的本质区别。既然要将人最终提升到具有后天教养的"道德人"，那么道德的培养在整个教育过程中的作用就是不言而喻的。人的本性如果不加以正确引导，就有走向恶的危险，因此，人在成长过程中就必须接受"实践理性"的规范，而道德概念和准则都存在于这种理性中。康德认为，道德教育既要让儿童自然而自由地成长，又要让他们自觉地接受理性的引导。自由是道德教育的最高目的，必要的"管束"和"训导"是实现自由的必要保证。

康德的理性主义教育思想对后世教育，尤其是对裴斯泰洛奇和赫尔巴特等教育家产生了巨大的影响。裴斯泰洛奇主要在认识论和官能训练方面接受了康德的影响，在强调儿童基本官能训练的基础上，提出了要素教学。赫尔巴特的教育思想在教育目的、道德教育以及统觉的理论等方面都直接受到了康德的影响。

（二）自然主义教育观

自然主义教育观是指在尊重人的价值和理性的前提下，通过对自然规律的探究和对人的天性及其发展特点的探讨来论证教育的可能性与必要性，教育的内容、方法以及教育目的的一种新兴的教育观念体系。自然主义的教育就是要完全发展人个别的天性，就是要脱离一切人为的影响，任其自然地发展，就是要顺从于大自然的规律与法则。自然主义教育观兴盛于18世纪，延续至19世纪，对现代西方教育理论与实践产生了重要影响，其主要代表人物有卢梭、巴西多、裴斯泰洛齐、福禄倍尔、第斯多惠等。

自然主义教育家对天性的认识差异很大，但对天性发展的认识却是基本一致的，都认为天性是与生俱来的，天性是一种潜能或者说是发展的种子，天性之始基中已蕴含着发展的可能性，这种可能性和自动性给予儿童发展以内在动力。天性的发展是一个内在因素与外在因素交互作用的过程，它不可也不能脱离社会而进行。天性发展是一个阶段性与连续性相统一的过程，每一阶段具有不同的特点。

自然主义教育观主要的功绩在于：第一，自然主义教育家积极寻求教育的规律，表现出人类要揭示教育规律的主动性和积极性，说明了人类力图用自然发展的规律、儿童身心发展的规律以及社会对教育的制约性规律等来解释教育问题，为以后的教育理论科学化、心理学化奠定了必要的基础。第二，自然主义教育观的着重点在于揭示儿童身心发展规律对教育的内在制约性，因此它高扬了儿童的价值，确立了儿童的主体性地位。第三，自然主义教育家努力探求教学的原则和方法，初步形成了完整、系统的教学原则体系和各科教学法体系，为教学理论的发展奠定了坚实的基础。这些具体的原则、规则和方法构成了自然主义教育思想中最有实际价值、最有影响力的部分。如果说实在论教育思想着重解决的是"教什么"的问题，那么，自然主义教育着重要解决的则是"怎样教"的问题，他们提出的较完整的教学原则体系正是围绕后一个问题展开和发展的。

西方自然主义教育思想是西方教育发展到一定历史阶段的产物。教育要遵循自然，要遵循儿童身心发展的规律成为自然主义教育思想的宝贵遗产，其后的教育科学化、心理学化思潮是对这一基本思想的进一步深化。自然主义教育思潮的局限性，在人类对教育规律的进一步探索中逐渐被克服，其基本精神继续得到发扬光大。

（三）国家主义教育观

国家主义教育思想是随着欧洲罗马天主教会逐渐失去了对社会的整体支配权，世俗政权逐步获得教育权力而出现的一种教育思想，其基本观念是要求把教育权从教会手中夺过来，由国家来管理和支持教育事业，培养近代社会发展迫切需要的劳动力，使他们符合民族国家的要求。因此，国家主义教育是近代社会在教育方面的一个显著特征，它是资本主义生产力和生产关系发展的产物，要为确保民族乃至民族国家的独立、确保国内的安定以及普及共同意识、发展本民族乃至国家的产业和经济、继承和发展民族文化传统等内容服务。在 18 世纪中期，其代表人物有爱尔维修、拉夏洛泰等人。

爱尔维修是 18 世纪法国唯物主义的重要代表人物之一。他从唯物主义的认识论出发，认为人人都可以通过感官获得认识，所以人人都有获得精神发展、实现同样成就的能力，进而人人都有享受教育的权利。[1] 爱尔维修完全否认人和人之间的个体差异，认为人和人之间的差异仅仅是教育和环境造成的，进而提出了"教育万能"的口号。同时，鉴于教育对个人和国家的重要作用，爱尔维修要求彻底改造旧学校，剥夺教会对学校事业的垄断，主张应从教士手中把学校没收过来交给国家管理，由国家创办世俗教育。

拉夏洛泰是 18 世纪法国法学家，他批判了耶稣会教育的陈腐和空洞，认为创办国家主义教育制度的首要任务就是要清除耶稣会教育的毒害；其次，国家主义教育的目标是培养合格的法国国民，承担起培养有特定能力的、具有某种职业技能的人才的任务。他认为，只有实现了个人从自己的愿望出发选择所要从事的职业，并且具备胜任自己所选职业的知识和能力，国家主义教育培养合格国民的任务才算完成。再次，国家主义教育必须依靠国家政府。教育实质上是属于国家的，教育自己的公民是每个国家不可剥夺和无可置疑的权利，国家的儿童应该由国家的成员来教育。最后，拉夏洛泰指出，国家应该根据自己的社会经济发展水平来决定学校教育的规模、程度和内容。

爱尔维修、拉夏洛泰等的国家主义教育思想为各国国民教育制度设计了宏伟的蓝图，可以说，从 18 世纪末开始到 19 世纪中期，德国、法国、英国等国国民教育制度的建立，公立学校的确立与国家主义教育思想家的筹划设计是分不开的。

---

① 北京大学哲学系编译：《十八世纪法国哲学》，500 页，北京，商务印书馆，1979。

三、卢梭与裴斯泰洛齐的教育思想

在启蒙运动时期，出现了一些重要的教育思想家，其中以卢梭和裴斯泰洛齐最为著名、影响最大。

(一) 卢梭的教育思想

被誉为"教育上的哥白尼"的法国启蒙思想家和教育思想家卢梭在 18 世纪中期倡导自然教育思想，强调教育要顺其自然，根据儿童的发展阶段实施教育，培养反封建的新人。他有力地抨击了传统的教育观点，引起了教育领域中一次影响深远的革命，在西方教育史上乃至世界教育史上具有划时代的意义，被誉为新教育和旧教育的分水岭。

卢梭的著作有《论科学和艺术的复兴是否有助于使风俗日趋纯朴》《论人类不平等的起源和基础》《社会契约论》等，他的教育思想代表作是《爱弥尔》(又译《爱弥儿》)，正是在此书中，他对社会和教育问题进行了深入思考，提出了自然教育的观点。

1. 自然教育的理论基础

卢梭的自然教育观是建立在其人性论和感觉论的基础上的。

(1) 从人性论上来说，卢梭坚持"人性本善"。《爱弥儿》开篇就讲："出自造物主之手的东西，都是好的，而一到了人的手里，就全变坏了。""偏见、权威、需要、先例以及压在我们身上的一切社会制度都将扼杀他的天性，而不会给他添加什么东西。他的天性将像一株偶然生长在大路上的树苗，让行人撞来撞去，东弯西扭，不久就弄死了。"[1] 卢梭认为，人天生所禀赋的自由、理性和良心便构成善良的天性，性善人人皆同，人的罪恶乃后天影响所致。因此，人的自然本性是善的，只是社会把人变坏了。为了改变这种状态，就必须彻底推翻专制制度，建立理性王国，同时还要"在社会秩序中把自然的情感保持在第一位"[2]，要培养社会条件中的自然人，这便是教育的责任。

(2) 从感觉论上来说，卢梭深信人的心灵中存在着认识世界的巨大能量。他认为，理性使人认识事物，自由的意志使人选择事物，良心使人热爱正确的事物，最终使人获得知识与道德。同时，他还承认，感觉是知识的来源，所有的一切都是通过人的感官进入人的头脑的。人的一切认识都是以感性理解为基础的，正是由于有了这种感性认识，理性知识才能得以形成。

2. 自然教育的基本内容

卢梭自然教育理论的基本内容包括自然教育的核心与目的、儿童发展分期、教育教学方法等方面的内容。

(1) 在自然教育的核心方面，卢梭认为，自然教育最主要的就是"归于自然"。他认为，每个人所受的教育都是自然的教育、人的教育和事物的教育三者的统一，只有三种教育的完

---

① 〔法〕卢梭:《爱弥儿》，李平沤译，1 页，北京，人民教育出版社，1985。
② 〔法〕卢梭:《爱弥儿》，李平沤译，7 页，北京，人民教育出版社，1985。

美结合才能达到教育的目的。但由于自然的教育无法向人的教育和事物的教育靠拢，因此只能是人的教育和事物的教育向自然的教育靠拢，才能实现三种教育的完美结合。这就要求教育要遵循儿童自然的天性，要求儿童在自身的教育中取得主动地位，无须成人的灌输和压迫，教师只需要创造学习的环境、防范不良的影响。教师的作用不是积极的，而是消极的，因此，也被称为"消极教育"。

（2）在自然教育的目的方面，卢梭从自然教育原则出发，明确提出自然教育以培养"自然人"为目的。这种"自然人"是身心调和发达、体脑两健、良心畅旺、能力强盛的新人。他不依从于任何固定的社会地位和社会职业，不受传统束缚，能适应各种客观发展变化的需要，因此他也是自由人。形象地说，这种人既有哲学家的头脑，又有农夫或运动员的身手，卢梭笔下的"爱弥尔"就是这种"自然人"与"自由人"的典型。卢梭认为，自然人不同于公民，自然人完全是为他自己而生活的，而公民的价值在于他同总体，即同社会的关系。但卢梭又指出，一个生活在自然中的自然人和一个生活在社会中的自然人，两者全然不同。爱弥儿不是要被教育成为孤独的人，而是要被教育成为社会的成员，能够尽到社会成员的职责。

因此，自然人首先就是存其天性、扩其天性，而不是阻碍、压抑儿童天性之自然发展。即自然人是依据儿童身心发展之自然规律而造就的，这样培养出来的人就是自然天性充分发展的、个人潜能得以充分实现的自然人。其次，人性本善，而社会为恶，在人的培养过程中，要远离社会罪恶对人的污染和侵袭。由此可见，卢梭所谓的自然人不是原始状态的野蛮人，而是在社会生活中能将自然的情感保持在第一位的人。这种自然人，他既知道如何在城市中谋生、与人相处，又不为偏见、欲念、权威所控制；既能尽到社会成员的责任，又能保持纯真的天性，自由发展。卢梭认为，在由自然人根据其共同同意的公意组成的理性的社会中，每个人既能很好地发展自己的天性，又能把自己看作社会的一分子。这样的人既是自然人又是社会公民，从而实现好人与好公民的统一。

（3）关于教育分期。卢梭把教育分为婴儿期（0～2岁）、儿童期（2～12岁）、青年期（12～15岁）和青春期（15～20岁）四个阶段。他认为强健的身体是一切事业的基础，是个人幸福的源泉，也是个人智慧的工具，因此在婴儿期，教育的主要任务是体育，即通过身体的养护和锻炼，促进儿童身体的健康发展，增强儿童的体质。体育的原则应该顺应自然，通过合理的饮食、衣着、睡眠和游戏，实施正确的教育，卢梭还主张应该使儿童在锻炼中养成抵抗疾病的能力，反对娇生惯养。

儿童期是"理性睡眠时期"，主要是进行感觉教育。卢梭认为，由于儿童的身体活动能力和语言能力都发展了，他们的感觉能力也发展了，这时可以开始对他们进行感觉教育，使他们通过感觉器官的运用获得丰富的感性经验。在感觉教育中，卢梭主张，首先是发展触觉，因为触觉不仅能提供事物的形象和表面，而且比其他的感觉更为可靠；其次是发展视觉，最后发展听觉，但听觉的发展应该注意与语言的发展联系起来。卢梭提出对这一时期的儿童不要直接进行理性教育，不要强迫他们去读书。在他看来，当儿童还不能理解和分析判断观点的时候，读书很容易会将一些成人世界的偏见教给儿童。因此儿童期最好的教育方法是使儿童服从于自然法则，结合具体事例使他们从自己的直接经验中受到教育。

青年期是人的一生中能力最强的时期，也是生命中最珍贵的时期，主要是进行智育和劳动教育。卢梭认为，智育的任务并不在于教给儿童一大堆知识，而在于发展学生的智力，培养他们的学习兴趣和掌握学习研究的方法。在智育的内容上，儿童不能学习一切东西，只应学习应该学习的东西。在教育的方法上，卢梭主张要以儿童的经验为基础，独立观察和研究大自然中的各种事物。除知识教育外，卢梭还非常重视劳动教育。他认为，儿童必须学会劳动，学会从事一种职业。劳动不仅可以谋生，还能够促进理性的成长，并直接影响人的道德品质和人格发展。

青春期主要是进行道德教育、信仰教育和性教育。卢梭认为，当学生具有比较丰富的感性经验和知识，并开始意识到社会关系时，就可以对他们进行道德教育了。道德教育首先要激发青年自然涌现的善良感情，发展理性，使之成为一个心地仁慈、有恻隐之心以及有良好判断能力的人。其次，卢梭指出，为了培养道德品格，须使青年在行为中接受道德的磨炼。最后，卢梭主张通过学习寓言来培养青年的道德思想意识。在信仰教育上，卢梭提倡自然神论。他反对传统的宗教教育给儿童输入各种关于上帝的荒诞的观念，强迫儿童记诵宗教教条和模拟礼拜仪式等做法。他提出真正的宗教是心里的宗教，要求青年凭着良心和理性信奉上帝，甚至主张由受教育者自己选择宗教信仰。青春期还须进行性教育，在性教育中，关键是顺从自然的发展，远离一切不正当的诱惑，养成克制情欲的习惯。

（4）关于教育教学的主要原则。卢梭认为，自然教育的主要原则是要正确地看待儿童，要给儿童以充分的自由。尊重儿童天性是卢梭教育思想的主旋律，他认为在万物的秩序中，人类有他的地位，在人生的秩序中，儿童有儿童的地位。应当把成人看作成人，把孩子看作孩子。卢梭要求在教学中应启发儿童的兴趣和自觉性，根据儿童的理解能力和接受水平选择学习的内容，他为不同年龄阶段的儿童规定了不同的教育任务；他认为儿童学习的速度要适中，不要急于求成，好高骛远反而导致事倍功半，他提出的消极教育的主张是不急于求成的典型表现；他注重直观教学，强调通过实际观察学习知识。

卢梭的自然主义教育思想在整个教育史上具有重要地位，它直接影响了之后的裴斯泰洛奇、赫尔巴特、福禄贝尔、杜威等一批大教育家的教育思想，并成为一种产生重要影响的教育思潮，影响了各国初等教育的实践，如德国的泛爱学校即是以卢梭的自然主义教育思想为理论基础的。自然主义教育思想高度尊重儿童的天性，倡导按照儿童身心发展的自然规律进行教育教学，转变了人们的教育观念，儿童正式成为教育的中心，因此，它亦是当前儿童本位的教育理念思想渊源。

（二）裴斯泰洛齐的教育思想

裴斯泰洛齐是瑞士民主主义教育家。他于1746年出生于瑞士苏黎世的一个医生家庭，因童年时期对处于贫困处境农民的同情和大学时期启蒙学者的思想影响，他决心通过教育来实现改善农民贫困生活状况的理想。为此，他开始了六十多年艰难的教育生涯。

裴斯泰洛齐的教育活动大致上可分为以下四个阶段：

第一阶段（1768—1798年），涅伊霍夫（意即"新庄"）时期。1768年，裴斯泰洛齐在新庄开办了一个示范农场，进行农业实验，教导农民学习新的耕种技术和管理办法，以帮助农民摆脱困境。但最后未获成功。1774年，他又在新庄创办了一所孤儿院，最初收容了30名孤儿，后来扩充到50人，经过他的努力和忘我的工作，这些孤儿的面貌发生了很大的变化。但由于缺乏充足的经费，孤儿院被迫于1780年停办。此后，裴斯泰洛齐专心著述，总结新庄的社会和教育活动经验，出版了《隐士的黄昏》《林哈德和葛笃德》等著作，在整个欧洲赢得了巨大的声誉。

第二阶段（1798—1799年），斯坦兹时期。1799年1月，政府在斯坦兹设立了孤儿院，聘请裴斯泰洛齐前去主持。于是，他开始了第二次的教育实验。尽管孤儿院的条件很差，但是，他经过努力把孤儿院办成了一个充满爱的大家庭，使得孤儿院的所有儿童在身体、智力和道德方面有了显著的进步。由于战争的影响，斯坦兹孤儿院的实验只延续了五个月就结束了，但裴斯泰洛齐也正是从此开始了他的初等教育新方法的研究和实验。

第三阶段（1799—1805年），布格多夫时期。1799年，裴斯泰洛齐开始在布格多夫城的郊区学校进行他的初等教育新方法的实验研究。1800年冬天，得到政府的同意和资助，他和助手在布格多夫办了一所日间寄宿初等学校和师范专科学校，裴斯泰洛齐担任这所学校的领导工作。他的教育理论在这里得到一个充分实验的良机，他的初等教育方法也由此而形成体系。1801年，他出版了《葛笃德怎样教育他的子女》。不久，这本书便成为19世纪初等教育的经典，对初等教育理论和实际产生深刻的影响。两年之后，他又出版了《母亲读物》等父母和教师丛书，进一步阐述初等教育的新方法。

第四阶段（1805—1827年），伊佛东时期。1805年，裴斯泰洛齐把他的学校迁到伊佛东，他在政府指定给他的一个大堡寨里，成立了包含小学、中学的伊佛东师范学校。在这里裴斯泰洛齐努力把自己的要素教育思想付诸实践，伊佛东师范学校成为闻名于整个欧洲的教育实验中心，德国教育家福禄培尔称它为"教育的圣地"，裴斯泰洛齐被称为"教师的教师"。可以说，这是裴斯泰洛齐整个教育生涯中最辉煌的时期。1825年伊佛东师范学校停办后，裴斯泰洛齐回到故乡新庄，并写成了他的最后著作《天鹅之歌》，总结了他自己一生的教育实践及教育理想。1827年2月，裴斯泰洛齐病逝于布鲁克，终年81岁。

1. 教育的作用和目的

裴斯泰洛齐主张应让每个人受到教育，他认为人人具有天赋力量和能力，要解决迫切的社会问题，获得根本的社会改造，就必须使人的天赋能力和力量得到解放。教育的作用就在于有组织地激发和促进人的一切天赋能力和力量的全面和谐发展。他认为，人的本性包括智力、精神和身体三个方面，而且这三个方面是相互联系的，所以，教育目的就是使人成为有道德、有智慧、有劳动能力与身体健康的人。按照裴斯泰洛齐的说法，这就是所谓的"完人"或"真正的人性"。根据上述思想，他提出教育要适应儿童的天性，使教育心理学化。

2. 论教育心理学化

在西方教育史上，裴斯泰洛齐第一个提出"教育心理学化"，并在教育实践中探索以心理学为基础来发展人的能力的方法。裴斯泰洛齐在长期的教育教学实践中，对儿童进行的大量观察和分析后指出，人的自然发展是有一定规律可循的，不能让儿童任意发展。教育适应人的本性体现在教学上主要要适应人的心理，因此他提出了许多关于儿童心理发展的见解。例如他提出儿童的教育应该遵循儿童心理能力发展的顺序，先是身体外部感官的发展——身体感官受到外界刺激，形成概念体系促进儿童智力发展，然后是儿童个体与他人联系产生情感、道德，促进个体精神发展。又比如，他认为每个儿童心理发展的方式与速度都是不同的，有的偏重智力，有的偏重情感，因而他要求教育者应该注重儿童的个性差别，像母亲一样，时刻判断儿童心灵中最微小的变化，注意他们之间发展的不平衡，从而使儿童各方面的能力都得到均衡和谐的发展。

裴斯泰洛齐提出的"教育心理学化"已深刻地认识到教育科学应该起源于并建立在对人的心理探索的基础上，显然比夸美纽斯的"教育要适应自然"和卢梭的"教育要顺应自然"的思想前进了一步。"教育心理学化"不仅是裴斯泰洛齐教育思想的基础和依据，而且开启了 19 世纪欧洲教育心理学化运动，对赫尔巴特的教育理论产生了重要的影响。

3. 论要素教育

在教育心理学化的基础上，裴斯泰洛齐提出了要素教育论，这是他教学理论体系的核心。要素教育论的基本思想是，教育过程要从一些最简单的，为儿童所能接受的"要素"开始，再逐步转到日益复杂的要素，促进儿童各种天赋能力和力量的全面和谐的发展。他认为在关于事物的对象的任何知识中都存在着一些最简单的因素，人如果能掌握它们，就能认识它们所处的周围世界。学生学习知识也有最简单的要素，教师如果掌握了它，就可以提高教学效果，促使学生全面和谐地发展，为此裴斯泰洛齐主张对儿童的教学工作要从最简单的要素开始，然后逐渐扩大、加深。

裴斯泰洛齐指出了体育、德育和智育等各种教育最简单的要素，这些要素作为儿童天赋能力的表现形式存在于儿童身上，它们是进行各种教育的依据。

（1）体育。裴斯泰洛齐认为，体育的任务是通过身体的训练，发展儿童身体的力量和技巧。体育最简单的要素是各种关节的运动，它表现为最简单的体力表现形式，如搬、打、掷、拉、戳、摇、转等基本动作。把这些基本动作结合起来，可以构成各种复杂的动作，甚至人类各种职业所依赖的最复杂的动作。这一自然赋予儿童关节活动的能力，这既是儿童体力发展的基础，也是进行体力活动和体育练习的要素。通过这些关节动作的由简单到复杂的练习，就可以逐渐发展儿童身体的力量和各种技巧。另外，他还指出，这些动作练习应该与感觉和思维的练习协调起来，以使智力和体力同时得到发展。对于儿童来就，体育应该同时在家庭和学校中进行。

（2）德育。裴斯泰洛齐认为，德育的任务是使儿童发展良好的道德情感，培养自制能力，形成正确的道德观念。德育最简单的要素是儿童对母亲的爱，这种爱的种子是在母亲对婴儿的爱以及满足婴儿身体上的需要的基础上产生的。这种爱在儿童身上反映和表现得最早。

德育的基础是在家庭中奠定的，儿童诞生后，首先要在家庭中培养儿童对母亲的爱，儿童在产生了对母亲的爱之后，再逐渐扩大到对家庭里其他成员的爱。随着儿童生活范围的扩大，对母亲的爱进而扩大到对周围邻居以及对学校教师和同学的爱，再扩大到对全人类的爱，并由此而意识到自己是整个人类中的一员。至此，一个人的道德力量得到了实现。

（3）智育。裴斯泰洛齐认为，智育的任务是帮助儿童通过感性经验去获得一定的知识，并发展他的智力，尤其是思维能力。智育的简单要素是数目、形状和语言，智育就是借助于这三个要素而实现。在教学过程中，儿童通过计算来掌握语言。因此，教学的要素可归结为教学中的计算、测量和言语三种能力的培养，即儿童所要接受的智育有三个部分：计算教育、测量教育和言语教育。

裴斯泰洛齐从要素教育理论出发，大大改变了初等学校的教学科目和教学内容，教学科目中包括了阅读、书法、算术、初步几何、测量、绘画、唱歌、体操、地理、历史以及自然等方面的基本知识。这样，初等学校的教学计划被大大扩充了。

裴斯泰洛齐还提出了教学原则的思想。按照他的意见，教学最重要的基础是直观性原则。他认为如果不在广义上应用直观性，就不能使儿童对各种事物和对象获得感性认识，就不能发展思维和语言。此外，裴斯泰洛齐还提出了循序渐进的原则，他认为教学必须依严格的顺序进行，不应当使儿童抛弃他们已经充分学会的东西，也不能教他所不理解的东西。

裴斯泰洛齐是伟大的民主主义教育实践家和教育理论家。他把自己的一生贡献给了教育事业，被称为"仁爱之父"。他的初等教育理论极大地推动了西方初等教育的发展，其历史进步性尤其表现在以下几个方面：首先，裴斯泰洛齐系统论证了初等教育理论，确立了初等学校的目的和意义，扩充了初等学校的教学内容，提出了一些学科的教学方法。这些设想被广泛地引证和推广，瑞士、德国、法国、英国、俄国、西班牙等地纷纷以裴斯泰洛齐的学校与著作为蓝本，设立裴斯泰洛齐式的学校，在学校中运用裴斯泰洛齐的方法。其次，裴斯泰洛齐热衷于教育事业的奉献精神，不仅在19世纪产生了国际性影响，而且至今鼓舞着人们为教育事业的发展而奋斗。再次，裴斯泰洛齐的幼儿教育思想是近代西方学前教育理论的主要思想来源。如福禄倍尔曾潜心研究裴斯泰洛齐的著作，并两次到伊佛东进修。可以说，福禄倍尔的学前教育理论是对裴斯泰洛齐的幼儿教育思想的继承和发展。最后，裴斯泰洛齐的贫民教育思想、流浪儿童教育思想是西方贫民教育思潮的重要组成部分，推动了贫民教育运动的发展。

第二节　工业革命时期的教育

一、工业革命及其对教育的影响

工业革命以英国人瓦特改进蒸汽机为标志，通过一系列新技术的发明和应用引发了从手工劳动向动力机器生产的转变。它自 18 世纪 60 年代起源于英国之后，迅速蔓延到整个欧洲大陆，19 世纪传播到北美地区。工业革命使得西方国家从家庭手工业过渡到大工业生产，从乡村社会过渡到都市化社会，从经验社会过渡到科学技术社会，从而对当时的政治、经济以及文化产生了巨大的影响。它大大促进了欧洲各国经济、政治和社会的发展，提升了人的理性精神，导致了相关应用学科的发展，使科学从此日趋转向实用技术，并形成科学与技术相互加速的循环机制，科学为整个人类社会所了解和掌握，并成为推动社会前进的重要力量。

在政治方面，工业革命所带来的近代工业社会逐渐打破了等级制度，平民社会随之产生。在此基础上，扩大选举权，实行普选成为大众社会政治的一股不可阻挡的历史潮流。普选权的实现标志着人民大众获得了直接参与社会政治的机会，推动近代社会出现了以政党制和议会制为核心内容的现代民主政治体系，这也即是近代社会政治的民主化。

政治的民主化趋势对教育发展产生巨大影响。首先，选举权的扩大和普及，增强了个体的受教育意识，因为只有提升文化水平，才能参与政治生活，提高社会地位。其次，各国自由主义政党在谋求国家世俗化和教育世俗化的努力中取得了重要成就。比如，国家加强了对教育的重视和干预，兴办公立教育，学校教育与宗教教育分离等。

在思想方面，工业革命导致了工具理性的兴起，在经济、政治、社会、文化诸领域中，工具理性逐渐取代了价值理性的主导地位。工具理性的兴起，很大程度上建立在其科学技术发展的基础上。第一，科技进步使得科学的世界观最终取代了宗教的世界观，人凭借理性的力量使得自身的地位得以提升，相信自己是认识、控制和改造整个世界的独立主体，体现了人类对外控制力量和自我控制力的增强。第二，科技进步促进了人类自我意识的觉醒，促进了工具理性精神的成熟和完善，使得人类逐渐将自身的思维和行为模式作为研究对象，心理学、教育学、社会学、人类学等学科的兴起，标志着人类已经进入了希冀借助科学、理性的途径达到自我认识、自我控制的目的。第三，工具理性强调科学的思维方式和研究方法。工具理性注重技术上的精确性和可计算性，它以客观结果为衡量依据，这与关注客观结果、注重精确性、讲求实践性的科学精神一脉相承。工业革命逐渐将科学精神由自然科学领域渗透到社会各领域，从而改变了社会制度体系、人的思维方式以及文学、绘画、音乐等艺术形式。[①] 这一思维使得教育研究和发展具有了坚实的基础，为人类对近代教育进行科学化改造奠定了思想基础。

总而言之，工业革命使欧美国家在物质生产和生活方面取得了长足的进步，生产力和社会经济发展呈现加速增长的态势，文化科技领域出现了繁荣景象，政治日渐开明。在此基础上，教育成为政治家、思想家关注和研究的对象，各种教育思潮纷出，这一切都预示着教育变革时代的到来。

---

① 马克垚：《世界文明史》（下），1005～1006 页，北京，北京大学出版社，2004。

二、教育科学化、世俗化与实科教育的发展

(一) 教育科学化及其影响

19 世纪中后期，随着自然科学的进一步发展以及进化论的提出，强调科学知识、重视自然科学教育已成为时代的精神。经过英国教育家斯宾塞、生物学家赫胥黎等的宣传和倡导，科学教育思想逐渐为各国政府所重视，科学进入学校课程，成为学校教育内容的主要组成部分，并兴起了一场影响广泛的科学教育运动。

1. 斯宾塞的教育科学化思想

斯宾塞是近代英国科学教育思想的主要代表人物。他的主要著作是《教育论》。他的教育观点主要有以下几点：

(1) 生活准备说和知识价值论。斯宾塞提出了"什么知识最有价值"这一问题，并将评价知识价值的标准定义为对生活、生产和个人发展的作用，知识对生活的作用越大则价值越大。根据这个标准，斯宾塞确定了教育的目的是为"完满生活做准备"，从而反对古典主义不实用的知识和教育。斯宾塞根据上述划定知识价值高低的理论来选择课程，从而形成其独特的课程理论。

(2) 课程论。斯宾塞把人类的活动被分为五个部分：第一，直接有助于自我保全的活动；第二，从获得生活必需品而间接有助于自我保全的活动；第三，目的在于抚养和教育子女的活动；第四，与维持正常的社会和政治关系有关的活动；第五，在生活中的闲暇时间用于满足爱好和感情的各种活动。与之相对应的课程也分为五类：第一类是生理学和解剖学，它是直接保全自己的知识，是合理的教育中最重要的一部分。第二类是逻辑学、数学、力学、化学、天文学、地质学、生物学和社会科学，是间接保全自己的知识，是使文明生活成为可能的一切过程能够正确进行的基础。第三类是生理学、心理学和教育学，这是履行父母责任必需的知识。人们养育了子女之后才可能有国家，家庭福利是社会福利的基础。第四类是历史，它实际上是一门描述的社会学，有利于人们调节自己的行为，履行公民的职责。第五类是文学、艺术等，它是满足人们闲暇时休息和娱乐的知识。

斯宾塞的课程论与古典主义教育内容截然不同。它以科学知识为中心，重视个人和社会生活，是教育思想上的一次变革。斯宾塞及其他提倡科学教育的思想家不仅对英国中学和大学冲破古典教育传统的禁锢产生了深远的影响，而且影响到欧美其他国家，极大地推动了科学教育的发展。但是，他的课程论也带有明显的时代局限性，如他的课程论反映了资产阶级利益，带有个人主义、功利主义的色彩。

(3) 教学原则与方法。基于他的上述理论，斯宾塞提出他的教学原则，他认为，教学应该遵循心理规律。据此，他提出了一些教学方法：第一，教学应符合儿童心智发展的自然顺序。包括：从简单到复杂，从不准确到准确，从具体到抽象。第二，受到历史复演论的影响，斯宾塞认为儿童所受的教育必须在方式和安排上同历史上人类的教育一致，教育应在小范围内重复人类文化。第三，教学的每个部分都应该从实验到推理。每种学习应该从纯粹实

验入门，应该在积累了充分观察之后才开始推理。第四，引导儿童自己进行探讨和推论。人类完全是从自我教育中取得进步的，因此，教师应该尽量少讲些，尽量让学生自己去多发现。第五，注重学生的学习兴趣。第六，重视实物教学。

与传统教育采用的照本宣科、死记硬背、无视学生的身心规律和学习主动性的教学方法相比，斯宾塞重视心理规律、兴趣、实验等，这无疑是个历史进步。这种教学方法被进步主义教育家们普遍采用，即使在今天也有借鉴意义。

2. 赫胥黎的教育科学化思想

针对19世纪中叶科学知识和科学教育在英国仍不受重视的状况，赫胥黎通过撰写文章或发表演讲，宣传科学知识的重要性。为了使学生真正掌握科学知识，赫胥黎呼吁普及和发展科学教育，他认为，科学教育是其他任何教育所无法代替的。需要指出的是，赫胥黎反对单纯学习自然科学，主张科学教育与人文教育相互渗透。

赫胥黎指出，学校教育不能只重视课本知识，轻视实践经验。科学教育并不是指应当把一切科学知识都教给每一个学生，学校要让学生获得一般的科学知识，并且要能使学生掌握和运用科学的方法。学生在科学方法上受到一定训练，就可以使自己的心智直接与事实接触，并从直接的自然观察所知道的特殊事物中概括出一般的结论。久而久之，便会养成在世俗生活中运用理智的习惯。这种教育与注重背诵的书本教育相比，是自由的和主动的。

3. 教育科学化思想的影响

斯宾塞和赫胥黎所提倡的科学教育思想适应了当时工业革命后资本主义经济迅速发展的需要，也适应了社会发展和时代进步的客观要求，有力地推动了学校教育的改革，促进了近代教育实践和教育思想的发展。

由于科学教育思想的传播，英国政府对科学和技术教育更加重视，科学实验的教学开始被介绍进学校，自然科学在学校课程中占据了重要位置，教育理论界也开始承认科学教育的重要意义。至19世纪末，科学课程在英国学校教育领域中已占据主导地位，从而整体上推动了英国教育改革。科学教育思想在美国教育界也引起了较大反响，并在19世纪中叶以后提出了科学教育的三大目标：理解和掌握科学知识；理解和运用科学方法；促进个人与社会发展。这些不仅促进了科学教育的实施，而且对20世纪各国的科学教育产生了一定影响。可以说，斯宾塞和赫胥黎的科学教育思想在世界范围内得以传播，这对许多国家和地区的学校教育实践都产生了重大影响。

（二）教育世俗化与实科教育的发展

1. 教育的世俗化及其影响

工业革命加速了城市化的进程。1850—1900年，伦敦和纽约的人口分别从268万和70万增加到658万和344万。到1914年，英美等西方国家城市人口已经占到总人口的绝大多数。随着工业化和城市化的快速发展，世界教育发展进入世俗化时期，到19世纪，教育作为公民权已成为大多数西方国家的共识，国家对教育开始承担更大的责任。

在英国，除了公学和许多为上等、中等阶级设置的私人学校以外，还有为劳动阶层设立的慈善学校。这些学校大部分属于非国教派的"皇家兰卡斯特协会"和国教派的"全国贫民教育促进会"。1833 年，英国政府开始对上述两个协会提供补助金，由其向中小学发放。

在美国，公立学校运动确立了以州为主的教育管理体制，克服了教育分散自治的传统观念，反对教会学校与公立学校一样分享公共基金及税收，基础教育的控制权开始由私人和教会之手转移到地方或州的行政当局手中。1842 年，纽约州的一项法律规定："任何学校……都不得教授、灌输或实践宗教教派的教义或教务，违背者不能分配给学校的任何资金。"[①]这一法律后来被其他各州借鉴，以法律形式确立了教育与宗教分离的原则，使教学内容逐渐脱离教会控制，进一步走向世俗化。

对法国初等国民教育世俗化产生重大影响的事件是 1881 年和 1882 年两次颁布的《费里法案》。该法案的一项内容是废除《法卢法案》中教会监督学校及牧师担任教师的特权，取消公立学校的宗教课，改设道德与公民课。《费里法案》确立了国民教育义务、免费和世俗化三原则，为后来法国初等教育的发展指明了方向。1901 年，所有的宗教团体都须申请政府批准才能继续办学。1904 年，各宗教团体在神职人员指导下进行的一切教学都被禁止。

19 世纪初，担任普鲁士公共教育部长的洪堡，对普鲁士教育进行了改革：在学科内容上，减少宗教神学课，增设实用知识的学科；采用直观教学，废除体罚和死记硬背；加强师范教育，提高教师培训质量。这些措施削弱了普鲁士教育的宗教性，增强了教育的生活性和时代性。1872—1879 年，新任宗教与教育部大臣法尔克对普鲁士教育制度进行了较大幅度的改革。他强调国家对教育的责任，取消了教会管理初等教育的权力，改由政府官员担任的督学负责。

2. 实科教育的发展

在教育世俗化的过程中，注重实用和有利于社会发展的实际知识的学习和讲授成为一种趋势，在此过程中，原来注重讲授古典知识的学校逐渐被注重讲授实科知识的学校所取代。其中典型的有实科中学。实科中学是近代欧美国家实施实科教育的一种中等学校类型。18 世纪以前，西方中等教育基本上是由古典文科中学占据主导地位。随着近代生产和科学技术的发展，实用知识在生产和生活中发挥着不可替代的作用，因此实科教育在欧美发达国家日渐受到广泛重视。

德国是实科教育出现较早的国家。1708 年，德国教育家席姆勒在哈勒市创办了"数学、机械和经济学实科学校"，1747 年，德国虔敬派教育家赫克在柏林创办"经济学、数学实科学校"。该校除了开设宗教课程外，开设了历史、地理、几何、机械、建筑和绘图等实科类课程，还开办了工艺学习班。这所学校后来成为各地争相模仿的楷模。进入 19 世纪后，受法国大革命影响，德国中产阶级力量壮大，城市经济繁荣，德国的实科中学发展速度加快。洪堡的教育改革加速了实科学校的扩展。1832 年，普鲁士率先颁布《实科中学毕业考试章程》标志着实科中学得到了政府的承认。从 1892 年起，德国中等学校进行了改革，其主要

---

① 王英杰等：《美国教育》，44 页，长春，吉林教育出版社，2000。

内容是减少文科中学古典语言课程的分量，在其他中学增加自然科学和现代语言课程；增设实科中学（注重自然科学）和文实中学（注重数学）为学术性学校类型。实科中学的数量不断增加，1875 年实科中学有 80 所，1895 年发展到 86 所，在校学生的数量也不断攀升。1901 年德国进行教育改革，实科中学获得与文科中学、文实中学相等的权利，其毕业生可以升入大学。此项改革极大地推动了德国实科教育的发展。

英国的实科中学出现于 18 世纪初，但英国实科教育的振兴是在 19 世纪中期。当时，以斯宾塞、赫胥黎为代表的教育家和科学家，力倡科学教育，这对英国及其他欧美国家文科中学的改革和实科中学的发展产生了深远影响。1870 年《初等教育法》颁布实施后，英国的实科学校、技术学校迅猛发展。1872 年以后，为鼓励学校对自然科学学科的重视，政府规定对凡能开设三年自然科学课程的学校，给予特别补助。1902 年的《巴尔福教育法》要求文法学校增设自然科学课程。

美国在 18 世纪以前，中等教育的主体是仿照英国模式的拉丁文法学校。1751 年，美国政治家、教育家富兰克林创办费城文实学校，这是美国历史上第一所将古典课程与现代实用学科相结合、兼顾升学与就业双重培养目标的中等学校。19 世纪上半期的公立学校运动，使美国形成了单轨制的学校系统，出现了作为公立初等学校的延续的公立中学。南北战争以后，公立中学在美国各州受到普遍重视并迅速发展。公立中学的课程设计思想主要取法于富兰克林的文实学校，其基本职责是为学生职业做准备。因此课程设置上除了考虑学术性外，更重视学科的实用性。

实科中学的快速发展，使学校与社会的联系进一步加强，适应了当时欧洲各国工业发展的需求，为经济的发展培养了合格的劳动者；另外实科中学的发展也促使中等教育机构发生变革，过去中等教育主要以文科中学和文法中学为主，课程内容主要是古典文科课程，重学术，轻实用，实科中学的发展丰富了中等教育的课程内容和职能，扩大了中等教育机构的招生范围。

三、赫尔巴特的教育思想

约翰·弗里德里希·赫尔巴特是 19 世纪德国著名的哲学家、心理学家和教育家。在西方教育思想上，他是传统教育派的理论代表，被誉为"教育科学之父"。

赫尔巴特出生于奥登堡，自幼得到良好的教育。1788 年，赫尔巴特进入奥登堡文科中学，接受古典式的学校教育。在耶拿大学期间，他潜心学习哲学，并形成了自己的观点。1802 年，赫尔巴特获哥丁根大学哲学博士学位，并受聘在该校讲授教育学、心理学及哲学等。在任教期间，他发表了教育理论体系的代表作《普通教育学》。1809 年，赫尔巴特赴哥尼斯堡大学主持哲学讲座。在哥尼斯堡期间，赫尔巴特撰写大量教育著作，大体完成把教育学建立在心理学基础之上的目标。1833 年，赫尔巴特重返哥丁根大学讲授哲学和教育学。1835 年，他完成了《普通教育学》的续篇《教育学讲授纲要》，使他的教育理论更趋完整。1841 年赫尔巴特病逝，享年 65 岁。

（一）赫尔巴特教育思想的理论基础

赫尔巴特教育学建立在哲学和心理学的基础上。因此，要研究赫尔巴特的教育学，必须对他的哲学和心理学思想加以剖析。

1. 哲学基础

赫尔巴特认为，宇宙万物是由一种不变的"实在"构成的，它的真实本性隐藏在事物的内部，人们不可能真正认识它。但是，这种不变的"实在"构成的事物在它们互相发生联系、影响时，会产生一种虚幻的可变外表，人们通过感官可以感觉到它，从而获得关于事物的表象，产生观念。这一理论阐发了思维及其形式（概念）对存在的能动作用，从而发展了观念论，赫尔巴特正是以此为基础提出教学论的。

赫尔巴特教育理论的另一个重要依据是实践哲学，即伦理学。他的伦理学思想企图把人类的一切行为都归纳到绝对的道德规范之中。赫尔巴特认为有五种道德观念调节着社会和人的道德行为，这些道德观念是维护社会秩序的永恒不变的真理。他详细阐述了以下五种道德观念：

（1）内心自由的观念。这是指一个人的愿望、倾向和情欲要摆脱外在影响的束缚，服从"理性"的判断。要做到这一点，需要对善有充分的认识和足够的责任感，在欲望与理性发生矛盾时，使理性克服欲望。但是，内心自由的观念只能使人决定行为的方向，还不能使人成为有道德的人。

（2）完善的观念。当人们进行内心的理性判断的时候，容易产生内心矛盾。这时，人们不仅应该有正确的辨别力，而且要有完善的意志。理性和意志是相辅相成的，一个人缺乏正确的辨别力，就无以分辨善恶；缺乏坚定的意志，理性所指引的善的方向就得不到坚持。他认为，意志本身有深度、广度和强度三个维度，意志的完善是指在这三个方面都达到圆满的状态。

（3）善意的观念。善意就是"绝对的善"，即宗教所称的仁爱。赫尔巴特认为，人与人相处要仁爱。当个人的意志与他人的意志发生冲突时，应该以仁慈为本，服从别人的意志，这样人与人之间就不会产生"恶意的冲突"。如果每个人都有这种善意，自己的意志就能与他人的意志相协调，就能保持社会的稳定和生活的安定。

（4）正义的观念。然而在实际生活中，人们之间的意志冲突是不可避免的。当两种以上的意志发生冲突时，为防止纷争，人们应该以正义的观念来调节自己，做到克制自己，遵守法律，互不侵犯。如果做到这一点，就能维持一个稳定的社会秩序。

（5）报偿的观念。假如一个人的行为违背了上述观念，就应该意识到自己的行为应该受到相应的报偿，即善有善报，恶有恶报。

赫尔巴特指出，这五种道德观念是一个不可偏废的相互联系的整体，它们应该按照一定的比例构成，某一种观念既不能缺少，也不能过多或过少。在上述五种道德观念中，前两种是调节个人道德行为的，后三种是调节社会道德行为的。

2. 心理学基础

在哲学之上，赫尔巴特还将心理学作为教育学的重要理论基础。赫尔巴特认为，人的全部心理活动是各种观念的活动。观念是他的心理学中的一个核心概念，它是指事物呈现于感官，在意识中留下的印象。他认为，人的一切心理机能只是观念的活动，心理学就是研究观念活动的科学。因此，他的心理学又称观念心理学。

赫尔巴特试图用力学来解释观念活动。他的心理学包含了观念的静力学和动力学。根据他的动力学观点，观念在不同时间有强弱的差异，彼此互相吸引或排斥。由于不同的观念有强度上的差异，每一观念与其他观念发生关系时会努力实现自我保护。因此，观念的每一运动都限于两个定点——完全受制止的状态和完全自由的状态之间。然而，观念不会因相互抑制而完全消失。当观念产生对抗时，弱的观念只是做必要的"退让"，减弱其强度或清晰性，由一种现实的状态，退为一种潜在的状态。因此，受压抑的观念仍然存在，它只是处于一种"无意识"的状态。

赫尔巴特认为，由于观念具有引力和斥力，人们只能意识到一定的对象或注意有限的范围，不能同时注意两个观念，除非它们联成一个复杂的观念。他由此提出了"意识阈"的概念，即一个观念若要由一个完全被抑制的状态进入一个现实观念的状态，便须跨过一道界线，这道界线便为意识阈。强有力的观念处于阈限之上，为"意识的"；本质微弱或因受抑制而变得微弱的观念，处于阈限之下，是"无意识的"。可见，被人们意识到的观念是从无意识的观念之中，选取那些和自己调和的观念而产生的。在阈限之下的观念，只有和意识的统一相调和时，才可能不遇阻力升入阈限之上。占意识中心的观念只容许与它和谐的观念出现于意识上，与它不和谐的观念则被抑制下去，降入无意识的状态。

赫尔巴特把观念的同化与相互融合说成是统觉，统觉是赫尔巴特心理学的基本概念。他认为，统觉的过程就是把一些分散的感觉刺激纳入意识，形成一个统一的整体，组成"观念团"。其基本过程如下，当新的刺激发生作用时，表象就通过感官的大门进入意识阈中；如果它具有足够的强度能唤起意识阈下已有的相似观念的活动，并与之联合，那么，由此获得的力量就将驱逐此前在意识中占据统治地位的观念，成为意识的中心，新的感觉表象与已有观念的结合，形成统觉团（即认识活动的结果）；如果与新的表象相似的观念已经在意识阈上，那么，二者的联合就进一步巩固了它的地位。统觉实现的条件是兴趣，兴趣赋予统觉活动以主动性。

教学的过程从心理学上看就是统觉的过程。从观念活动来说，相同或相似的观念容易互相联合，进入意识的领域。因此在教学中，教师要善于利用可以激发学生观念融合的知识，使新知识与学生头脑中原有的知识更容易、更紧密地结合起来。新旧观念结合得越多，范围越大，学生掌握的知识就越广，越容易被理解，越牢固。

赫尔巴特对心理学的研究以及把心理学作为教育学的基础的思想反映了教育理论发展史上的进步趋势。他的教育心理学，特别是观念心理学思想在教学上的应用是传统教育的经典理论，对教育学的发展产生了巨大的影响。

（二）教育思想的基本内容

1. 教育目的论

赫尔巴特认为教育有可能的目的和必要的目的。①可能的目的指的是与儿童未来所从事的各种职业有关的目的，这种目的应该是多方面的，教育的目的要发展这种多方面的兴趣，使人的各种能力得到和谐的发展，也即"平衡的多方面性兴趣"或"一切能力的和谐发展"。②必要的目的。除了培养兴趣外，教育还有最高和最基本的目的，这就是培养学生的品性，也即道德。教育的根本目的是养成前述五种道德观念。赫尔巴特认为，教育的可能目的和必要目的是相互联系的，也就是说，在于借助知识的传授使受教育者能明辨善恶，磨炼意志，养成去恶从善的品德。

2. 教育管理论

赫尔巴特认为，教育管理的目的是多方面的。从儿童和社会的角度来说，主要是为了避免冲突和对别人与儿童自己造成危害；从管理与教育的关系来看，管理是为教育工作的开展创造一种外部秩序而不是对儿童心灵的压迫。在此目的下，赫尔巴特主张采用以下一些方法进行管理：

（1）作业。赫尔巴特把作业当作一切管理的基础。他认为，如果学校的作业没有组织好，儿童就会空闲、懒惰，从而导致管理的失效。这里，他所说的作业的主要目的是通过安排学校的学习活动，使儿童有事做。

（2）威胁。在运用这种手段时可能触及两种暗礁。第一种是有些本性顽强的儿童藐视威胁，敢于做他们想做的任何事情，恣意妄为。这种情况是罕见的，但教育者要及早注意，抓住教育机会，防患于未然。第二种是有的儿童太软弱，不能承受威胁，容易产生恐惧。处于这种情况的儿童较多。儿童表现出来的软弱和健忘说明不能仅仅依靠纯粹的威胁。

（3）监督。监督是对儿童管理的一种不可缺少的手段。他认为，如果对学生不加以监督，不加以教养，放任他们撒野，就不可能培养出伟大的性格。但是，他也意识到监督过严会产生不良后果。

（4）权威与爱。他认为，权威与爱能防止或克服威胁、监督的消极后果，是一种有效的管理方法。特别是对那些天性活跃的人来说，权威是最不可缺少的。即使学生消极地服从权威，它对划定学生的思想范围也是非常重要的，学生将在这种思想范围内更加自由地活动，并独立地创造自我。

（5）命令、禁止、惩罚。当以上方法不能取得良好的效果，而教育者又有充分的理由时，应该让学生毫无异议地服从。他认为，使学生毫不迟疑并完全乐意地服从是教育者的胜利，为此，他主张采用命令、禁止、惩罚甚至体罚的手段，来维持学校的纪律。但是，教育者应该注意把服从和儿童本人的意志结合起来。

赫尔巴特的管理论奠定了传统教育管理论的基础，并为当时的教育管理实践提供了简便的操作模式，因此在教育思想史上具有重要的地位，其管理思想本身也不乏可取之处。但是总体而言，他较多地强调压制的手段，在教育实际中产生了不良影响。因此，其传统的管理理论受到现代派的攻击。

3. 教学论

赫尔巴特的教学理论是他的教育学的核心，在世界教学理论发展史上产生了重要影响。

其主要内容包括教育性教学原则、教学进程理论和教学形式阶段论。

（1）教育性教学原则。赫尔巴特把教学作为实现最高教育目的的主要手段，在西方教育史上第一次明确提出了教育性教学的概念，即指通过教学来进行教育的原则。

赫尔巴特认为，知识与道德有着直接和内在的联系。所以道德教育只有通过教学才能产生实际的作用，教学是道德教育的基本途径。不存在无教学的教育，也不存在无教育的教学。教学的目的要与整个教育的目的保持一致，教学的最高目的在于养成德行，为了这个目的，教学要培养多方面的兴趣、改变个性，多方面的兴趣也因此具有道德的力量。在赫尔巴特以前，教育家们通常是把道德教育和教学分开进行研究的，教育和教学通常被规定了各自不同的任务和目的。在这个问题上，赫尔巴特的突出贡献在于，一方面运用其心理学的研究成果，具体阐明了教育与教学之间存在的内在本质联系，使道德教育获得了坚实的基础。但在另一方面，他把教学完全从属于教育，把教育和教学等同起来，具有一定的机械论的倾向。

（2）教学进程理论。教学进程理论是指从感觉经验开始、经过分析和综合，最后达到概念的教学方法进程。根据赫尔巴特的主张，统觉过程的完成大体上具有三个环节：感官的刺激、新旧观念的分析和联合、统觉团的形成。与此相应，他提出了三种不同的教学方法：单纯的提示教学、分析教学和综合教学。这三种教学方法之间的联系，就产生了他所谓的"教学进程"。

在统觉活动的第一个环节，单纯的提示教学方法就是直观教学。单纯提示教学的目的在于，通过感官的运用得到一些与儿童已经观察过的事物相类似并与之有关联的感觉表象，从而为观念的联合做准备。

在统觉过程的第二个环节，需要进行分析教学。对不同的观念和表象进行区分，有助于形成观念的复合或融合，为观念的联合做准备。分析教学有两个阶段：第一，教师要求学生指出并命名当前出现的事物，然后转向尚未出现的事物；第二，讲述某一个整体分割成的各主要部分，这些部分的相对位置，它们的联系与变动。

统觉过程的第三个环节是新旧观念的联合（统觉团的形成），通过综合教学，形成了观念的联合，获得了新的知识和概念。

（3）教学形式阶段理论。赫尔巴特提出的教学形式阶段实际上就是课堂教学的完整过程，是一个包括教学方法、教学形式等在内的规范化的教学程序。

赫尔巴特将兴趣活动划分为四个阶段：注意、期待、要求、行动，并根据儿童在学习活动中的两种思维状态：专心与审思，提出了教学形式阶段的理论。他指出，任何教学活动都必须是井然有序的，都经历以下四个阶段：

第一，明了（或清晰）阶段。当一个表象由自身的力量突出在感官前，兴趣活动对它产生注意，这时，学生处于静止的专心活动。教师通过运用直观教具和讲解的方法，进行明确的提示，使学生获得清晰的表象，以做好观念联合，即学习新知识的准备。

第二，联合（或联想）阶段。由于新表象的产生并进入意识，激起原有观念的活动，因而产生新旧观念的联合，但又尚未出现最后的结果，这时，兴趣活动处于获得新观念前的期待阶段。教师的主要任务是与学生进行无拘束的谈话，运用分析的教学方法。

第三，系统阶段。新旧观念最初形成的联系并不是十分有序的，因而需要对前一阶段由专心活动得到的结果进行审思，兴趣活动正处于要求阶段，这时，需要采用综合的教学方法，使新旧观念间的联合系统化，从而获得新的概念。

第四，方法阶段。新旧观念间的联合形成后需要进一步巩固和强化，这就要求学生自己进行活动，通过练习巩固新习得的知识。

赫尔巴特教学形式阶段理论的突出贡献，是在严格按照心理过程规律的基础上，对教学过程中的一切因素和活动进行高度的抽象，以建立一种明确的和规范化的教学模式。从这个意义上讲，教学形式阶段理论不仅反映了人类对教学过程和教学活动本质认识的发展，而且具有广泛的实践意义。正因如此，一方面，教学形式阶段理论对 19 世纪后期、20 世纪前期世界许多国家和地区师范教育的发展，发挥了重要的推动作用，但另一方面，教学形式阶段理论所固有的机械论倾向，也使它不断受到来自各方面的批评。

4. 课程理论

在欧美近代教育史上，赫尔巴特所提出的课程理论是最为完整和系统的。他继承了前人的合理思想，结合知识体系与儿童心理特征以及教学过程，使之融合到一个有机联系的整体中，从而使课程的设置与编制有了明确的依据，这就避免了课程设置中的盲目性和随意性，克服了课程设计的散乱现象，以保证教学工作的有效进行。虽然赫尔巴特的课程理论并未真正解决欧美近代学校的课程问题，但他为这个问题的解决进行了有益的探索和尝试，代表着科学的努力方向。

（1）经验、兴趣与课程。在对课程的理解和设置中，赫尔巴特提出课程必须与儿童的经验和兴趣相一致，与儿童日常经验保持联系才能引起他们的兴趣，因此不可脱离他们的经验内容，并强调直观教材的使用。赫尔巴特根据其心理学理论将兴趣分为两类：经验的兴趣和同情的兴趣。经验的兴趣包括经验、思辨和审美的方面，同情的兴趣包括同情、社会和宗教的方面。经验方面的兴趣是指对自然的多方面的知识的兴趣，试图观察和认识事物到底"是什么"。思辨方面的兴趣是对经验的对象的进一步思考，探讨的是"为什么"的问题。审美方面的兴趣是指对事物产生美丑善恶的评价的兴趣。同情方面的兴趣是指对一定范围的人的感情。社会方面的兴趣是同情的兴趣的扩大，由个人之间的同情扩大为对社会、本民族和全人类的同情。宗教方面的兴趣是指研究人类、社会"对于最高存在的关系"的兴趣，其表现是对上帝的虔信。这六个不同的方面对应不同的课程。经验方面包括自然、物理、化学和地理；思辨方面包括数学、逻辑、文法；审美方面包括文学、绘画；同情方面包括外国语、本国语；社会方面包括历史、法律、政治；宗教方面主要是神学。

（2）统觉与课程。赫尔巴特认为课程的编制还需要与统觉理论相一致。根据统觉，新的知识是在原有理智背景中产生的，以原有知识为基础。因此课程安排必须使得儿童能够从熟悉的材料过渡到密切相关但不熟悉的材料。这决定了课程编排的原则是：第一，相关。学校不同课程的安排应该相互影响和联系。第二，集中。学校所有课程中，选择一门作为学习的中心，使其他科目作为学习和理解它的手段。历史和数学被作为所有学科的中心。这两项原则的目的是保持课程教学的逻辑结构和知识的系统性。

（3）儿童发展与课程。课程的编制还要适应儿童发展的阶段和心理特征。赫尔巴特将儿童发展分为四个时期：婴儿期、幼儿期、童年期、青年期，每个时期对应不同的心理特征。因此，每个时期应该进行不同的课程。婴儿期进行身体的养护，发展感官训练，培养儿童的感受性；幼儿期教授《荷马史诗》发展儿童的想象力；童年和青年期教授数学历史，培养理性。

在西方教育思想史上，赫尔巴特第一次在分析学生兴趣的基础上论述了教育的课程体系，这个课程体系试图把人文学科和自然学科糅合起来，为培养学生多方面的兴趣服务。赫尔巴特的课程设置内容广泛、结构严谨，是以前的课程论无法比拟的，就当时而言，它是比较适应资本主义工业化需要的普通教育课程体系，并奠定了现代课程论的基础。

（三）对赫尔巴特教育思想的评价

赫尔巴特的教育思想在世界教育思想发展史上起过重要的促进作用，它特别明显地表现在以下方面：首先，赫尔巴特努力把教育学建立在心理学的基础上，试图使教育学成为一门科学。其次，赫尔巴特的教育理论丰富了近代教育学的理论体系，创立了世界近代教育史上传统教育学派。尤其是赫尔巴特的教学理论，经教育实践证明反映了教育过程中内部规律，在教育活动中有一定的指导作用，至今仍有可资借鉴之处。

总之，赫尔巴特的教育理论体系为整个教育科学的发展做出了重要的贡献。因此，赫尔巴特被一些西方学者誉为"科学教育学的奠基人"，我们今天的教育学是在他的基础上的继承与发展的。当然，赫尔巴特并没有建立起"科学的教育学"，他的教育思想中存在着一些明显的弱点、错误，例如，过于强调对教师的重视，强调知识的教学和传授，过于注重对儿童的管理和训育等，从而导致了现代教育对其的批判。

🔁 本章回顾

自经历了文艺复兴、宗教改革和科学革命之后，西方逐渐进入了近代社会。随后，启蒙运动和工业革命进一步推动了西方社会、文化和思想的变革。启蒙运动是继文艺复兴之后的第二次思想解放运动，它倡导自由、平等，尊重人的理性，推崇自然科学。在启蒙时代，各个主要资本主义国家纷纷在启蒙思想的指导下，以重塑"理性"社会为基本目标，以"天赋人权、自由平等"为基本原则，掀起了一场教育改革运动。它不仅在教育思想、教育理念上构建了"新教育"，而且在实践上也对包括初等教育、中等教育、高等教育内在的整个教育体制进行大胆的变革，建立起一套世俗、义务、免费的国民教育体制。工业革命则带来了经济、政治、哲学和科学等多方面的根本性变革，开启了西方社会现代化的序幕。这些因素为教育思想、制度和实践的发展规范了方向。教育在此基础上，日益世俗化，日益科学化，科学知识进入教育内容中，心理学成为教育理论的基石，各个资本主义国家更加认识到普及教育、发展自然科学对社会经济的巨大推动作用，改革原有中等学校中古典文法教育"大一统"的局面，兴办实科学校和文实学校，从而为19世纪中后期各国国民教育体制的完成和职业教育的开展奠定了基础。至此现代教育真正开始有了自己的初步形态，为其后的发展做了准备。

课后练习

一、不定项选择题

1. 下列学校中，最早创办的实科学校是（　　）。

A. 德国教育家席姆勒创办的"数学、机械和经济学实科学校"

B. 富兰克林创办的费城文实学校

C. 德国虔敬派教育家赫克创办的"经济学、数学实科学校"

D. 裴斯泰洛齐创办的伊佛东师范学校

2. 英国科学教育的主要代表人物有（　　）。

A. 赫胥黎　　　　B. 斯宾塞　　　　C. 赫尔巴特　　　　D. 威廉·冯·洪堡

3. 国家主义教育观的主要代表人物有（　　）。

A. 拉夏洛泰　　　B. 爱尔维修　　　C. 康德　　　　　D. 托马斯·阿奎那

二、名词解释

1. 统觉　　　　　2. 生活准备说　　　3. 自然人　　　4. 教育性教学

三、简答题

1. 请简述国家主义教育理论的主要内容。

2. 请简述斯宾塞的科学教育理论。

四、论述题

1. 请论述卢梭的自然教育理论。

2. 请论述裴斯泰洛齐的要素教育思想。

3. 请论述赫尔巴特的教学理论。

进一步阅读文献

1. ［法］卢梭. 爱弥儿. 李平沤，译. 北京：人民教育出版社，1985.

2. ［德］赫尔巴特. 普通教育学·教育学讲授纲要. 李其龙，译. 杭州：浙江教育出版社，2002.

3. ［英］斯宾塞. 斯宾塞教育论著选. 胡毅，等，译. 北京：人民教育出版社，2005.

4. ［瑞士］裴斯泰洛齐. 裴斯泰洛齐教育论著选. 夏芝莲，译. 北京：人民教育出版社，2001.

第五章　西方各国现代教育制度的发展与变革

学习目标

1. 理解英、法、德、美、俄等发达国家教育的基本特性及其与社会发展的互动关系。
2. 掌握英、法、德、美、俄等发达国家现代教育制度和法制建立的过程及其经验教训。
3. 理解掌握英、法、德、美、俄等发达国家教育改革的基本进程与经验教训。

在近代早期，通过宗教改革、启蒙运动、法国大革命等历史运动，欧洲的封建体制逐步解体，西方各国在近代国际法体系下逐渐形成了民族国家的形态，这一形态促使教育与国家的联系更为紧密。无论是从政治角度将教育纳入国家政治结构中，还是从经济角度将教育发展纳入国家经济计划中都体现了民族国家观念及其教育思想在 20 世纪的萌发，教育为民族国家服务成为了一种普遍的意识。

各个西方民族国家在上述意识以及工业革命、资本主义体系形成等因素的推动下，各自发展经济，繁荣文化，创办教育，培育民众，以维护国家的安全、独立和发展。在此缓慢复杂的历史进程中，教育发生了重要的变化，有着重大的发展，现代教育制度基本形成，教育进入现代化时期。

在这一时期，经济与工业的大发展在为教育发展提供丰厚的物质基础，支持教育在新时代中多方向探索的同时，也对教育提出了新的要求。如果说现代初期是要求培养适应科技、经济发展和工业化生产需要的基础人才，到现代后期则是要求培养能解决工业化社会新问题的新型人才。

在政治方面，民主平等的概念成为教育发展的重要思想基础之一。各国在推行西方民主政治的过程中，要求参加普选的民众具有参与政治的能力，这就要求民众必须接受普遍的教育，这一要求从政治的角度对普及教育、教育平等、教育民主化产生了决定性的影响。西方的自由、民主还影响了现代教育的目的、形式和内容。从早期的追求平等，到后期的尊重多元的个性，以及采用自由、自主的教育方式和适合个体的教育内容等方面都反映了它的作用。使每个人都受到符合其需要的高质量教育成为 20 世纪一个重要的教育信念。

在另一方面，现代社会主义革命的成功使得在 20 世纪出现了与以往占据绝对统治地位的西方教育完全不同的新型的教育，即社会主义国家的教育，这从根本上改变了世界的教育格局。无论是以民众为主要对象的教育实践，这与西方传统的精英教育形成了鲜明的对比，还是以马克思主义的辨证历史唯物论为基础，强调全面发展、集体主义和教育与生产劳动相结合的新的社会主义教育思想，都为世界教育尤其是教育思想的发展开创了新的篇章。

第一节 英国现代教育的发展与变革

英国是西方强国之一，在光荣革命、工业革命的推动下，英国在 18 世纪中后期开始逐步成为现代资产阶级君主立宪制国家。与这一过程相伴随的是英国现代教育制度的发展，这对英国成为一个世界强国发挥了重要作用。

一、18 世纪中后期至 20 世纪初的英国教育

（一）工业革命时期（18 世纪中后期至 1830 年）

在工业革命需要受过教育的工人这一需求的推动下，在亚当·斯密和马尔萨斯等英国学者提出的将教育看作一种防止民众罪恶和贫困、维护社会秩序和国家富强的人力资本的投资观念的影响下，英国国民教育在 18 世纪开始得到了发展和推动。

最先得到发展的是初等教育。其主要表现有以下几点：

第一，广泛开设星期日学校。星期日学校是传教士罗伯特·雷克斯首创的一种在星期日进行宗教教育的教育机构形式，主要招收贫困儿童，尤其是童工，学习宗教教义，也兼学一些粗浅的读写知识。虽然这些学校主要以传教为主，但是在普及基础教育方面做出了巨大的努力，1803 年，英国成立了"星期日学校协会"，要求每个教区都至少开设一所，如此就完成了一种基础的学校体系的搭建。

第二，创办私立初等学校。私立初等学校出现于 18 世纪前后，主要包括主妇学校和普通私立学校两种类型。私立初等学校主要教授读写算、文法知识、历史、地理等，也教授女子缝纫等家庭工作。

第三，慈善教育的进一步发展。在工业革命前后，英国国内的一些资产阶级人物积极筹措资金，推动初等学校的开办，以吸收更多的贫民子弟入学。其中，最主要的有两类学校——"导生制学校"和"幼儿学校"。

"导生制学校"是由兰卡斯特和贝尔创办的，其目的是为了解决英国近代教育大发展背景下师资匮乏的问题。在这类学校中，实行"导生制"教学，即由教师先对学生中年龄较大、成绩较好的学生施教，然后由他们再转教给其他学生，代替老师的职责。这类学校的主要教学内容是阅读、教义问答、书写和计算等初步知识。这类学校节省师资、花费少、学生的数额可大大增加，满足了当时对儿童普及初等教育的要求，因此在英国迅速发展起来，风行三十余年，并流传到法、德、美、瑞士等国家。但采用这种方法，不可避免地造成教育质量下降，因此，它最终被人们抛弃。

"幼儿学校"基本上是由工业资本家之中的慈善人士开办的，不受教会的控制，其中以

罗伯特·欧文创办的"幼儿学校"最为著名。幼儿学校为儿童学习创设了理想的环境，取得了良好的效果，赢得了社会的赞誉，一时间在英国出现了"幼儿学校运动"。

虽然这一时期面向民众的初等教育得到一定发展，但我们看到英国国家和政府基本没有参与，而都是民间自发的努力，当需要对全体国民进行普及义务教育时，这种民间社会的教育行动是远远不够的，因此，在随后的时期里，英国开始进入一个国家干预国民教育的时期。

（二）国家干预教育的重要时期（1830－1869 年）

英国国家干预教育的时期主要是从 19 世纪 30 年代开始，延续了近四十年。其主要的标志是教育管理的制度发生了各种变化，主要变化有以下几个方面：

1. 通过教育相关立法

1833 年，英国国会通过一项教育补助金法案，拨款 2 万英镑修建小学校舍。这标志着英国政府正式干预教育的开始，也是英国教育从只作为宗教教派活动或民间活动向教育国家化发展的转折点。但当时通过法案时，因为英国政治传统中将教育视为宗教或私人事务的观念依然强势，因此仅仅将这一法案所提出的补助金作为是"对私人捐献的资助"，而不是国家的直接干预。该法案自 1833 通过后至 1861 年，补助金的额度从 2 万英镑增长到 80 万英镑，极大地帮助了私人国民教育的发展。1862 年国会对教育补助金法案进行重新审查，并通过了修正法，建立了按照学校学生的成绩优劣来决定拨款的数额，从而加大了对私立学校的控制。

2. 设置教育管理机构

1839 年，英国政府首次成立了枢密院教育委员会，直接掌管和监督作为年度拨款的教育补助金的分配和使用，凡接受补助金的学校，必须接受国家委任的视学官的监察。这是一个有效地通过教会组织分配和管理政府初等教育拨款的中央行政机构，通过这一机构英国建立了广泛的公款补助学校的联系网，在此基础上，1840 年英国建立了具有广泛交际性作用的皇家督学团，并随后建立了公款资助的全国性教会制师资培训制度。1856 年枢密院教育委员会改组为枢密院教育局，领导和管理全国初等教育。为彻底解决中等教育领导权问题，枢密院教育局于 1899 年改为议会直属的教育署。教育署的主要职责是管理和检查初等、中等和职业教育，分配补助金。这样在英国教育史上，第一次统一了对初等和中等教育的领导权，标志着对教育的管理从随意性的、受个人因素的影响，向有组织的、制度化的、系统的连续干预转变，英国教育领导体制的国家化至此初步完成，为国民教育制度的完善奠定了基础。

（三）国民教育制度确立时期（1870－1902 年）

在这一时期，伴随着国家对教育的深入介入和管理，通过 1870 年的《初等教育法》，英国国民教育制度基本得以确立。

1870 年英国国会通过《初等教育法》，也称《福斯特法》，该法案的核心精神就是建立英国公立初等教育制度和由地方教育委员会负责的教育督导制度。法案规定：①国家继续拨款补助教育，并在缺少学校的地区设置公立初等学校。②全国划分学区，由选举产生的地方教育委员会监督本学区的教育，地方教育委员会有权征收地方教育税。③各学区有权实施5～12 岁儿童的强迫教育，每周学费不得超过 9 便士，民办学校学费数额不受限制。④承认以前各派教会所兴办或管理的学校为国家教育机关，但不能从地方财政中得到补助。⑤学校中的普通教学与宗教分离，凡接受公款补助的学校一律不得强迫学生上特定的宗教教义课程。《初等教育法》的颁布表明英国政府全面承担起国民教育职责，标志着英国国民教育制度的正式形成，教育逐渐国家化、世俗化、法制化。法案颁布后，英国初等教育发展迅速，到 1900 年，基本上普及了初等教育，文盲基本扫除，为免费的、义务的初等教育奠定了基础。

但该法案建立的教育体系主要是以普及基本知识和技能为目的，主要教育对象为中下阶层子弟。因此它与为有产阶级子弟而设，目标在于为升学做准备的学校体系形成了两个并行不衔接的学校制度。这使得英国教育的双轨制也得以进一步确立。

二、20 世纪前期的英国教育（1902—1944 年）

进入 20 世纪后，英国教育进一步改革其国民教育体系，逐步向上完善国民教育制度，尤其是中等教育制度。其主要表现有以下几个方面：

（一）教育行政领导体制的确立

1902 年，英国议会通过保守党政府首相巴尔福提交的《1902 年教育法》。其主要内容包括：①废除原来的地方教育委员会和督促就学委员会，由郡议会和郡级市设地方教育当局管理学校教育。②地方教育当局有兴办和资助中等学校、中等专科学校和职业学校，并提供地方税款的职权。③地方教育当局有否决学校管理委员会选任不合格校长和教师的权利。④地方教育当局对私立和几乎所有的教会学校进行资助，以进一步加强控制。⑤地方教育当局需调查本地区的教育需要，制定扩大和协调不同类型教育的计划，并考虑本地区初等教育与中等教育的关系。⑥建立培养初等学校教师的师范学院。⑦建立了有偿学额制度。这样，英国形成了以地方教育局为主体，由国会、教育署和地方教育局相结合的教育行政领导体制。

（二）初等教育和中等教育的改革

20 世纪初，英国的普通教育体制是一种典型的双轨学制。在初等教育方面，实行 5～12 岁的普及义务教育，大部分儿童免缴学费。中等学校有传统的公学和文法学校、新办的"现代中学"以及少数程度低的"中心学校"和女子中学。1907 年，自由党政府修订《中等学校规则》，提出了"免费学额制"，即通过竞争性考试在公立中学的报考学生中选出 25％的学生提供免费上文法中学的机会，费用由政府承担。但总体而言，由于中等教育和初等学校衔接不畅，劳动人民子女缺乏接受高质量中等教育的机会。

第一次世界大战后，英国政府出于国内政治和经济发展的需要，对公共教育体制再次进行了改革。1918 年，议会通过了教育署长费舍提交的《1918 年教育法》。法案规定：由地方教育局为 2～5 岁的儿童开办幼儿学校；将义务教育延长到 14 岁，禁止雇用不满 12 岁的儿童；小学一律实行免费制；为超龄少年开办继续教育学校，进行补习教育至 16 岁。但教育的双轨制依然保留。

1924 年，提出"人人有权受中等教育"口号的工党政府任命了以哈多爵士为主席的调查委员会，负责对英国的全日制小学后教育进行调查研究。委员会在 1926 年至 1933 年间提交了三份《关于青少年教育的报告》，统称为《哈多报告》。其中影响最大的是 1926 年的报告。报告的主要内容如下：①小学教育应重新称为初等教育。儿童在 11 岁以前所受的教育为初等教育，5～8 岁入幼儿学校，8～11 岁入初级小学。②儿童在 11 岁以后所受的各种形式的教育均称为中等教育。中等教育阶段分设四种类型的学校：以学术性课程为主的文法学校、具有实科性质的选择性现代中学、相当于职业中学的非选择性现代中学、略高于初等教育水平的公立小学高级班或高级小学。③为了使每个儿童进入最适合的学校，应该在 11 岁时举行选择性考试。同时规定，义务教育的最高年龄为 15 岁。

《哈多报告》的中心是强调教育应为一个连续的过程，可以分为前后两个阶段，即小学阶段和中学阶段。在这一过程中，11 岁是一个关键年龄期。儿童完成普通的初等教育，通过 11 岁考试，分别进入不同类型的中等学校，以适应儿童不同的能力和需要，同时减少中小学教育的阶级分野。

《哈多报告》对英国教育发展具有重要影响，它第一次从国家角度阐明了中等教育面向全体儿童的教育思想，并从儿童心理发展特点的角度，明确提出了初等教育的终点和初等教育后的教育分流的主张，以满足不同阶层人们的需要。但是，报告中所反映的主张，实质上是通过一次性考试，把中等教育分为两部分，即传统的文法学校和各种形式的现代中学，反映了英国教育传统双轨制对改革的影响。

三、20 世纪后期英国教育的改革和发展

在第二次世界大战中，英国损失惨重。战后，英属殖民地纷纷独立，"日不落帝国"瓦解。英国资产阶级为恢复国力，应付国际竞争，对教育做了进一步的改革，改革的内容除了中等教育之外，还对高等教育的发展进行了规划。

（一）《巴特勒法案》的颁布

1944 年，英国议会通过《1944 年教育法案》，也称《巴特勒法案》。其主要内容包括：①废除 1899 年建立的只负责督导的中央教育署，设立教育部为全国教育行政领导机构，以加强国家对教育的控制和领导，中央财政拨款在教育经费中的比例提高到 55％。②废除以往中小学教育不连贯、相互重叠的学制，将法定的公共教育体系分为初等教育（5～11 岁）、中等教育（11～18 岁）和继续教育（为离校青少年而设）三个连续的阶段。③将义务教育年限从原来的 9 年（5～14 岁）延长为 10 年（5～15 岁），有条件的地区可再延长 1 年。④公立学校免费，并根据学生的年龄、能力和学术性向提供不同类型的教育。⑤推行董事会学校管理制度。⑥教会学校分类纳入国家教育体制；同时规定在所有公、私立学校有义务进行非教派性宗教教育，但家长有权要求豁免。⑦各类独立学校须在教育部注册、备案，并接受

检查。⑧改组地方教育当局，扩大职责并详细规定：为学生提供免费医疗、牛奶、午餐和其他点心，必要时包括衣、食、宿；为缺陷儿童提供特殊教育；为少数考入收费学校的学生支付学费，为公立学校学生提供生活补助费，为接受继续教育和高等教育的学生提供奖学金；负责组织青少年的业余文化娱乐活动；为 2～5 岁的幼儿提供学前教育；设立郡学院，为未满 18 岁的离校青少年提供非全日制教育等。⑨由中央和地方共同促进师范培训。⑩家长的义务从"确保接受初等教育"变为"通过正规入学或其他方式获得与其年龄、能力与学术性向相适应的有效的全日制教育"。

该法案是第二次世界大战后英国教育发展的基本方针，其优点体现在以下几个方面：①基本实现了人人受中等教育。②中央教育部门获得了更大的教育控制权与指导权，但地方教育当局和其他教育团体的利益也得到了保护，经费负担更为合理和平等，推动了教育发展。③理顺了地方教育制度以及管理制度，使之更合理。④在较大程度上修正双轨制，民办学校受到了更大资助和更多管理。⑤为继续教育和高等教育的改革发展创造了条件。但是该法案也存在以下问题，导致了一些批评：①过于乐观，计划过于庞大，未能考虑将有限资源进行重点发展，所以实施缓慢。②地方教育当局的改革仍有缺点，存在较多规模太小、层级较多的地方教育当局，影响效率，增加开支。③对双轨制的改革依然不彻底，导致给予教会学校特殊照顾，以及偏重文法学校，未能完全实现平等主义理想。④进行义务宗教教育受到严厉批评。⑤未对中等教育的组织（选择性或综合性）给予明确指导，成为争论的根源，浪费了大量教育和政治资源，影响了其他教育领域。

（二）初等教育和中学教育改革

第二次世界大战后，英国的初、中等教育基本上是按照《巴特勒法案》实施的。1947年，英国基本实现 5～15 岁儿童的义务教育，解决了初、中等教育互不衔接的问题。1959年，国会议员、中央教育咨询委员会委员克鲁塞在题为《15 岁至 18 岁》的报告（亦称《克鲁塞报告》）中进一步指出：到 1969 年把全国义务教育年限提高到 16 岁；1970 年建立多科性技术学院，为提早离校的青年提供半日制的继续义务教育至 18 岁。

1972 年前后，英国基本上实现了 11 年义务教育制。20 世纪 60 年代中期，英国工党政府要求全国地方教育当局按照综合中学方式改组本地区的中等学校，即把文法中学、现代中学和技术中学合并为"综合中学"，废除"11 岁选择性考试"。它在表面上实现了"三轨"中学学校的合流，体现了教育的民主化。但综合中学的学生仍按照成绩、能力和学习倾向，分为学术组、技术组和现代中学组，分别学习学术性、技术性和职业性课程，"选择性教育"问题并未真正解决。1970 年保守党政府停止了中学的综合化。1974 年工党执政后又强制推广综合中学。至 1980 年，综合中学学生已占全国中学生的 80% 左右。

（三）高等教育的发展

战后英国的高等教育发展迅速。在改进古典大学和近代大学的同时，增办新大学、技术大学和开放大学。1944 年，大学生奖学金制度的建立促进了高等教育的发展。1963 年，罗宾斯委员发表了《罗宾斯报告》，拟订了到 1980 年为止的高等教育发展规划和具体措施。例如，为所有具备入学能力的青年提供受高等教育的机会；把高级技术学院升格为具有学位授予权的工科大学；把培养师资的学校改为"教育学院"，对毕业生授予大学学位；扩充大学理工科教育，增加研究生院的学生数；加强大学与产业界的合作等。其中许多建议被采纳实施。

1965 年，教育和科学大臣克罗斯兰又提出实行高等教育双重制，将大学分为自由的大学和不属学术性的高等学校。1971 年，英国创办了史无前例的开放大学，开放大学本部设于白金汉郡的米尔顿·凯恩斯城，下辖 13 个地区分部和 260 个学习中心，采用电视、广播、函授和暑期学校结合等方式进行远距离教学。大学招收所有有能力并期望在业余和远距离条件下接收高等教育的成人，不论其性别、学历和社会地位，按照先来先收的原则，根据报名先后录取，为其提供大学课程。入学的学生年龄自 18 岁至 70 岁不等。大学的课程分本科生课程、高级学位课程和继续教育课程三类，修满学分者授予学位，最高可获得哲学博士学位。1990 年，开放大学七个院系共开设 140 多门课程，供学生修习。2009 年时本科课程增加到 473 门，课程型硕士研究生课程达到 140 门。从开办至 2009 年，开放大学授予学位 18 万余人次。开放大学力行教育平等、教育民主和终身教育的理念，强调学习对象开放、学习地点开放、学习方法开放、教育观念开放的原则，成为英国第二次世界大战后教育创新的典范，也成为世界各国发展继续教育和成人教育仿效的榜样。

（四）《1988 年教育改革法》

1988 年英国颁布了重要教育改革法案，称为《1988 年教育改革法》。该法案是第二次世界大战结束以来一项对教育体制全面进行改革的法案，法案的主要内容是关于普通中小学教育的改革问题，但也涉及高等教育、职业技术教育、教育管理、教育经费等多方面的内容。

法案规定实施全国统一课程，确定在 5～16 岁的义务教育阶段开设三类课程：核心课程、基础课程和附加课程。核心课程和基础课程合称为"国家课程"，是中小学的必修课程。核心课程包括英语、数学和科学。基础课程包括现代外语、技术、历史、地理、美术音乐和体育。附加课程包括古典文学、家政、经营学、保健知识、信息技术应用、生物、第二外语、生计指导等。法案规定在整个义务教育阶段，学生要参加四次全国性考试，分别在 7 岁、11 岁、14 岁、16 岁时举行。

法案规定地方教育当局管理下的中小学可以摆脱地方教育当局的控制，直接接受中央教育机构的指导。这一政策被认为是英国打破过去中央、地方两级分权管理教育的传统，走向中央集权制的重要一步。法案赋予家长为子女自由选择学校的权利。

法案废除了高等教育"双重制"，多科技术学院和其他学院在内的高等院校将脱离地方教育当局的管辖，成为"独立"的机构，取得与大学同等的法人地位。中央政府对高等教育的控制大大增强。

《1988 年教育改革法》涉及的问题广泛而且重要，在一定程度上触动了英国教育的某些传统，因此，它在英国引起的反响异常强烈，被认为是自 1944 年《巴特勒教育法》以来英国历史上又一次里程碑式的教育改革法案。总的说来，这次改革强化了中央集权式的教育管理，对过去从来没有做过统一规定的课程、考试等问题开始进行全国划一管理，这对英国教育发展产生了不可忽视的影响。

四、英国教育的特性及其影响

从上述历史发展过程中可以看到英国基于自身的政治、文化和教育传统，在现代教育的发展过程中形成了以下一些特征。

英国是典型的教育双轨制国家，其学校体制分为国家教育体系和独立学校系统。国家教育体系是以普及基本知识和技能为目的，主要教育对象为中下阶层子弟；而独立学校系统则是为有产阶级子弟而设，目标在于为升学做准备。两者在办学形式、教育内容、教育对象、教育经费和教育水平等各方面都存在很大的差异。双轨制有阶级性，不利于教育发展。因此随着义务教育向上延长、平等和民主精神的发展，英国教育改革的主要议题就是如何改革双轨制，但是这一改革因为各种原因极为缓慢，并有各种反复。

在英国教育改革的过程中，逐渐形成了中央与地方合作的特殊管理体制，这一称为伙伴关系的体制是保障英国教育将因地制宜和中央统一管理很好地结合起来，解决当地乃至全国教育问题的重要条件之一。它与一些国家的教育体制，如法国的中央集权教育管理体制和如美国的分权教育管理体制不同，可以说较好地解决了两者的矛盾和弊端。而在改革过程中，这种通过民主协商和利益均衡的妥协伙伴关系，也有助于改革的顺利进行。

一方面，英国的传统是保守的，因此在教育改革和发展的过程中，充分体现了传统与渐进式改革的特征，因为需要照顾各方的利益、尊重各方的权利，改革往往难以彻底，但这种特点也保留了对传统的尊敬。另一方面，英国保守的政治体制也导致工党和保守党常常轮流执政，从而导致教育政策的更迭，教育改革的反复、没有延续性，这些都阻碍了教育改革的积极推行。

第二节　法国现代教育的发展与变革

在西欧近现代的教育发展过程中，法国是较早提出现代教育发展观念和规划的国家，但因为天主教势力的强大和政治、军事的现实需求，使得法国的教育，尤其是普通教育在早期受到宗教的严密控制，并具有了较强的实用性倾向。在法兰西第一帝国时期，法国确立了中央集权式教育管理体制。其建立的基础主要是拿破仑颁布的《帝国大学令》以及根据《帝国大学令》实行的大学区制。拿破仑建立的中央集权教育领导体制，对法国国民教育的管理与法国教育的发展产生深远的影响。

在法国的普及义务教育发展过程中，1833 年颁布的《基佐法案》和 1882 年颁布的《费里法案》为国民教育制度和普及义务免费教育奠定了基础，逐渐把对普通教育的管理权从教会手中收回到国家手中。19 世纪下半叶到 20 世纪，法国中等教育变化频繁，其课程设置的变化趋势一直是：重视和维护古典主义传统，为中央集权国家庞大的官僚机构培养文职官员服务；同时，为了适应国际资本竞争和科学技术发展的需要，不断增设相应的教学科目，并提高它在教学中的地位和所占比重。但即便如此，法国还是维持了双轨制的教育制度。

一、法国大革命时期的教育改革

1789年，法国资产阶级革命的爆发改变了法国乃至欧洲的历史。在法国，一切旧有的国家机器都遭到否定和破坏，原有的教育制度被彻底打破，因此，创建新的资产阶级教育体制成为了资产阶级政权的迫切要求。在大革命前期的十年中，历届政府都把建立统一的国民教育体系、培养新一代合格的共和国公民作为教育制度设计的根本出发点。在大革命前期，共提出了近25个不同的教育法案和教育计划，其中以1791年的塔列兰法案、1792年的孔多塞法案和1793年的雷佩尔提法案最为著名。这些法案的内容有差别，但性质是类似的，不同程度地体现了资产阶级各派的如下共同愿望：

（1）主张建立国家教育制度，剥夺教会对教育的领导权。为建立国家教育制度，许多教育改革方案都提出了课程及年限互相连接的学校系统的设想。例如，塔列兰法案中规定了四级学制：小学、中学、专门学校、大学院。孔多塞法案则提出了五个阶段的公共教育体制：初级学校、高级小学、中学、专门学校、国家科学与艺术研究协会，国家科学与艺术研究协会既是监督和指导所有教育机构的领导机关，也是一个学术研究中心。

（2）主张实行普及教育，人人都有受教育的机会与权利，国家应当给予保护。孔多塞运用启蒙时代学者们的观点，论述了教育和知识对个人及国家的意义，强调普及教育的重要性；雷佩尔提的方案则进一步提出由国家举办"国民教育之家"，让五到十二岁的男女儿童免费入学，并由国家提供衣、食、住。它还具体规划了普及教育的经费来源，在一定程度上避免了塔列兰和孔多塞法案在这个问题上的不足。

（3）在教育内容和教师问题上实现世俗化、科学化。塔列兰法案显示了与教会妥协的倾向，保留了宗教教学的地位和教士在学校中任教的权利，而孔多塞法案则取消了学校中的宗教课，要求小学除读、写、算基本学科外，还应学习测量土地、农业、手工艺的初步技能及道德基础知识，高级小学应有图书馆和实验室，中学则应传播对每个公民无论选择什么职业都将有益的知识，并兼负培训小学教师的任务。专门学校要为社会培养各种专门人才。雷佩尔提的方案不仅注意到实科教育，也重视以道德教育取代宗教教育，注意了体育和劳动教育等，主张培养多方面发展的优秀公民和爱国者。

各种教育法案因各掌权派别的短暂执政期而难以实施，只是在粉碎第一次反法同盟、大资产阶级执政稳定之后，才实施了一些具体措施。包括初等学校教师的考核、保障工作稳定性及生活水准；中等教育方面设立了一批"中心学校"，在欧洲首创了中学的自由选修制度和以课程为中心的教学组织；特别是创办了包括著名的巴黎理工学校在内的一大批高等科技专门学校和科学机构，培养了众多高级科技人才，奠定了拿破仑帝国的基础。但在初等教育方面却取消了免费、义务制度，宗教学校和私立学校也增多起来。

法国大革命时期的教育改革方案在男女平等教育、成人教育方面也提出了要求，不过它们毕竟是代表资产者利益的，许多规定大大地限制了劳动者子女获得初等以上教育的机会和权利。

二、19 世纪的法国教育

19 世纪，法国的教育发展既是与政治和经济发展同步的，也是与教育思想的发展互相影响的，在不同的时期具有不同的发展特点。

（一）第一帝国时期的教育

1804 年，拿破仑建立了法兰西第一帝国（1804—1814 年），实行独裁统治。为了培养忠于职守的官员和"忠君爱国"的臣民，拿破仑非常重视教育。他制定了帝国教育法律，建立起中央集权的教育领导体制。

帝国大学是全国最高教育领导机构。大学的首脑称"大学总监"，由拿破仑直接委派，大学还设立审议会和总督学署。将全国划分为 29 个"大学区"，大学区设学区总长、学区审议会和学区督学署。大学区总长、帝国大学和学区督学以及大学区的大、中学校长和教师由帝国大学总监任免。各级各类学校的规章制度、课程、教学安排由国家统一管理。大学区内建立数理、文学、医学、法律和神学学院，实行高等教育。

在这一时期，法国政府还设立了公立的中等教育的机构，它分中央直属的国立中学和隶属地方的市立中学两类。国立中学的培养目标是为升大学做准备和为军队输送军官，开设的课程有：法语、文学、古典语言、修辞学、数学、物理、化学、天文、地理和历史等。市立中学的办学水平低于国立中学，其办学目标是为地方政府培养官吏。拿破仑非常重视军事、科技、师范教育，建立了一些著名的大学校，这些大学校为法国培养了大批人才。拿破仑时期的教育改革为法国近代国家教育制度的形成和教育发展产生了积极的作用。

（二）波旁王朝复辟至巴黎公社前的教育

从 1814 年拿破仑复辟到巴黎公社爆发，法国的政局动荡不安，教育也出现过暂时倒退，但是，由于资本主义经济发展的需要，法国的教育仍然向前发展。"七月王朝"时期（1830—1848 年），法国工场手工业逐步为大机器生产所代替，资本主义大工业迅速发展。经济发展的需要促进了初等教育和中等教育的发展。1833 年，法国颁布了《基本教育法》，即《基佐法案》。该法案规定：每一乡镇设初等小学一所；6000 人以上的城镇设高等小学一所；每一省设师范学校一所。公共教育经费由中央和地方分担，即地方征收特别税作为教育经费，如果地方税款不足，可由国家补给；教师资格的确立权由国家掌握。该法案推动了初等教育发展，到 1848 年，法国小学数增加了 1.5 倍，学生人数增加 80%。《基佐法案》还扩大了地方在管理教育上的部分自主权，但中央集权式的性质未变。

在法兰西第二共和国（1848—1851 年）时期，临时教育部长卡诺提出过实施免费的普及初等义务教育等民主主义的国民教育法案。但是，卡诺的改革方案没有被采纳。路易·拿破仑·波拿巴当选总统后，通过了"法卢法案"。教会又恢复了对初等学校的控制，政府加强了对大学的监督。教育出现了倒退。

在法兰西第二帝国（1852—1870 年）时期，大银行家和大工业资本家集团执政。为了适应工商业发展的需要，政府对中等教育结构实行改革，恢复了国立中学和市立中学，分初级班和高级班。高级班实行文实分科，文科班注重古典语言，实科班强调现代外语和自然科学。1864 年后，开办实科中学，为工商业培养人才。女子教育和初等教育仍然掌握在天主教教会手中。

（三）巴黎公社教育改革

1871 年 3 月 18 日，巴黎公社成立。公社成立了教育委员会，在瓦扬等的领导下着手教育改革。首先，公社实行学校和教会分离，把宗教教育改成世俗教育。根据公社的命令，各区广泛宣传以世俗教育代替宗教教育的政策，清除学校中的教会人士、宗教教育措施和活动，加强科学教育的道德教育。公社的这项措施遭到教会的抵抗。其次，实行普及初等教育。为了使每个人都能享受普通教育，公社大力实行普及初等教育。公社决定，凡是 6～15 岁的儿童，不分民族和宗教信仰都可入学。为了确保劳动人民子女的入学权利，公社实行免费的初等教育，并特别注意女子入学问题。再次，提高教师社会地位，改善教师的物质待遇。针对以前教师遭迫害、物质待遇差的状况，公社一方面把教师从束缚中解放出来，成为自由的公民；另一方面大幅度提高教师的薪金。公社的措施极大地提高了教师的积极性，许多教师积极投入到革命运动中去。公社的教育政策虽然没有足够的时间实施，但是，它的一些改革措施在教育史上具有重大的意义。

（四）19 世纪末的教育

巴黎公社失败后，第三共和国（1871—1898 年）的共和党人政府认识到教育是巩固政权的重要手段，从自己的政治和经济利益出发，政府比较重视教育事业。

1. 初等教育

政府颁布了一些推动国民教育的初等教育法。1879 年，费里担任教育部长后致力于发展初等教育事业，他于 1881 年和 1882 年提出两项教育法案，其要旨是宣布实施普及、义务、免费和世俗的初等教育。该法案为以后近百年间法国国民教育的发展打下了基础。第一个法案规定：①母育学校（幼儿园）和公立小学一律免收学费。②公立学校不允许装饰宗教标志，不开设宗教课程。第二个法案规定：①对 6～13 岁的所有儿童实施强迫的、义务的初等教育，可进公立或私立小学，或在家庭私塾接受教育；在家庭读书的儿童自第三学年起，每年须接受一次公立学校考试，以检查私塾的教学；对不送孩子入学的父母处以罚款、监禁等处分。②在小学开设法语、历史、地理、生物、自然、算术、法政常识、农业常识、卫生、图画、音乐、体育、军训（男生）、缝纫（女生）等课程。废除宗教课，增设公民和道德课，增设手工课和各种主要手工业工具的用法课。③允许学校除星期日外，每周停课半天，由学生家长在校外按各自的宗教信仰安排宗教活动。取消教会、教士监督学校的权力，由职业教育家领导学校理事会；宗教团体成员不得在公立学校任教。1886 年和 1887 年颁布的教育法进一步规定高等小学的学制和课程，高等小学是初等学校的延伸，其教育对象是劳动人民子女。这样，法国教育形成了平行的双轨制：一轨是为劳动人民子女准备的从母育学校到初等学校，再到高等小学和艺徒学校的教育；另一轨是为上层阶级准备的从家庭教育或中学预备班到中学，再到大学或高等专科学校的教育。

2. 中等教育

在这一时期，人们主要对中等教育的内容和方法提出了讨论，特别是古典派和实科派之间的争论比较激烈。19世纪80年代后期，政府对中等教育情况组织了一系列的调查，意识到实科教育的重要性。在此基础上，中等教育结构出现了两个重大的进展：①1891年，出现了现代中学。现代中学学制六年，重视理科教学，不开设古典语言。②建立公立女子中学。按照1880年12月颁布的《女子教育法》，政府开办了一些国立和市立女子中学。女子中学的修业年限为五年，课程包括法语、现代外语、历史、地理、理科知识、家政、手工等。但是，到19世纪末，法国中等教育依然存在一些问题，如学费高昂，男女教育差距明显，教会在中等教育领域势力强大等。

3. 高等教育

19世纪七八十年代，共和派政府实行了高等教育改革。如增加了对各学院的拨款并允许它们接受捐赠，增设一些学科和专业，改善教师待遇，修建校舍，设立硕士奖学金等，这些措施有利于提高高等教育质量。1896年7月，议会颁布法令，决定在每一个大学区建立一所大学。大学总长代表国家兼任大学校长，院长和教师由国家任命，由国家颁发大学毕业文凭和学位等，旨在鼓励各大学的竞争。这项法令为法国建立公立大学奠定了基础。

总之，在法国人民的斗争下，19世纪法国的教育发展取得了重大成就，如初等教育的普及，教会在教育领域的势力逐步受到削弱，女子教育比以前受到重视，理科教育内容得到加强等。但是，法国教育的发展过程中存在一些必须改善的问题，如教育存在着明显的阶级性，双轨制依然存在，男女教育不平等，教育管理上存在过度的中央集权等。

三、20世纪的法国教育

进入20世纪以后，对于传统教育中过于保守的教育内容、不平等的教育体制进行改革的要求日益高涨，在此情况下，法国教育进行了如下重要改革：

（一）统一学校运动与学制改革

为了解决法国的双轨学制，20世纪前期在法国形成了统一学校运动，主张统一学校，实现教育民主化。要求全体儿童在学校中得到统一免费的基础教育，初中等教育衔接，高等教育对所有中学生开放，择优录取。统一学校运动引发了学制改革。1925年法国初步实现了小学阶段的统一学校，设立中学统一入学考试，1937年提出了中学统一学校制度方案等改革措施。统一学校运动引发的学制改革，有力地冲击了法国的双轨学制，扩大了劳动人民子女接受中等教育的比例，推动了法国教育民主化进程，产生了积极影响。

（二）中学课程的改革

在统一学校运动的基础上，针对19世纪以来法国重视古典课程，轻视现代课程，导致教育不公的现象，法国发起了中学课程改革。改革要求同样重视传统智育目标和现代科学教育目标，把传统学科与现代学科结合起来。改革强调古典学科和现代学科的传统和实用价值、二者的并行和相互补充，反映了现代社会对法国教育发展的影响，确立了法国中学的基本模式。

(三)《阿斯蒂埃法》与职业技术教育的发展

伴随着工业革命和社会经济的发展，法国日益重视职业教育。1919 年，法国阿登省议员阿斯蒂埃提出关于职业技术教育的法案并被议会通过。法案的主要内容如下：①由国家代替个人来承担职业教育的任务。规定在中央由教育部设置主管职业技术教育的部门和官员，各省设立专门的机构和官员负责管理职业技术教育的工作。②规定全国每一市镇设立一所职业学校，经费由国家和雇主各负担一半。私立职业技术学校如接受教育部的有关规定，可以得到国家的承认和补助金。③为了使学习者在理论与实践上掌握各门科学知识和各种工艺知识，要求 18 岁以下的青年有接受免费职业教育的义务。雇用他们的工厂主、商人必须保证青年人每周有四小时的工作时间接受职业技术教育。④规定职业技术教育的内容应包括三部分：补充初等教育的普通教育、作为职业基础的各门学科、获得劳动技能的劳动实习。《阿斯蒂埃法》的颁布，使法国的职业技术教育第一次获得了有组织的形式，成为一种由国家管理的事业，该法在法国的历史上有"技术教育的宪章"之称。以后，法国政府又多次颁布补充法令，进一步完善了职业技术教育的体制。

(四)《郎之万—瓦隆教育改革方案》

1947 年，以法国著名物理学家郎之万和著名儿童心理学家瓦隆为主席的委员会提交了《教育改革方案》（以下简称《方案》）。该方案批评了法国教育的弊端，对各级各类学校的组织制度以及教育内容、方法，提出了具体的改革意见。这个方案不仅成了第二次世界大战后法国教育改革的依据，而且在整个法国教育史上也是一项重要的改革举措。教育改革委员会强调，法国教育应彻底地重新加以改造，消除双轨制，实现教育民主化。

《方案》提出了战后法国教育改革的六条原则：①社会公正原则。②工作和学科价值平等。③人人都有接受完备教育的权利。④在加强专门教育的同时，适当注意普通教育。⑤各级教育实行免费。⑥加强师资培养，提高教师地位。

《方案》提出在法国应实施 6～18 岁学生的免费义务教育，这种教育具体可划分为如下三个阶段：第一阶段为基础教育，第二阶段是方向指导阶段，第三阶段为决定阶段。之后分别进入三种不同类型的学校学习，学生在 18 岁时结束免费义务教育。《方案》还对高等教育进行了设计。《方案》强调，每一阶段的教育都应注重对每一个学生的诊断，鉴别其长处与缺欠，因材施教。教育组织应尽量采用小组的形式，鼓励学生的创造性，培养学生的社会责任感。

由于战后初期的历史条件，郎之万—瓦隆的教育改革方案并未付诸实施。但在它的影响下，法国开始大力扩充初等教育，同时把较好的初等学校升格为中学，极大地促进了中等教育的普及，基本实现了初等和中等教育的衔接。在这一《方案》先进思想的影响下，欧洲其他国家也逐步将中等教育作为教育的一个层次而不是一种类型加以规划和发展。

（五）《高等教育方向指导法》

1968 年在法国巴黎大学生"五月风暴"运动的直接触动下，11 月份法国议会通过并颁布了《高等教育方向指导法》（又称《富尔法案》）。这个法案的主要精神是确立了法国高等教育"自主自治、民主参与、多科性结构"三条办学原则。按照这三原则规定，大学享有自主权，取消大学的院系，设置"教学与科研单位"，在大学内部实行民主化管理。该法案打破了以往学科的阻隔及互不联系的传统，发展各学科之间的联系，重新组合各种相邻的学科、创立新型课程；尽量贯彻文、艺学科相结合，理、工学科相结合的原则，并朝着重视应用科学、工程技术、边缘科学和跨学科的研究方向发展。但《富尔法案》因为过于理想，实践起来很困难。

（六）《课程宪章》

进入 20 世纪 90 年代以后，基础教育课程改革在法国备受重视。按照 1989 年 7 月 10 日颁布的《教育指导法》的规定，1990 年成立了"国家课程委员会"，该机构是全国课程和教学大纲的编写机构。1992 年，法国国家课程委员会公布了《课程宪章》这一纲领性文件。《课程宪章》指出，法国今后仍然坚持中央集权制的课程管理体制，课程大纲以《政府公报》的形式颁布，各地必须认真实施；课程编制应以学生为中心，使全体学生具备较高的素质；对学科体系进行综合改革，既有从小学到高中课程融为一体的纵向综合改革，也有各科知识融会贯通的横向综合改革。

四、法国教育的特性及其影响

法国在建立国民教育制度、发展现代教育体制的过程中，结合自身的民族和文化特性，形成了以下教育的特质。与其他欧洲国家类似，法国在国民教育的发展过程中因为传统上层势力的存在，形成了国民教育体系与古典文法学校体系并立的双轨制，从而导致教育的不平等，在此过程中，对双轨制进行改革一直是法国教育改革的一种重要议题。

法国虽然是较早进行资产阶级和无产阶级革命的国家，但是在国民教育的普及上却因为教会势力的强大和世俗政权的妥协而没有走在欧洲国家的前列，国民教育发展和教育世俗化进程曲折激烈，时有反复。法国政府经过长期的工作才在 19 世纪末将公共教育与教会分离，这在一定程度上影响了法国国民教育的发展。

法国在建立资产阶级国家的过程中，采取的是中央集权式的行政体制，与此相对应，形成了中央集权的教育管理制度，这一制度对于法国教育发展具有重要的影响。从国民教育部自上而下的改革和管理有助于法国形成一个整体的教育体系，保持教育的统一，但这一制度往往缺乏灵活性，不利于地方根据自己的情况因地制宜地发展教育。

法国在建立民族国家和发展教育的过程中，长期处于内忧外患的国际竞争之中，这一情况催生了法国教育对专业教育和职业教育的重视。自拿破仑时期法国就建立了大量的高级专科学校，将科学技术引入学校教育，以此为国家培养军事以及实用人才，如 1795 年创办的巴黎高等师范学校，如法国大革命时期创办的巴黎理工学校等大学校。这一强调实用性、技术性人才培养的教育体系与英美的自由教育模式有着显著不同，可称为法国模式，它在很大程度上影响了苏联、中国的专业人才培养方式。在这一方式的实施中，通识教育与专业教育的矛盾较为突出。

第三节　德国现代教育的发展与变革

德国虽然是西方强国中较晚统一的国家，但是其在国民教育普及、职业教育发展、高等教育创建等方面都有创举，走在世界的前列，其教育制度和思想对西方乃至世界的教育发展产生了重要的影响。

一、19 世纪初至德意志帝国时期的德国教育

19 世纪，德国的教育思想和实践令欧美各国瞩目，这一时期，德国出现了费希特、黑格尔、赫尔巴特、第斯多惠、福禄倍尔、洪堡等一大批对世界产生重要影响的教育家。1806年普法战争和 1848 年的欧洲革命给德国教育发展带来了两次重大的冲击，在内、外因的影响下，德国在教育领域开展了一系列改革。

（一）学前教育的发展

与其他国家相比，德国学前教育起步较早。19 世纪 40 年代以前，德国出现了一些关心儿童的幼儿教育工作者，他们开始创办幼儿教育机构，其中，影响最大的是裴斯泰洛齐的崇拜者福禄倍尔。1840 年，福禄倍尔把他的学前教育机构正式命名为幼儿园，它标志着世界上第一所幼儿园的诞生。当时，福禄倍尔大力推广幼儿园得到一些资产阶级民主主义人士的支持，德国各地纷纷建立起幼儿园。欧洲革命以后，幼儿园运动受到了阻碍。但到 1872 年，政府颁布有关幼儿园的法令后，幼儿园进一步又发展起来。各地纷纷成立幼儿园协会，福禄倍尔幼儿园运动全面开展起来，他的幼儿教育思想也在英国、法国、比利时、荷兰、意大利等国家传播开来。

（二）初等教育和师范教育

德国初等教育起步较早，1763 年，普鲁士就颁布了《普通学校规程》，强迫 5～13 岁、14 岁的儿童入学。进入 19 世纪以后，德国初等教育发展的速度加快了，一些公国进一步颁布初等义务教育法，德国初等教育的步伐已走到了欧美其他国家的前列。19 世纪 60 年代，初等学校入学率达 95％以上，1885 年，普鲁士实行免费初等义务教育，到 19 世纪末，德国初等教育的入学率达 100％，文盲率不到 1％。

在第斯多惠等教育家的努力下，德国的师范教育在 19 世纪逐渐发展起来。19 世纪以前，教师是并不具备教师能力的手工业者和退伍军人的特权。为了提高初等教育的质量，必须提高教师的素质。1808 年，洪堡派遣了 17 名教师到裴斯泰洛齐那里进修，1809 年首创培养教师的机构——柏林师范学校。到 1831 年，普鲁士每个省都建立了师范学校。这些师范

学校大多按照裴斯泰洛齐的精神和方法训练未来的教师，思想上也比较进步。许多经过师范学校培养的学生不仅能运用理性主义的教学方法，而且传播资产阶级的民主、自由的思想，在德国近代学校中发挥了重要的作用。

（三）中等教育

19 世纪德国中等教育的改革明显受到洪堡的新人文主义思想的影响。1808—1810 年，洪堡担任普鲁士教育部长，他任职时间虽然不长，但是，他提出的"柯尼斯堡计划"和"立图尼安学校计划"被他的后任苏佛恩等人付诸实施，对 19 世纪德国中等教育改革产生重要的影响。19 世纪德国中等教育改革主要在文科中学和实科中学实行，文科中学的改革内容主要包括：中学教师需要经过考核方能充任；推行新的课程体系，增加新的学科，从而把古典学科与现代学科结合起来。除了文科中学改革之外，德国的实科学校也得到迅速发展，成为德国中等教育的一个重要机构。实科中学主要传授自然科学和历史科学知识，开始时，实科中学的毕业生还没有升入大学的资格，高级实科中学 1870 年才获得这一权利。

从数量和规模上看，19 世纪德国中等教育发展的速度较快。以普鲁士为例：文科中学 1835 年有 112 所，1875 年有 228 所，1895 年发展到 273 所；实科中学，1875 年有 80 所，1895 年有 86 所。1860 年，中学在校生 58 292 人，其中，文科中学占 69%；1900 年，中学在校生为 164 895 人，文科中学占 58.4%。

（四）高等教育改革

19 世纪，德国高等教育发展中最具影响的是 1810 年洪堡创建的柏林大学。柏林大学是在民族丧失独立、经济十分困难的情况下建立的，可以说一开始人们就对它寄予民族振兴的厚望。柏林大学采用了新的办学思路：首先，它具有充分的自治权，教授和学生在研究和学习上享有自由的权利；其次，聘请既有精深的学术造诣又有教学技能的教授；再次，重视学术研究和培养学生的研究能力。柏林大学建立以后，德国出现了一些按照柏林大学精神建立或整顿的大学，如 1818 年创建的波恩大学、1826 年建立的慕尼黑大学等。美国、法国等国家也根据柏林大学的经验建立或改建大学。

根据经济发展的需要，19 世纪德国还建立了与大学功能不同的高等工业学校或其他专业性学院，为经济建设培养专门人才。可以说，现代两种不同类型的高等教育机构的基础是 19 世纪奠定的。

二、魏玛共和时期的德国教育

魏玛共和国（1919—1933 年）是在第一次世界大战德国战败，内外交困的情况下仓促建立的。在其建立和延续过程中，以旧军官、军国主义分子、容克贵族为代表的右翼势力，以共产党、工人阶级为代表的左翼力量，以及极端民族主义和反犹势力反复争夺政权，导致了魏玛共和国政局的动荡和混乱。这种局势形成了魏玛共和国新旧混杂，资产阶级民主思想、社会主义革命思想和专制君主制残余交织的态势，并导致了以军国主义、极端民族主义为主要内容的普鲁士主义的兴起。反映这种态势的魏玛共和国根本大法《魏玛宪法》因此既具有最广泛的民主特性，也具有与德意志帝国传统千丝万缕的联系，以及总统被赋予巨大权力的特性。这些特性中进步的因素促进了德国当时教育的复兴，为第二次世界大战后德国的重建提供了所需的政治和文化遗产；但保守的因素则导致了资产阶级民主派的软弱，为以后魏玛共和国的崩溃和希特勒上台实行纳粹专制，提供了必要的条件。

这些特性反映在教育中就形成了两种截然不同的进步与倒退相对立的状态。一方面魏玛共和国对学校进行了符合资产阶级发展要求的改革，教育得到了复兴，初步建立了国民教育体系。因此，对于德国现代教育来说，这是一个重要的时期。但另一方面，魏玛共和国所采取的强调民族主义和国家主义的办学指导思想和教育制度为纳粹专政时期法西斯教育的发展提供了基础。

魏玛共和国的进步措施包括：制定一系列体现民主共和性质的教育立法和教育政策，废止了德国长期以来实行的教育双轨制，建立统一的学校制度、扩大受教育的机会，确定了德国义务教育制度的基本结构；确立由国家监督全部教育事业的原则，并建立了相应的体制，明确了中央政府和各邦政府对教育的管理权限，形成了德国教育管理的基本架构；在学校机构等内部采取比较民主的管理体制。这些措施基本奠定了德国教育的世俗化和现代化基础。

魏玛共和国具有负面影响的教育措施则包括：重点强调将教育与政治、民族国家的复兴密切结合起来的极端民族主义的教育观点；设立强调德意志学科，具有民族沙文主义色彩的德意志中学；对纳粹主义采取姑息政策。

魏玛共和国时期的教育改革一方面强调教育民主化，使这一时期的德国学校教育得到极大发展，其改革措施成为第二次世界大战后联邦德国教育改革的先声。但另一方面其某些措施并没有完全消除旧有的矛盾，实际上推动了纳粹的上台，从而成为纳粹教育的起源阶段。

三、纳粹时期与第二次世界大战后的德国教育

（一）纳粹时期的德国教育

1933 年，希特勒在德国建立了法西斯专政。在纳粹统治时期（1933—1945 年），德国的学校教育被纳入了法西斯的轨道，原有的民族主义被极度宣扬，成为实行法西斯专政和对外侵略扩张的工具，德国教育基本被纳粹全面控制，蜕变成为现代教育的反面。

在希特勒教育国家化思想的指导下，纳粹政府采取了大量为纳粹服务的教育政策和方针，不断利用国家机器强化对教育的控制。首先，纳粹政府于 1934 年 4 月 30 日建立了管理全德教育事务的最高权力机构——国民教育部，对各级学校教育进行整顿和管理，统一规定学校课程、教学大纲和教科书等，加强对各级学校教育的中央集权领导，以便更有效地控制教育，学校成了宣扬法西斯主义的机构。其次，为了贯彻希特勒的意图和纳粹化的教育目的，纳粹教育行政当局制定了一系列教育政策，政策规定：教育的主要内容是灌输极端民族主义；教育目标是培养盲目信仰纳粹主义和盲目效忠于希特勒的年轻一代纳粹分子；教育的指导思想是纳粹的意识形态；绝对排斥知识教育，极力强调体育；彻底放弃魏玛共和国时期所推行的教育民主化政策，极力推行以"种族生物学"为基础的"精英"教育；极力推行民

族、种族和宗教的歧视政策；加强教育制度控制和思想控制，特别注意对教师的利用和思想灌输，要求教师绝对服从和效忠希特勒。

在希特勒教育思想和纳粹化教育政策的控制下，德国各级各类学校教育也被纳粹化了。虽然魏玛共和国时期的基本教育结构没有改变，但各类学校的教育重点不再是传授知识，而是强调健康身体和品性训练，以使学生效忠于"元首"希特勒和纳粹政府，并试图建立"纯正的雅利安人的学校"。

在德国的各级各类学校教育趋于纳粹化的同时，纳粹政府也采取措施加强对学校师生进行纳粹主义思想灌输与控制。政府不仅在学校日常教学活动中强化纳粹主义的灌输，而且还加强对教师的思想控制，镇压进步人士，要求所有的教师都必须宣誓效忠与绝对服从希特勒，与此同时加强了书籍控制和审查，只允许保存与纳粹主义思想一致的书籍。

希特勒统治时期纳粹当局对教育的肆意践踏，极大地破坏了德国和世界的教育事业，严重腐蚀了德国教育的精神，成为了现代教育的对立面，教育因完全政治化而失去了独立性，被纳粹所利用，成为其统治和扩张的工具。如何从根本上消除纳粹对教育的灾难性影响，思考教育与政治关系的限度，确立教育独立性原则，成了第二次世界大战后各国教育重建和改革的基本出发点之一。

（二）第二次世界大战后德国教育改革

第二次世界大战后，联邦德国废除纳粹统治时期的教育制度，继承共和时期的某些传统，吸取美国等国的一些做法，形成了具有本国特色的教育制度。

1. 教育管理体制改革

联邦德国实行联邦制，由 11 个州组成，按照历史传统，实行各州文化自治。1949 年的联邦《基本法》规定，联邦政府对教育只做一般的监督与协调。教育的目的和基本原则由州宪法规定，有关教育的专门法令由州发布，州成立文化教育部负责本州的教育行政管理工作。

为了进一步加强对联邦各州教育的管理，1969 年 5 月修订的联邦《基本法》补充规定：联邦和各州可以根据协议在教育计划、促进跨地区的科研设施和项目等方面合作。同年 10 月又成立中央一级的教育行政机构——联邦教育与科学部，下设联邦与州教育计划委员会，负责制定、调整联邦和各州的教育计划、联邦教育经费预算。教育与科学部通过教育政策和资助经费影响各州的教育，这表明联邦政府在教育上的权限和职能在逐步扩大和加强。

2. 普通教育制度改革

由于实行地方分权制，战后初期联邦德国各州的教育差别很大，连学校名称、学制和成绩评定也不统一。为了克服这种混乱现象所带来的各种障碍，各州总理于 1955 年签订了《杜塞尔多夫协定》，统一各州各类学校的名称、学期长短、考试认可和分数的等级；规定学级依次为第一至第十三级，达第十年级的学校为"中间学校"，达第十三年级的学校为"完全中学"；凡完全中学的毕业生均可升大学；英语为各级学校的必修科目。《杜塞尔多夫协定》为统一联邦的普通教育制度奠定了基础。

为了进一步建立联邦统一的教育制度，德国教育委员会于 1959 年、1960 年分别提出了《改组和统一普通公立学校的总纲计划》（简称《总纲计划》）和《布雷默尔计划》，建议在四年制的基础学校之上设置为期两年的促进计划（亦称"观察期"或指导阶段），以指导学生根据自己的不同情况分别进入不同类型的中等学校。1964 年 10 月，各州总理在汉堡签订了《联邦共和国各州之间统一学校制度的修正协定》（简称《汉堡协定》），采纳了上述两个方案的意见，并在各州推行。

按照《汉堡协定》，全日制义务教育期为 6～15 岁；所有儿童必须进四年制基础学校，经两年促进阶段的观察和指导（属中等教育），然后分别进入：①五年制的主要学校（普通中学），其课程具有职业训练性质。②九年制的完全中学（又分古典语文中学、现代语文中学和自然科学中学）为升大学做准备。③六年制的实科学校（不完全中学），又称"中间学校"，其课程侧重实用学科，培养工、商专业人员，也可升入中等专科学校。这个学制改善了中小学的结构，但中等教育中的多轨性问题没有解决。大多数劳动人民子女只能升入普通中学或不完全中学。

20 世纪 70 年代初，为了适应经济和科学技术的发展，联邦德国对中小学教育结构做进一步的改革。1970 年 2 月，德国教育审议会提出了一份《教育结构计划》，实行 5～15 岁的十年全日制义务教育，并改革中等教育结构。这一改革的意图是通过促进早期儿童教育来消除教育机会的不均等现象；通过各类学校之间的纵向的沟通来消除学生被限制在某一教育轨道之中的弊端；把普通教育和职业教育结合起来。在此计划的基础上，联邦与州教育计划委员会于 1973 年提出一个更全面具体的实施方案——《综合教育计划》，并得到了各州首脑的批准，开始付诸实施。按《综合教育计划》，德国开办一种实验性的"综合学校"，把主要学校、实科学校和文科中学综合为一体，取消学校界限，从第七学年起根据学生的兴趣和能力实行分组教学。

3. 职业技术教育和高等教育的发展

（1）职业技术教育。职业技术教育在联邦德国的教育体系中占有很大的比重，被称为教育的"第二根支柱"。约占 80% 的青年通过各种类型的职业学校，接受职业技术教育。1969年 8 月联邦颁布了《职业教育法》。联邦德国的职业教育属于中等教育的第二阶段，也是一种义务教育。由于全日制义务教育年限为十年，职业义务教育年限至 18 岁止，毕业于主要学校或实科学校而已就业的青年必须再受两到三年的职业义务教育。

联邦德国职业教育的体制多样，学校类型繁多，大体可划分为两类：职业学校和专科学校。职业学校有：部分时间制职业学校，修业一至三年，以补习文化、理论知识为主。全日制职业学校，学制一至三年，以职业教育为主，兼施普通教育。以上两种属义务职业教育。职业补习学校，分全日制和部分时间制两种，招收已完成职业义务教育的在职青年，授予高于部分时间制职业学校程度的专业课程和普通课程。

专科学校有中等专科学校和专科补习学校，其程度高于全日制职业学校，招收实科中学和全日制职业学校的毕业生，培养中等专业人才。1981 年在各种职业学校受训的青少年有

269.44 万人，其中部分时间制职业学校学生为 182.41 万人，职业专科学校学生为 37.07 万人。

（2）高等教育。1973 年，联邦政府提出了《高等教育总纲草案》，各州政府也相继修订本州的高等教育法，对高等教育做了一些改革。强调师生员工共同参与学校管理；教授与助教在决定科研、教学等重要事务上享有多数表决票；教授在各级行政机构中享有多数表决票。实行新的招生办法：1/3 从获得升学资格的中学毕业生中录取；1/3 从具有升学资格的优秀在职人员中录取；1/3 的名额根据各种需求（外国留学、服公役、兵役）分配。

四、德国教育的特性及其影响

德国在其国家统一和发展过程中，基于国际竞争的需求，非常强调教育的价值和作用，国家政权与教育之间的关系较为密切，并形成了重视教育的传统，因此德国成为西方国家中较早对教育实施全面管理的国家，教育的世俗化和义务教育的发展较为成熟。但是也正因为如此，德国教育中的民族主义特色极为明显，教育与政治的关系复杂难解，这也为此后德国教育的沙文主义等弊端埋下了基石。

因为德国政府、学界等都重视教育与国家发展的关系，所以德国教育制度和思想的发展较为迅速，在教育的多个方面具有创举性：如现代大学制度，双元制的职业教育和师范教育都走在世界教育发展的前列，而且在 19 世纪末和 20 世纪早期出现了大批著名的教育思想家，如赫尔巴特、福禄贝尔、第斯多惠等人，正是这些思想家使得德国的教育发展往往超前于社会发展，引领着德国国家和社会的进步。德国的这些教育思想和制度对世界各国影响深远，美国、苏联、中国以及欧洲国家都受到其影响，由此可见，德国教育在塑造世界现代教育过程中发挥着奠基性的作用。

第四节　美国现代教育的发展与变革

美国在西方发达国家中是新兴的国家，但其经过一百多年的发展，成为一个强大的国家。它在吸收英、德等国教育经验的基础上，结合自身的民族精神，形成了具有美国特色的教育制度，这一现代教育制度对于美国的强大发挥了重要的作用，对世界教育发展也有着重要意义。

一、独立战争至 19 世纪末的美国教育

（一）教育管理体制的形成与发展

1791 年的美国宪法修正案第 10 条规定："凡是宪法未曾给予联邦而又未曾限制给予各州的权利，都是保留给各州或人民的"。据此，在美国，教育被理解为州的职权。此外，第 1 条规定人民有宗教信仰的自由，确立了教会与国家相分离的原则。据此，美国奠定了教育上政教分离、地方分权的宪政基础。随后，在 19 世纪，美国州一级的教育管理地方分权制

逐步建立起来。

最早在州一级设教育督察长管理全州初等学校的是纽约州，但真正对州教育管理体制起关键性影响的是 1837 年马萨诸塞州设立的州教育委员会。该委员会首任秘书贺拉斯·曼排除万难，推行公立学校运动、创立教育税制、创办师范学校，为州教育事业发展作出卓越贡献，被称为州教育领导体制的首创者。此后，康涅狄格、罗德岛、佛蒙特、新罕布什尔、缅因、宾夕法尼亚等州相继成立了州教育委员会。到 19 世纪下半叶，美国各州大多设立州教育委员会。州教育委员会是法定的教育决策和规划机构，有权征收教育税，分配教育经费，确定学校、教师、课程标准，组织教育调查等。州以下市、县也设教育委员会，负责本市、县的教育管理工作。上述措施推动了美国公共教育制度的发展，教育质量得到了制度上的保障。

在联邦政府层面，南北战争以前美国都没有教育管理机构，也无权干涉各州的教育事务。但是随着教育事业的发展，各州的差距也愈益明显，如何在地方分权的前提下，加强各州之间协调、促进全国教育协调发展已引起人们的关注。1867 年，在国会议员葛菲尔德的倡议下联邦设立了教育署，署长由总统任命。1870 年，改称教育局，隶属联邦内务部，主要负责调查、统计、传达各州教育情况、分拨教育经费、负责特殊地区的教育事业等，但它对各州的教育事务无法定的约束力。此后，它的名称几经变更，但这一传统沿袭了下来。

（二）公共教育制度的建立和发展

在 19 世纪初，各州几乎都颁布了设立小学的法令。但是，由于经济困难等方面的原因，实际上，初等学校发展速度仍然缓慢。这种落后状况导致了公立学校运动的产生，美国的公立教育制度就是在公立学校运动中逐步完善起来的。

所谓公立学校运动，是指广泛建立由公共税收维持、公共行政机关监督、向所有儿童免费开放的初等学校制度的运动。它在 19 世纪 20 年代以后从新英格兰地区的初等教育领域开始，后来推向西部各州，并扩展到中、高等教育范畴，促进了美国公共教育阶梯的形成。在这场运动中，贺拉斯·曼、亨利·巴纳德等教育家的思想曾产生重要影响。

贺拉斯·曼认为，公立学校的宗旨是把儿童培养成合格的公民，所有 4～16 岁的儿童，不分经济地位、宗教信仰、家庭背景都应成为公立学校教育的对象；公立学校是国家培养国民的机构，它有助于形成一个具有共同文化的统一体和民族的认同感；公立学校应当是免费的，为大众服务的，所以由公众共同管理和支持，通过征收公共教育税作为其主要财政来源。

贺拉斯·曼在担任马萨诸塞州教育委员会常务秘书期间，积极投身到推进和改善全州公共教育体制的活动中，使马萨诸塞州在普及初等教育方面走在了美国各州的前列。1852 年该州颁布了美国第一个由州制定并得以贯彻的普及义务教育法，即《强迫就读法》。该法规定家长必须将 8～14 岁的儿童送入所在市镇的公立学校上学，每年上学时间不得少于 12 周，其中必须有 6 周为连续上学，凡违背此规定者处以 20 元以下罚款。1853 年纽约州也颁布了强迫义务教育的法令，南北战争以后，其他州也开始实行强迫入学制度。贺拉斯·曼的公立学校思想和教育活动为 19 世纪美国公立学校运动的发展指明了方向，被誉为"美国公立学校之父"。

美国公立学校运动的作用除了帮助各州建立公共教育领导体制，确保政府对教育的监督和领导，使得其专门化、制度化之外，更为重要的是确立了征收教育税制度，教育税收成为稳定的公共教育经费的主要来源，改变了此前美国各州办学主要依靠捐款捐赠的方式。此外，公立学校运动还促进了师范教育的兴起，加快了学校内部的教学改革，提高了公立学校的质量。

（三）中等教育的改革与发展

19 世纪初，拉丁文法中学是美国最主要的中学。但随着政治、经济的发展，人们日益需要一种有多种办学目的的中学，文实中学就是在这种背景下发展起来的。到 19 世纪上半叶，它成为中等教育的主体。1751 年，富兰克林曾在费城首创文实中学，但一直到 18 世纪末，它的发展缓慢。1800 年，全美只有 100 所此类学校。由于拉丁文法学校严重脱离实际、不能适应经济发展的需要、中产阶级子弟亟须入学等方面的原因，进入 19 世纪后，文实中学便蓬勃发展起来。据统计，1830 年，美国已有经核准的文实中学 950 所，1850 年达 6 085 所，学生 263 096 人，此时文实中学已成为主要的中学类型。文实中学在扩大中等教育机会、促进中等教育由古典向现代发展等方面起过积极作用；但是文实中学也存在不少问题，如收费教育使贫穷家庭的子弟无望入学，各校规模、程度、修业年限、课程标准不均等。

19 世纪下半叶，由于公共教育观念的深入，公立中学开始逐步取代文实中学。美国第一所公立中学是 1821 年在波士顿创立的，19 世纪上半叶发展缓慢，主要原因是这一时期政府把主要精力放在公立小学。南北战争后，经济、人口、政治等背景的变化使公立中学发展的条件日益成熟，公立中学加速发展。1860 年，全国有公立中学 300 多所，1890 年增至 2 526 所。这时，许多文实中学停办或改为公立中学，公立中学取代了文实中学的地位，但它的真正繁荣则在 20 世纪。公立中学开设的课程比较切合实际的需要，重视英语、数学、自然科学、现代语等学科，有的也设古典语言。公立中学的发展是公立教育运动在中等教育领域的延伸，公立和免费的原则为更多人提供了受中等教育的机会，但是在 19 世纪，多数劳动人民子女因生活困难等原因仍然难以跨入它的大门。

（四）高等教育

1636 年，哈佛学院成立，成为当时英属北美殖民地第一所高等教育机构，到了 18 世纪 40 年代，殖民地共有九所院校。这九所院校均为私立院校，课程主要以古典文法学科为主，但也包括了数学、测量、航海、地理、农业、物理、矿物学等自然学科，从而为学生提供了较为广泛的课程。到了 18 世纪晚期，美国已经有大学 27 所。在这 27 所大学中，有 4 所是州立大学。在州立大学中，有的是由文实学校扩充而成的，有的是根据法令直接由州接管原有的私立学校或教会学院而成的，还有的是州直接创办的。1819 年达特茅斯学院诉讼案强调了私立大学的合法性，保证了美国私立学院的独立、自治以及与此密不可分的学术自由，这鼓励了大批私立院校的建立。同时，一些政府纷纷设立州立大学以加强公立高等教育的发展，这使得美国高等教育公私立分化得以确立，高等学校的数量也有所增加，至 1885 年时上升到 300 所。

19 世纪美国高等教育的第二个重要变化是受到德国现代研究型大学模式的影响，大力发展学术型、研究型大学。当时的美国留德学者，包括亨利·塔潘、查尔斯·埃利奥特在内的大学校长们竭力提倡按照德国的传统办学。1876 年，约翰·霍普金斯大学建立，它是美国第一所研究型大学。此后，哈佛大学、耶鲁大学、哥伦比亚大学等都以德国为榜样，向学术型方向发展。

美国高等教育的第三个重要发展是大学与工业社会的联系强化了大学服务社会的功能。1861 年，美国国会通过了《莫雷尔法案》，规定联邦政府向各州提供土地，以资助各州建立至少一所用以发展农业和工艺教育的学院。[①]《莫雷尔法案》的颁布实施，在美国高等教育领域掀起了一场"赠地学院运动"，农业和机械工艺教育在大学得以广泛推行，为美国工农业现代化做出了突出贡献。此外，这一运动还确立了美国高等教育民主化原则，孕育了在世界高等教育史上具有里程碑意义的"威斯康星思想"，进而导致了现代高等教育服务理念的产生。

"威斯康星思想"的内涵包括三方面：一是大学要参与州的各项事务；二是大学与州政府密切合作；三是学术自由。核心思想就是：帮助州政府在全州各个领域开展技术推广和函授教育，将大学的知识和技术传播于社会，让大学中的专家、学生直接参与当地的工农业生产，实现大学与社区和学校的一体化。威斯康星大学在全美高等教育领域率先扩展了大学的社会服务职能，从而使大学由开展教学活动，从事科学研究，走向直接为社会服务的新阶段，对美国"多样性"高等教育体系的形成做出了贡献。

二、20 世纪前半期的美国教育

20 世纪初，美国发展成为一个典型的托拉斯帝国主义国家，其工业产值跃居世界第一。现代工农业生产的发展和科学技术的进步，推进了这一时期教育的改革。

(一)中等教育结构的改革

进入 20 世纪以后，美国中等教育的智力教育模式忽视社会职能，难以满足社会要求，受到批判，引发了改组中等教育的改革。1913 年，美国教育协会成立"中等教育改组委员会"，1918 年委员会提出了《中等教育的基本原则》的报告，指出美国教育的指导原则应是民主，使每一个成员通过为他人和社会服务的活动来发展他的个性。中等教育必须以全体青年的完善和有价值的生活为宗旨，引导青年向着高尚的目标改造自己和社会，并将中等教育的主要目标概括为：①健康；②掌握基本的方法；③高尚的家庭成员；④职业；⑤公民资格；⑥适宜地使用闲暇；⑦道德品格。为了实现这一目标，报告建议改组学制，将传统的八四学制或六六学制，改为六三三制，即小学 6 年，初中 3 年，高中 3 年，并建立组织统一、

---

①　王英杰：《美国高等教育的发展与改革》，9 页，北京，人民教育出版社，2002。

包容所有课程的综合中学。

《中等教育的基本原则》的报告在美国教育史上是一份很有影响的报告，它不仅肯定了六三三学制和综合中学的地位，将其作为美国公立教育的理想模式，而且提出了中学不应是一个选择机构，也不是大学的附属机构，而是面向所有学生并为社会服务的学校的思想，对美国 20 世纪前期教育的发展产生了积极的作用。到 1940 年，美国普遍采用"六三三制"，在此基础上，美国的中小学教育发展迅速。1918 年时全国每个州（当时共有 48 个州）都颁布了义务教育法令，初等教育普及率已达到 90％以上，中学生人数在 1900 年时为 50 万人，到第一次世界大战结束时发展到 160 万人。

（二）高等教育的变革

19 世纪末至 20 世纪初兴起的初级学院运动，是这一时期美国高等教育发展中一次具有重要意义的革新运动。它所创立的一种全新的教育形式，有力地促进了美国高等教育的普及和发展。

初级学院是一种从中等教育向高等教育过渡的教育，它的主要特点是：招收高中毕业生，学制两年，授以比高中稍广一些的普通教育和职业教育方面的知识；初级学院由地方社区以及私人团体和教会开办，不收费或收费较低；学生就近入学，可以走读，无年龄限制，也无入学考试；初级学院课程设置多样，办学形式灵活，学生毕业后可以直接就业，也可以转入四年制大学的三年级继续学习。初级学院满足了希望进大学继续学习的人数迅速增加的要求，也提供了一些学生为谋生和就业而接受一定职业教育的机会。因此，初级学院产生伊始，便受到了学生们的欢迎。当然，初级学院也有不利之处，例如，初级学院的学业标准没有四年制大学或学院那样严格，上初级学院的学生缺少离家生活的经验等。

美国初级学院运动的产生和发展，是美国高等教育大众化和民主化进程的产物，适应美国社会政治、经济和文化发展的需要，成为美国高等教育的重要组成部分，构成了美国高等教育体系中的一个重要层次。第二次世界大战以后，美国的初级学院得到更快发展，并影响到其他发达国家，有力地推动了高等教育的普及。

（三）职业教育的发展

在 19 世纪后期和本世纪初，美国的中等和高等职业教育已有一定的发展。1906 年，美国成立了"全国促进职业教育协会"，致力于职业教育的发展。它的活动得到了社会的广泛支持，并引起了美国联邦政府的重视。1917 年，美国国会通过了由史密斯和休斯联合提出的职业教育提案，史称《史密斯—休斯法案》。该法案的主要内容有：①由联邦政府拨款补助各州大力发展大学程度以下的职业教育，开办提供农业、工业、商业和家政等教育的职业学校；②联邦政府要与州合作，提供工业、农业、商业和家政等方面科目的师资训练，同时对职业教育师资训练机构提供补助；③在公立学校中设立职业科，设置选修的职业课程，把传统的专为升学服务的中学改革成为兼具升学和就业职能的综合中学。同年 6 月，美国成立了联邦职业教育委员会，随后，各州也相继成立了职业教育委员会，形成了由中央到地方的全国性的职业教育系统，有力地推动了美国职业教育的发展。

《史密斯—休斯法案》的颁布，对美国普通教育和职业教育的发展产生了重要影响，不仅使美国中等职业教育制度化，而且为公立职业教育提供了财政保证。它使得普通教育转向升学和就业的双重目标，加强了普通教育与现实的联系，加强了普通教育的实用因素，为美国职业教育发展提供了有利条件。从此，美国职业教育的发展，不再是一种行业的自发行为，而是一种联邦与州合作、共建的政府行为。

三、20 世纪后半期的美国教育

美国在第二次世界大战中加强了政治、经济和军事地位，力图成为世界霸主，并与苏联进行冷战。1957 年苏联第一颗人造地球卫星发射成功，美国朝野大为震惊，开始反思自身的教育问题，并将教育提高到保卫国家的国防高度，就此开展大规模的教育改革运动。

（一）《国防教育法》的颁布与实施

1958 年 9 月，美国政府应对卫星危机，颁布了《国防教育法》，法案的主要内容如下：①加强普通学校的自然科学、数学和现代外语的教学，更新教学内容，添置现代化的教学设备，提高外语和科学教育水平。②推行职业教育计划，强化职业技术教育，提高青年和成人的技术素质。③加强"天才教育"，向优秀的大学本科生发放"学习贷款"，向有才华的研究生颁发"国防奖学金"。④增拨大量教育经费，1959—1962 年，联邦政府每年拨款 8 亿多美元用于改进各级学校教育，开发科技人才。1964 年和 1967 年，国会又通过两项补充《国防教育法》的内容和延长实施期限的修正案，扩大发放"学习贷款""国防奖学金"和补助学科的范围，国防奖学金名额由每年的 1 500 名增至 7 500 名。《国防教育法》认识到教育在国际竞争中的重要性，教育与国家的安危和国家的前途命运息息相关，该法的颁布有利于美国教育的发展，有利于教育质量的提高，有利于培养科技人才。

（二）20 世纪 60 年代的教育改革

20 世纪 60 年代美国的教育改革主要在三个方面进行。

一是中小学的课程改革，包括哈佛大学校长、教育家科南特提出的综合中学改革和心理学家布鲁纳的结构主义教育改革。前者要求大力发展"综合中学"，按能力分组进行教学，向准备升学的优秀学生教授系统的科学知识，为不再升学的学生开设良好的职业课程。后者则认为美国中小学的课程缺乏紧密的科学体系，教材也没有反映现代科学技术的新成就，应由学者重新制定课程体系、根据知识结构编写新教材来教导学生，从而提升教育质量和深度。此后，许多科学家编写出版了中学数学、物理、化学、生物等实验课本。但这些教材太深，不适合大多数学生的接受能力和教师的水平，试行的效果不佳。

二是继续改善教育机会不平等问题，主要是通过《中小学教育法》，重申了黑人、白人学生合校教育的政策，制定了对处境不利的儿童的教育措施。

三是发展高等教育，提高高等教育质量。主要是通过《高等教育设施法》（1963 年）、《高等教育法》（1965 年）和《高等教育法修正案》（1968 年）等法案增加对高等院校拨款，更新高校的教学和科研设施，提高学生的贷款和奖学金数额，改革课程和教学，提高教学质量。高等教育的这些改革内容，对美国的科学、技术、国防产生了促进作用，极大地增强了美国的综合国力及其在世界上称霸的实力。

(三) 20 世纪 70 年代的教育改革

20 世纪 70 年代美国教育暴露出中小学生缺乏社会适应能力，普通教育缺乏基础训练等问题，针对这些问题，美国教育改革出现了生计教育和返回基础运动。

生计教育是美国教育总署署长马兰于 1971 年开始倡导的一种教育。他提出，生计教育的实质是以职业教育和劳动教育为核心的适应瞬息万变的社会的教育，这种教育要求以职业教育为中心重新建立教育制度。1974 年美国国会通过了《生计教育法》，采取实际步骤推行生计教育。它的实施是把幼儿园、中小学、大专院校学生以及成人都作为教育对象，它和终身教育有些重叠，但突出职业教育的特点，中小学阶段是生计教育的重点实施阶段。生计教育是美国社会失业率较高、人们对自己的就业问题忧心忡忡的心态在教育制度上的反映。这种教育不可能解决社会制度固有的弊端，只能是一种安慰人们适应社会现实的生存措施，并不鼓励人们奋起改造社会。

返回基础教育运动是美国 1976 年开始的在美国基础教育委员会倡导和推动下进行的一项改革运动。返回基础针对进步教育实施以来造成的中小学校基础知识教学和基本技能训练薄弱的现状，要求强调阅读、写作和算术教学和基本技能训练；取消选修课，增加必修课；加强英语、自然科学、数学和历史等必修科目；加强教师的主导作用，不让学生有任何自主的活动。要求使用传统的教学方法和评价方式，严明纪律，强调考试等。为了配合返回基础教育改革运动，有些州开始重视师资质量的提高问题，多个州陆续出台了教师证书考试制度。

返回基础教育运动实质上是美国的一种恢复传统教育的思潮，它否定了"进步教育"运动的基本主张，强调严格管理，提高教育质量，但是这一教育运动遭到了许多指责，认为它过分赞赏和重振传统教育，所以返回基础教育的呼声在 20 世纪 80 年代以后又渐渐减弱了。

(四) 20 世纪 80～90 年代的教育改革

20 世纪 80 年代初期，美国中小学教育质量问题代替公平问题成为社会关注的中心。1983 年，美国中小学教育质量调查委员会提出题为《国家在危机中：教育改革势在必行》的报告，这个报告成了美国 20 世纪 80 年代中期开始的教育改革的纲领性文件，改革的中心是提高教育质量。报告对美国教育提出了以下几点改革建议：①加强中学五门"新基础课"——数学、英语、自然科学、社会科学、计算机课程的教学。②提高教育标准和要求。③改进师资专业训练标准，提高教师素质。④联邦政府、州和地方的官员以及学校校长和学监，都必须发挥领导作用，负责领导教改的实施。各级政府、学生家长以及全体公民都要为实现教改的目标提供必要的财政资助。虽然有人批评美国在重视教育质量的同时，又出现了忽视灵活性、忽视情感培养等问题，但是就总体而言，《国家在危机中：教育改革势在必行》产生的效果是积极的。

四、美国教育的特性及其影响

美国作为一个建国只有两百多年的新兴国家，在短短的时期内迅速发展，成为世界领先的强国，教育在其中发挥了重要作用，它不仅带动了美国经济和社会的发展，促进了美国的多元融合和民族性的形成，还推动了美国的政治民主化进程。之所以教育能发挥如此的作用，是因为美国在教育发展过程中，一方面基于其清教徒意识，形成了政府重视支持教育，移民踊跃参与教育的传统；另一方面则是立足本国，注重实用，面对现实建设的需要，积极吸取别国的先进经验，并锐意创新，从而形成了适合美国特点的教育制度和思想观念。此外，美国还极为重视教育科学研究，这有助于理性地、科学地解决面临的教育问题，推动教育的发展。

与欧洲国家不同，因为其建国理念和民主政体，美国在建国之初就确立了单轨制发展的基础，并在随后的发展过程中形成了经典的六三三学制，为教育的平等和民主化奠定了制度基础，同时这一学制也在世界范围内广泛传播，成为一种基本的学制类型。

基于同样的原因，美国还形成了典型的地方分权教育管理体制，有助于各州根据自身情况因地制宜地发展教育。但是地方分权制也导致了在全国范围内教育标准难以统一，教育质量参差不齐的问题，因此在 20 世纪，如何加强国家层面对教育的统一规划往往成为美国教育改革的重要议题。

第五节　俄国（苏联）现代教育的发展与变革

作为世界上第一个社会主义国家，苏联所确立的教育制度和教育实践构成了现代教育的重要组成部分，它促进了社会主义苏联在社会、经济、文化和科技等各方面的发展。在苏联社会主义教育制度建立之前，俄国教育也经历了一定的发展，在此，对俄国教育在近代的发展情况做一简单介绍。

一、俄国近代教育的发展

俄国教育的近代化是从罗曼诺夫王朝建立之后不久开始的。为了努力进行欧化，俄国先后学习波兰、德国、奥地利、法国等西方国家先进的科技和制度，参照西方国家教育机构的模式，革新贵族教育，建立了自己的学校教育体系，推动了社会进步。俄国教育近代化主要分为以下几个阶段：

（一）彼得一世的教育改革

罗曼诺夫王朝第五代沙皇彼得一世在位期间（1682—1725 年）对俄国进行了以军事为中心，包括制度、经济、文化、教育等各个领域的多方面改革，史称彼得一世改革。在彼得一世的教育改革中，最为重要的措施是创办学校。

首先是专门教育方面。彼得一世为了尽快培养俄国改革和发展所需的专门人才，创建了诸多具有实科性质的学校，特别是有关军事技术的专门学校，包括在莫斯科、彼得堡、乌拉尔等地开办的数学和航海学校、海军学院、炮兵学校、工程学校、各国语言学校等，为军队和工业发展培养所需的专业技术人才。这些学校基本都分初级班和高级班，初级班还担负着读、写、算等普通知识的教学任务。

其次是在初等教育方面。彼得一世进行了举办国立初等普通教育学校的尝试，1714 年彼得一世下令各省开办国立小学，教地方贵族和公务员子弟学习算术和部分几何学知识，因此这类学校称为计算学校。另外彼得一世还为士兵子弟开办了警备学校。

最后是中等和高等教育方面。彼得一世为了培养本国的高级人才，创办了科学院及附设文科中学和大学，以肩负科研和教学的双重职能。1755 年，在著名科学家罗蒙诺索夫倡导下所创办的莫斯科大学及其附属文科中学就受到其影响。

（二）叶卡捷琳娜二世的教育改革

俄国教育近代化的第二个重要时期是 18 世纪中后期，主要是在叶卡捷琳娜二世统治时期（1762—1796 年）。在法国启蒙文化的影响下，叶卡捷琳娜二世采取了一些比较开明的措施对教育进行了改革。

1782 年叶卡捷琳娜二世成立了国民学校委员会，该委员会于 1786 年颁布了《国民学校章程》，规定在各省城设立中心国民学校，修业 5 年；在各县城设立初级国民学校，修业 2 年，并对课程等都做了详细规定。这是俄国历史上最早发布的有关国民教育制度的正式法令，从而对俄国近代教育发展，特别是国民教育制度的建立起到了一定的作用。但该章程并没有涉及农村地区的教育。

叶卡捷琳娜二世还建立了儿童教养院、斯莫尔尼贵族女子学院、彼得堡矿业学校、彼得堡艺术研究院及其附属中等艺术学校、商业学校等教育机构，帮助俄国初步建立了幼儿教育、女子教育、高等工业教育和高等艺术教育体系。这些措施标志着俄国教育制度化和法制化的开端。

（三）亚历山大一世的教育改革

俄国教育近代化的第三个重要时期是亚历山大一世统治时期（1801—1825 年）。亚历山大一世即位后宣称他将以叶卡捷琳娜二世的法律和精神治理国家，并在国内资产阶级民主思想和法国革命影响下，采取具有自由主义色彩的改革措施。

在教育改革方面，1802 年亚历山大一世建立了国民教育部，1803 年颁布了《国民教育暂行章程》。1804 年颁布了《大学附属学校章程》。这两个章程的颁布和实施，使得俄国学校教育的结构与布局得到进一步改善，形成了以堂区学校、县立学校、文科中学和大学组成的比较完整的四级学制，并通过城乡堂区学校的建立，推动了农村地区和下层子弟的基础教育建立和发展。章程还规定全国设立六大学区，每个学区设立大学一所，并且规定大学不仅有教学和科研的权利，还有管理本学区各级普通学校的权力。这些措施推动了俄国大学和高等教育机构的发展，完善了教育体系，深刻影响了俄国的教育文化科学。但是这些改革措施在 1812 年反法战争胜利后，出于对革命的恐惧，开始逐渐走向了反动。尤其是镇压了俄国十二月党人革命运动之后，尼古拉一世在其统治时期（1825—1855 年）推行了更为反动保守的治国策略。

（四）亚历山大二世的教育改革

俄国教育近代化的第四个重要时期是亚历山大二世统治时期（1855—1881 年）。亚历山大二世是继尼古拉一世之后的沙皇，在其统治期间，他进行了以废除农奴制为开端的系列改革。

在教育方面，沙皇政府先后颁布一系列法规进行学制改革，如 1860 年颁布的《国民教育部女子学校章程》，1863 年颁布的《俄罗斯帝国大学章程》，1864 年颁布的《初等国民学校章程》和《文科中学和中学预备学校章程》等。这些章程大多规定了人民受教育的权利，并采取了一些民主措施，如允许男女都接受教育、允许大学获得某些自治权等。但因为亚历山大二世的改革具有两面性，因此这些教育改革也并不彻底。

在 19 世纪 60 年代，俄国还出现了公共教育运动，该运动是由俄国进步知识界发动的批判封建教育制度、推动国民教育改革和发展的社会运动。运动中出现了大量的教育言论，出版了大量的教育杂志讨论教育问题，如对农奴制教育的批判，为普通平等的公民教育、世俗教育所做的斗争，为妇女受教育权所做的斗争，反对机械的教学方法，强调尊重儿童，学习先进的教育原理所做的努力，关于建立国民学校体系的讨论等。这一运动对 19 世纪 60 年代的学制改革和后来俄国教育思想的发展具有十分重要的作用，其代表人物有乌申斯基、托尔斯泰、车尔尼雪夫斯基和杜勃罗留波夫等。

但是沙皇政府对公共教育运动极为敌视，其政权性质决定了其开明改革的短暂性。因此自 19 世纪 60 年代后期开始，沙皇政府的教育政策又趋于保守反动。这就促使俄国人民在 19 世纪 70 年代后期开始，进行更为活跃的革命运动。这些活动最后促成了 1905—1907 年的俄国第一次资产阶级民主革命和 1917 年俄历 2 月爆发的第二次资产阶级革命——二月革命，为十月革命的胜利做了准备和演习。

二、苏联社会主义教育制度的确立与发展

十月革命胜利之后，俄国建立了苏维埃政权，苏维埃政权打碎了旧的国家机器，全面地进行社会主义改造行动，其中包括作为无产阶级革命和社会主义建设重要组成部分的社会主义教育制度。苏联社会主义教育制度的确立大致上可以分为以下两个时期：①1917—1930 年初创时期；②1931—1941 年调整与巩固时期。

（一）1917—1930 年初创时期

1. 改造措施

十月革命后，针对原沙皇俄国的教育落后，等级性、宗教性、民族歧视严重的现实情况，苏联共产党和苏维埃政府在建国伊始就开始了对学校和整个国民教育制度的革命性改造，实现教育的民主化和世俗化。

第一个重要措施是建立新的教育管理机构和体制，取代以往沙皇俄国的国民教育管理体

制。1917 年苏维埃政府成立了国家教育委员会，取代旧俄的国民教育部，作为全俄教育领导机关，并任命阿·瓦·卢那察尔斯基为教育人民委员和国家教育委员会主席。随后苏联逐步形成了由上而下的教育管理体制。中央设教育人民委员部，在地方由省、县、乡各级苏维埃执行委员会的国民教育领导部门管理。

第二个重要措施是剥夺教会对教育的领导权，实现教育世俗化。1917 年 12 月，人民委员会要求撤销沙皇时代各种类型的教会学校，全部改组为普通学校，交由教育人民委员部管理，剥夺了教会对学校的领导权。教会必须与国家分离，学校必须与教会分离，宣布信仰自由，公民享有不信任何教义的权利，在学校里禁止讲授宗教教义和举行宗教仪式，教会不能干涉学校事务，进一步消除了教会对学校的影响，以革命手段迅速实现了教育的世俗化。

第三个重要措施是实现男女和民族教育平等。1918 年 5 月 31 日，教育人民委员部公布了关于在所有学校实行男女同校的决定，取消了妇女在教育方面受到的不平等待遇。另外，苏维埃政府还通过《俄国各民族权利宣言》，宣布各民族平等和自由发展，承认各民族的教育权，并设立少数民族教育司，促进民族教育平等。

第四个重要措施是改变旧教师的观念，培养新教师。针对旧有教师难以理解革命的情况，苏联政府根据列宁的指示，向旧教师宣传党和政府的政策，讲解组织国民教育的新原则和苏维埃学校的目的、任务，对旧教师的观念进行改变。此外，教育人民委员部还重视培养新的教师干部，加速发展师范教育，新教师队伍的建设保证了教育事业的改造顺利进行。

2. 革新措施

在初步完成对旧有教育事业的改造之后，苏维埃政府开始提出新的教育规划方案，对教育进行革新。

（1）学校改革。1918 年，国家教育委员会领导的统一劳动学校委员会公布了《统一劳动学校规程》（以下简称《规程》）和《统一劳动学校基本原则》。《规程》规定，苏联的一切学校（除高等学校外），一律命名为"统一劳动学校"，所有的儿童都应进统一劳动学校学习。统一劳动学校分为两个阶段：第一级学校招收 8～13 岁的儿童，学习期限为 5 年，第二级学校招收 13～17 岁的少年和青年，学习期限为 4 年。两级学校均是免费的，并且相互衔接，所有儿童都有权利升入高一级的学校学习。《规程》取消了一切必要的、合理的教学制度，取消教学计划，完全废除考试和家庭作业，强调"新学校应当是劳动的"，并且把劳动列入学校课程，使学生通过劳动能"积极地、灵活地、创造性地去认识世界"。在当时的情况下，《规程》所规定的目的和措施是无法完全做到的，而且在实施过程中，用劳动生产代替教学过程，忽视文化科学知识的系统教学，结果使得统一劳动学校制度与经济和文化发展的矛盾日益突出，因此，从 1919 年开始便不得不建立各种过渡性质的学校来补充。

虽然《规程》存在严重的缺点和错误，但毕竟是苏联教育史上第一个重要的教育立法，在世界教育史上第一次贯彻了非宗教的、真正民主的、社会主义的教育原则；尖锐地批判了旧学校的形式主义、脱离生活实际的倾向，要求把教育与生产劳动紧密地结合起来；强调全面发展儿童个性，充分发挥儿童学习的主动性和创造性等。这一切不仅对苏联教育、教学工作的发展起过积极的作用，而且在国外也引起了强烈的反响。

1919 年 3 月，俄共（布）第八次代表大会通过了由列宁起草的《党纲》，《党纲》指导确定了苏维埃政府关于学校和教育事业的各项原则：①对 17 岁以下的全体男女儿童实施免费的和义务的普通教育和综合技术教育。②为了改进公共教育和解放妇女，要设立托儿所、幼儿园、托儿部等学前教育机关。③完全实现统一劳动学校的各项原则：用本族语进行教学，男女同校，使学校成为绝对非宗教的场所，使教学与社会生产劳动紧密结合，培养共产主义社会全面发展的成员。④由国家供给全体学生食物、衣服、鞋袜和学习用品。⑤培养充满共产主义思想的新的教育工作干部。⑥吸引劳动人民积极参加教育事业。⑦国家全面地帮助工农自学和自我发展。⑧对 17 岁以上的成人广泛开展与普通综合技术知识相联系的职业教育。这一全面纲领，成为苏联长期的教育奋斗目标。

（2）教学内容与教学方法的改革。《统一劳动学校规程》颁布后，改革普通学校的教学内容和教学方法成了苏维埃教育的重要课题。学校制度的变更，需要重新编订新的教学计划和教学大纲。1921—1925 年国家学术委员会的科学教育组编制并正式公布了《国家学术委员会教学大纲》（通称综合教学大纲或单元教学大纲）。这个大纲不同于以往的各种大纲，它完全取消学科界限，将指定要学生学习的全部知识，按自然、劳动和社会三个方面的综合形式来排列，而以劳动为中心。在实施综合教学大纲的同时，相应地改变了教学方法，开始采用所谓劳动的教学法，即在自然环境中，在劳动和其他活动中进行教学。主张废除教科书，甚至提出"打倒教科书"的口号，广泛推行"工作手册""活页课本"和"杂志课本"等。在教学的组织形式方面，主张取消班级授课制而代之以道尔顿制和设计教学法等。

综合教学大纲力图通过单元教学的形式，把学校的教学工作同现实生活紧密地联系起来，彻底克服旧学校教学与生活完全脱离的缺点，并加强各门学科之间的联系，培养儿童自己掌握知识的能力和自觉的劳动态度，激发儿童对改造周围生活的兴趣，充分发挥他们学习的主动性和创造性。但是，综合教学大纲实际上破坏了各门学科之间的内在逻辑，曲解了教学活动与现实生活之间的联系，因而削弱了学校中系统的基础理论知识的学习和基本的读写算能力的训练。

综合教学大纲虽未普遍推行，但对苏联学校的教学工作却产生过深远的影响。20 世纪整个 20 年代，苏联的教学计划和教学大纲几经修改，但综合教学大纲编制的原则基本上没有改变，使苏联的教学工作走了一段很长的弯路。

（二）1931—1941 年调整与巩固时期

苏联教育在初创时期的发展中取得了一定的成绩，实现了普及初等义务教育，在城市中实现了 7 年制义务教育。建立了大量学校，人口识字率从 1926 年的 51.1% 提高 1939 年的 81.2%，初步建立了具有自身特点的教育体制。但也存在相当多的问题，尤其是《规程》和综合教学大纲在实践中出现了很多缺陷。面对国家建设的要求，以及为了解决长期以来教育发展中的弊端，从 1931 年开始，苏联进行了一次新的教育改革。改革的重点在于调整普通教育，稳定教学秩序，培养合格的、确实能为经济发展服务的人才。

据此，1931 年苏联政府颁布了《关于小学和中学的决定》，这个决定是 20 世纪 30 年代苏联改革和发展国民教育的纲领性文件。《关于小学和中学的决定》对学校的基本任务、教学方法、干部、中小学的物质基础以及学校管理等方面提出了明确的要求和具体的改进措施，强调系统知识和传统的教学方法。反对大规模地传播设计教学法，教育与生产劳动相结合必须服从于学校的教学和教育目的。

《关于小学和中学的决定》是苏联彻底整顿普通教育的开始，也是以后各教育决定的主要依据，它对克服苏联普通学校工作中存在的缺点，进一步改进学校的教学、教育工作，提高教学质量，使之更加适合于社会主义建设的需要具有极其重要的意义，改变了学生和教师醉心于参加工人和集体农民的一般劳动而忽视学校教学工作的错误倾向。但是，在实际执行过程中，过分强调对学生的知识教育，结果导致学校工作走上了另一极端，即忽视学生的劳动教育。同时没有充分肯定深入研究儿童年龄和个性特点的必要性，以致在贯彻决定的过程中不敢把对儿童的研究提到应有的地位，又产生了忽视儿童研究的缺点，对苏联教育科学的发展有不良的影响。

这一时期，苏联还对高等教育进行了整顿和改革。1930 年进行了院系调整，形成了三种类型的高等学校，即综合大学、多科性工学院和各种专门学院，但在发展过程中曾出现忽视综合大学作用的倾向。

经过上述两个时期的发展，苏联社会主义教育制度基本形成，并具有了自己的特色，为苏联的发展，对其他社会主义国家借鉴建立教育制度，为打破西方教育垄断，建立社会主义教育思想奠定了坚实的基础。

三、第二次世界大战后的教育改革

第二次世界大战后，经过 10 余年的努力，苏联教育又恢复到了战前的最高水平，但进入 20 世纪 50 年代以后又面临新的问题，为此苏联进行了多次教育改革。

(一) 1958 年的教育改革

1958 年 12 月 24 日，苏联通过了《关于加强学校同生活的联系和进一步发展全国国民教育制度的法律》，其主要内容有：普通教育的第一阶段强调培养学生走向生活；将普及教育的年限由 7 年延长为 8 年；将原来的 10 年制延长为 11 年，延长的一年加到不完全中学阶段，成为 8 年制学校。第二阶段的教育仍为 3 年，通过青年工人学校、农村青年学校、兼施生产教学的劳动综合技术普通中学、中等技术学校和中等专业学校等教育机构进行；在职业学校和技术学校中，改组原有体制，设立城市和农村职业技术学校，并改进中等专业学校；在高等教育中，要求高等教育接近实际生活和生产；高校应优先录取具有实践工作经历的人入学。1964 年，苏联又通过了《关于改变兼施生产教学的劳动综合技术普通中学的学习期限的决定》，把建立在 8 年制学校基础上的中学的学习年限由 3 年改为 2 年。

（二）1966 年的教育改革

1966 年，苏联通过了《关于进一步改进普通中学工作的措施》的决议。强调学校的主要任务是使学生获得牢固的科学基础知识，具有高度的觉悟，培养青年面向生活并能自觉地选择职业。要求中学教学内容要符合科学、技术和文化发展的要求；各年级科学基础知识的学习要有衔接性；要删除大纲中和教科书中过于烦琐和次要的材料，减轻学生的负担；并对各年级的学时进行了规定；中学开设选修课。

（三）1977 年以后的教育改革

从 20 世纪 70 年代末开始，苏联进行了教育的整体性改革。其中包括 80 年代的普通教育与职业教育的综合教育改革，于 1984 年公布了《改革普通教育学校和职业学校的基本方针》，注重系统知识与劳动教育的结合。另外，苏联还于 1986 年通过《苏联高等和中等专业教育改革的基本方针》，对高等教育进行了整体性改革。

四、俄国（苏联）教育的特性及其影响

俄国在追寻现代化的过程中踏上了社会主义的发展道路，建立了一种与欧美资本主义国家性质相异的具有革命性的社会主义人民教育，打破了西方国家对教育的垄断。这是彻底的民主化和世俗化的教育，是将个人发展与国家发展融合在一起的教育。它促进了苏联教育事业的发展和教育道路的探索，取得了巨大的教育成就，实现了教育的现代化。

在发展过程中，苏联的教育家和教育思想家们在实践中总结形成了以马克思教育思想为基础，强调人的全面发展、集体主义教育和教育与生产劳动相结合的社会主义教育新思想，并形成了重视教育理论研究，推动教育科学化发展的基本意识，这对于世界教育理论的发展具有重要意义。

苏联的社会主义教育实践还成为一种重要的典范，从中下阶层的角度出发的教育改革，从国家和经济发展角度对教育进行专业化规划等模式影响了世界上其他的社会主义国家，具有深远的影响。

但是不可否认，基于俄国（苏联）的东方特性以及政治因素，在教育中存在较为严重的教条化和机械性问题，尤其是在斯大林时期形成的个人崇拜风气的影响下，教育与其他社会文化生活一样陷入了歪曲停滞的状态。学制、课程的统一性与多样化的矛盾，个人主义和集体主义的矛盾等问题始终成为一个制约的因素。

➤ 本章回顾

自 19 世纪中期以来，西方世界开始加速进入现代时期，在经济上工业革命和政治上的资产阶级革命的影响下，西方各国都逐步发展成为资本主义民族国家。在上述因素的影响下，西方各国采取了一系列教育改革措施，包括改组从中央到地方的教育行政机构，加强国家对各级教育的控制，大量增加对教育的投资，不断扩充公共学校网，延长义务教育年限，

打破传统的双轨学制，确立形式上的单轨制，完善国民教育制度。在第一次世界大战前，英、美、德、法、俄等国基本完成了初等教育的普及化，在第二次世界大战前，西方各国基本完成了中等教育的普及化，各种新型的中学教育机构，如多科中学、现代中学、综合中学得以出现。第二次世界大战之后，伴随着技术革命和国际竞争，西方各国开始大力发展高等教育，逐步实现了高等教育的民主化。此外职业教育、成人教育也有较大发展。在此基础上，西方教育逐渐实现了教育的世俗化、国家化、科学化和民主化。

⊃ 课后练习

一、不定项选择题

1. 世界上第一所幼儿园是由（　　）创办的。

A. 福禄贝尔　　　　B. 洪堡　　　　　C. 贺拉斯·曼　　D. 彼得一世

2. 美国公立学校运动的代表人物有（　　）。

A. 贺拉斯·曼　　　　　　　　B. 罗伯特·欧文

C. 贝尔与兰卡斯特　　　　　　D. 亨利·巴纳德

3. 创办德国柏林大学的是（　　）。

A. 洪堡　　　　　　　　　　　B. 福禄贝尔

C. 俾斯麦　　　　　　　　　　D. 第斯多惠

4. 美国历史上最早创办的高等教育机构是（　　）。

A. 哈佛大学　　　　　　　　　B. 新泽西学院

C. 罗德岛学院　　　　　　　　D. 耶鲁大学

二、名词解释

1. 导生制学校　　2.《国防教育法》　　3.《阿斯蒂埃法》　　4. 实科中学

三、简答题

1. 简述英国 1944 年巴特勒法的基本内容及其影响。

2. 简述美国公立学校运动的基本过程及其历史地位。

3. 简述法国中央集权的教育管理体制的形成过程及其特征。

4. 简述苏联《关于小学和中学的决定》的主要内容和影响。

四、论述题

1. 请论述英国教育发展过程中形成的特性及其影响。

2. 请论述英、法、德、美四国普及义务教育发展的历程及其历史意义。

⊃ 进一步阅读文献

1. 徐辉，郑继伟. 英国教育史. 长春：吉林人民出版社，1993.

2. 邢克超，李兴业. 法国教育. 长春：吉林教育出版社，2000.

3. 李其龙. 德国教育. 长春：吉林教育出版社，2000.

4. 滕大春. 美国教育史. 北京：人民教育出版社，2001.

5. 吴式颖. 俄国教育史：从教育现代化视角所作的考察. 北京：人民教育出版社，2006.

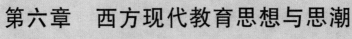

第六章 西方现代教育思想与思潮

CHAPTER

学习目标

1. 理解掌握欧洲新教育运动及其思想。
2. 理解美国进步主义教育运动，理解掌握杜威的教育思想。
3. 理解新传统教育等教育思潮的代表人物和主要观点。
4. 理解教育经济主义、存在主义、结构主义、终身教育等新兴教育思潮代表人物和基本观点。

西方现代教育思想和思潮的格局可以称为多元发展。这一时期在世界范围内流行的教育思想多达三十多种，它们既有对以往教育思想传统的继承和批判，也有对社会现实要求和精神、观念、思想发展的适应和反思，各种流派之间还经历了变革、对抗、相互渗透与吸收，这在很大程度上塑造了现代教育。

这些现代教育思潮有一些共同特点，如重视儿童自身在教育过程中的主体地位，认为儿童先天具有善性和自我发展的能力，因而不再把儿童视为强制行为的对象；重视儿童研究和教育调查，并运用定性研究和定量研究结合、思辨与经验结合，以及比较和测量等新方法，力图使教育研究科学化；重视创造性活动、社会合作活动和劳动在儿童身心发展中的作用。这些思想在很大程度上构成了西方现代教育理论的最初形态，并对 20 世纪欧美国家的教育发展产生广泛而深刻的影响。

但这些思想也存在一些局限性，留下了许多尚未解决的矛盾，如在儿童研究中有着严重的生物化倾向；思想的重点在儿童个人的发展，极端的个人主义性质，过高地估计了儿童自由、个性和创造性的意义；所注重的主要是精英教育而非大众教育；忽视基本知识的传授和一般智力的发展，降低了教育质量等，对这些弊端的批判引起了传统派思想的回潮。这些新传统教育思潮包括永恒主义、要素主义和新托马斯主义。新传统教育不是传统教育的简单回复，而是试图回到西方更为久远的理性、宗教和文化传统，从中获得寻求正确教育规律的力量，这从另一个角度发挥了塑造现代教育的作用。

现代教育思潮的发展还受到现代心理学理论、哲学思潮和社会学理论发展的影响，从而出现了一系列新兴教育思潮，这些思潮包括教育经济主义、终身教育和存在主义教育思想等。正是这些遵循或拒斥着教育传统的思想流派，成为现代教育思潮多元格局生成和发展变化的另一重要动因。

第一节　欧洲新教育运动及其思想

一、新教育运动历程

新教育运动是指 19 世纪末 20 世纪初在欧洲兴起的教育改革运动，又称新学校运动。运动的主要目的是在教育目的、内容、方法上建立与旧式的传统学校完全不同的新学校，作为新教育的"实验室"。新学校大多设在乡村或大城市郊区，周围环境幽静，风景优美，设备优良，采用家庭式教育管理方式。新教育运动初期的代表人物有英国教育家雷迪、德国教育家利茨和法国教育家德莫林等人。进入 20 世纪，新教育的著名代表人物有爱伦·凯、德可乐利、罗素、怀特海和沛西·能等人。

新教育运动最早开始于 19 世纪 80 年代末的英国。1889 年，英国教育家雷迪在英格兰的德比郡创办阿博茨霍尔姆乡村寄宿学校，标志着新教育运动的开端。雷迪认为当时的英国公学不能适应科学时代的要求，于是决定建立一所新型公学，以 11~18 岁男孩为对象，把他们造就成新型的英国各种领导阶层人士。这所学校的课程包括体力和手工活动、艺术和想象力的课程、文学和智力课程以及社会教育和宗教、道德教育。学校作息时间分成三个部分：上午主要学习功课，下午从事体育锻炼和户外实践，晚上则是娱乐和艺术活动。

1893 年，雷迪学校的一位教师巴德利在英国南部苏塞克斯郡建立了贝达尔斯学校。与阿博茨霍尔姆学校不同的是，巴德利的学校实行男女合校，较少关心培养领导阶层，更多地倾向于培养创造者，更关心教学过程，学校管理亦更加民主，因此受到更广泛的欢迎。

深受卢梭和裴斯泰洛齐等人教育思想影响的德国人利茨在参观了雷迪的学校之后，于 1898 年在德国哈尔茨山区的伊尔森堡创办了德国第一所乡村教育之家，招收 12~16 岁的学生。此后，他又创办了另外两所乡村教育之家。在利茨的影响下，德国先后出现了以他的学校为模式的许多新学校，形成"乡村之家运动"，利茨作为这个运动的奠基人而享有盛誉。

1899 年，法国的社会学家和教育家德莫林创办了法国的第一所新学校——罗歇斯学校。该校重视"小家庭"式的师生之间的亲密关系，在开设各种正规课程的同时，还从事体力劳动和小组游戏，尤其重视体育运动，因此这所学校又有"运动学校"之称。

上述先驱性的乡村寄宿学校存在着明显的局限性：费用昂贵，主要以具有激进思想的上层社会和高收入阶层的少数学龄儿童为对象，因而规模一般很小，并且独立于国家教育制度之外。但是，它们确实成功地引起世人对新教育的关注和对传统教育的反思，并由于建立起各国新学校之间的紧密联系而使新教育赢得了国际声誉，为国际交流开辟了道路。

1899 年，德莫林的追随者、瑞士教育家费利耶尔在日内瓦建立"国际新学校局"，作为欧洲各国新学校的联络中心。1921 年，在费利耶尔的发起下，在法国加来成立"新教育联谊会"，并出版杂志《新时期的教育》。在早期，新教育联谊会强调活动以及儿童个人自由而完善的发展，推行儿童中心的教育目标，但在 1929 年经济大萧条以后，世界局势动荡不安，在这种情况下，新教育联谊会修改了自己的目标，强调要使教育为社会变革服务。1942 年，新教育联谊会通过《儿童宪章》，强调教育机会均等，以符合世界性普及教育的要求。1966 年，新教育联谊会改名为"世界教育联谊会"，标志着新教育运动作为一场运动的终结。

二、新教育运动的基本观念

在新教育运动中逐渐形成了大家比较公认的新教育原则和观念，用于指导新学校的改革，主要内容有以下几点：

（1）新教育运动的教育纲领是"生活教育""尊重个性"和"自发学习"。

（2）新学校强调"活动"和"劳作"，而不强调"学习"或"书本"，强调用手而不是用脑，它注重体育、手工劳动、近代语言和农业、工艺、园艺活动等课程的教学，以此来改革传统的学校教育，通过自由的教育发展儿童内在潜能，培养学生的观察能力、审美能力和独创精神，培养适应社会发展需要的、具有主动精神和创造精神的人才。

（3）新学校的教学注意研究学生的兴趣，依据儿童身心发展规律组织教育，满足学生创造性要求，培养符合现代物质和精神生活的儿童；在教学内容上重视以儿童的个人经验为教育的基础，通过多方面的教育来培养儿童多方面的能力，强调智育应该着重发展儿童的智力和研究能力；在教学方法上，通过环境进行教育，重视让儿童受到自然界的感化，反对体罚，重视儿童兴趣与思维能力发展，鼓励儿童自由、自主地活动，主张教育要联系实际生活；在道德教育上，向儿童灌输资产阶级民主、自由、合作的观念，培养儿童的责任心和进取心。

（4）学校制度强调发展学生的独立精神，尤其注重鼓励学生学习运用科学方法去解决问题，学校谋求自治以培养学生组织社会生活的能力。

这些基本观念不仅确立新教育运动的基本特征，也深刻地影响了现代教育的基本意识，从而成为我们当前教育发展的准则和框架。

三、新教育运动代表人物的教育思想

在新教育运动中出现了一些著名的教育家和教育思想家，他们对新教育的目的、内容和方法等进行了深入思考，其中包括瑞典教育家爱伦·凯、比利时教育家德可乐利和意大利教育家蒙台梭利。

（一）爱伦·凯

爱伦·凯是瑞典作家、妇女运动活动家和教育家。她深受卢梭、达尔文、尼采和斯宾塞等人思想的影响，后来曾在妇女学校、工人学校和平民大学任教。1889 年结束教师生涯后，更加积极地投身于捍卫妇女和儿童权利的妇女运动之中，被誉为"瑞典的智慧女神"。她的著作《儿童的世纪》被视为新教育的经典作品，在推动 20 世纪欧美的教育改革中发挥了重要作用。

作为新教育的倡导者，爱伦·凯尖锐地批判家庭和学校教育中对儿童的摧残，指责旧教育虽然使儿童获得一点知识，却使其失去了个性。因此她主张依据卢梭的自然教育原则改革旧教育，以造就身心健全、自由独立和富于创造精神的新人。为此，她竭力主张建立以儿童为中心的理想学校，在这种学校里，教师不是严格的管制者和教训者，而是儿童的伴侣，他们热心地研究儿童，在教育中充分考虑儿童的年龄特征和个性差异。学校废除班级制度、教科书、考试及体罚制度，代之以宽松自由的环境，使儿童在独立自主的活动中获得经验，发展自我。此外，她还提出将儿童按照不同的性格和兴趣组成小组，自选图书进行自学，教师则以谈话的方式测验学生平时的学习成绩；学校设立手工工场，美化校园，以发展儿童的能力和进行审美教育。为了给理想的学校提供新式教师，爱伦·凯还主张建立新的师范学校。

（二）德可乐利

德可乐利是比利时教育家、心理学家和医生，新教育的代表人物。1907 年，德可乐利在布鲁塞尔市郊创办"生活学校"，又称"隐修学校"，将其教育方法试用于正常儿童，并撰写了《论个性心理学与实验心理学》《语言的发展》等著作介绍其教学法。

德可乐利受到卢梭教育思想、格式塔心理学和机能主义心理学的影响，重视儿童的本能与兴趣，将它们视为教育的基础。同时，他也重视环境的作用，强调两者的融合，认为儿童的认知具有整体化的特点。德可乐利批评当时的学校教育具有过多的学术性，所教的科目各不相关，违背儿童的认识特点，不能很好地适应儿童的年龄、能力和兴趣，儿童被动吸收得太多，主动表达得太少。他主张学校应循着两条路线进行改革：加强教育与生活的联系；为儿童的发展提供适宜的有刺激的环境。其基本设想是将班级分解为能力小组，施行主动的、个别化的、适合儿童需要和兴趣的学校课程。他的教学计划在教育史上以"德可乐利教学法"著称。

在教育环境的安排方面，德可乐利认为应为学生智力的、体力的、社会的和审美的生活服务。他把学校设在一个便于儿童和自然接触、便于充分自由活动的环境之中，那里风景秀丽、场所开阔，到处有美丽的花草和可爱的动物，教室犹如画室，教师是细心的观察者和富有智慧的激励者，儿童则按自己的兴趣从事使身心受益的作业活动。

德可乐利的课程论思想以"兴趣中心"为其主要特征，与杜威相似，他将兴趣视为儿童成长方向的指示器。在他看来，儿童的生命冲动在由他们的基本需要所唤起的兴趣中表现得最为明显，因此，教育家应该利用这种冲动，以儿童的需要为中心来进行教育。德可乐利认为人有四种原始的需要：供养自己，保护自己免遭自然力的伤害，保卫自己对抗危险和各种敌人以及活动的需要。与这些需要相联系，有四种主要的兴趣中心：食物，躲避自然灾害，防御敌人，劳动和相互依赖。根据这种观点，他打破传统的分科体系，把课程分为关于个人的知识和关于环境的知识两大类，以个人生活中的需要为中心，再与属于环境的知识如家庭、学校、社会、动物、植物、矿物、天时和气象等联系起来，组成教学单元，逐年学习。

教学方法也根据单元学习分为三段：观察、联想和表达。观察练习要收集第一手资料并予以理解，为此，要使儿童直接感知事物，并应根据格式塔心理学的观点，遵循从整体到部分的原则。联想即对已充分理解的第一手资料进行综合、分类和比较，并为概括打好基础。表达的目的在于帮助巩固前两个阶段所习得的东西，并帮助扩大学生的兴趣范围。表达可分为具体和抽象两种，前者如泥工、裁剪、油漆、绘画等手工活动，后者则包括书写、作文和讨论等。

德可乐利虽然改变了旧的教学方法，但仍保持读写算的教学及传统小学的大部分教材。在保证教学质量的同时，还增加了许多有用的知识与技能，并激发了学生对学习和生活的极大热情。此外，他的方法同样适用于富裕阶层和普通学生。由于上述种种优越性，他的实验得到政府的重视，被引入国立学校，并对西方教育产生深远的影响。

（三）蒙台梭利

蒙台梭利是 20 世纪著名的幼儿教育家，推动了新教育和儿童教育运动的发展，主要著作有《蒙台梭利幼儿教育科学方法》《童年的秘密》。

蒙台梭利的幼儿教育思想建立在幼儿的生命力学说之上，她认为儿童存在着内在的生命力，其生长是源于内在生命潜力的自发发展。因此强调遗传的作用，推崇内发论，但同时也重视环境的教育作用。蒙台梭利认为儿童心理发展存在以下特点：①具有独特的心理胚胎期。②心理具有吸收力。③发展具有敏感期，包括感觉敏感期（0~5 岁）；秩序敏感期（1~4 岁）；语言敏感期（8 周到 8 岁）；动作敏感期（0~6 岁）。④儿童的发展具有阶段性，第一阶段为个性建设阶段（0~6 岁），第二阶段为增长学识和艺术才能阶段（6~12 岁），第三阶段为青春期阶段（12~18 岁）。

根据上述理论，蒙台梭利发展了她独特的幼儿教育方法，该方法有三个组成部分：①儿童敏感期的利用。②教学材料及环境。③作为观察者的教师。这些成分以最佳的方式相互作用时，儿童就能自由地参加自发的活动。

蒙台梭利方法强调生物目的和社会目的的统一，将教师、儿童和有准备的环境这三个因素结合起来。有准备的环境是一个符合儿童需要的真实环境，提供儿童身心发展所需的活动练习的环境，充满自由、营养、快乐与便利的环境。它有以下标准：①创造有规律有秩序的生活环境；②提供有吸引力的、美的、实用的设备和用具；③允许儿童独立活动、自然表现，使儿童能意识到自己的力量，在自由的基础上培养纪律性；④丰富儿童的生活印象；⑤促进儿童智力的发展；⑥培养儿童的社会性行为。方法还强调"工作"的作用和效能，工作能使手脑结合、身心和谐，通过纪律和自由的结合来产生秩序。

蒙台梭利方法的具体内容和实施包括以下步骤：①使用教具进行感官教育。②读写算练习。③实际生活练习，其中有手脑并用的动作练习，日常生活技能、园艺活动、手工作业、体操、节奏活动等。

新教育思潮促使人们对西方教育传统进行全面反思，推动了人们对教育现象的重新认识。新教育家们创办的一系列新学校为现代教育的改革提供了新的模式。在新教育运动中形成的思想和开展的实践，对 20 世纪欧美国家的教育发展产生了广泛而深刻的影响，构成 20 世纪西方教育发展的重要起点。

第二节　美国进步主义教育运动及其思想

一、进步主义教育运动

进步主义教育运动产生于 19 世纪末并持续到 20 世纪 50 年代的美国，是以杜威教育哲学为主要理论基础、以进步主义教育协会为组织中心、以改革美国学校教育为宗旨的教育革新理论和实验。它是 19 世纪末在美国兴起的、广泛的社会改良运动、进步主义运动的一部分。进步主义教育旨在反对工业社会的政治经济弊病，力求同时改革教育和社会事务，揭露公立学校中存在的各种严重问题，关注教育的民主化问题，强调教育与社会生活的联系，重视从做中学，试图通过改革使学校教育适应美国社会的新的需要。

（一）进步主义教育运动的发展过程

进步主义教育运动的发展过程可以分为以下四个时期：

1. 兴起时期（1883—1918 年）

从进步主义教育运动之父帕克在库克师范学校实习学校的实验开始，到进步主义教育协会成立之前为进步主义教育思想的兴起时期。这一时期，帕克对其实验进行了经验总结，发表了《关于教育的谈话》《关于教学的谈话》等著作。同时杜威在杜威学校实践的基础上，发表了《我的教育信条》《学校与社会》《明日之学校》等一系列重要的系统性著作，这些著作奠定了运动的理论基础，对进步主义学校进行了宣传和鼓动，促进了运动的兴起和思想的形成。在帕克和杜威的带动下，出现了众多的进步实验学校，如约翰逊的有机教育学校，沃特的葛雷制学校等。这些学校与帕克的实践、杜威的思想一起使得进步主义教育具备了广泛的群众基础，明确的指导思想和行动纲领，有了公认的领袖和思想骨干，为进步主义教育思想的创立、运动的开展准备了条件。

这一时期进步主义教育主要关注的是初等教育的改革，在改革中形成了儿童中心的基本倾向，在此基础上建立了进步教育理论原则与模式，这是进步主义教育思潮得以成立的内在根据。这些原则包括：①重视学校与社会的联系；②以儿童兴趣为中心；③强调综合课程（学术课程和活动课程）；④强调个别教学等。这些原则的建立直接为下一阶段各种课程模式的出现奠定了基础。另外这一时期的进步主义教育运动还受到了社会各界，包括中产阶级和大资产阶级的推动和认可。正是在各种力量的推动下，进步主义教育得到了发展，在不到 30 年的时间内就形成了从内容到体制都得到了更新的美国进步教育体系，而这种支持的逐渐变化也成为进步主义教育转变、衰落的主要原因之一。

2. 成型时期（1919—1929 年）

从 1919 年 3 月进步主义教育协会成立到 1929 年经济危机爆发为进步主义教育思潮的成型时期。进步主义教育协会的成立使进步主义教育运动有了专业性组织，为思想的传播、交流和发展创立了一个阵地，使得教育运动从分散走向集中。这一阶段还制定了进步主义教育运动的七项原则：①自然发展的自由；②兴趣是所有作业的动机；③教师是引导者，而不是监督者；④科学研究儿童的发展；⑤重视影响儿童身体发展的一切因素；⑥为满足儿童生活的需要，学校与家庭应进行合作；⑦进步主义学校应当成为教育运动的领导者。这七项原则发挥了作为整个运动思想准则的作用。1924 年，协会会刊《进步主义教育》杂志创刊，更为思潮的发展创造了条件。因此在这一阶段，诸多教育家总结自己的教育实验，发表了有影响的著作，出现了像博德、克伯屈、拉格等进步主义教育运动第二代理论家，并使得运动内部形成了理论研究的气氛。

这一时期延续前一阶段的基本倾向，研究依然集中在初等教育，重点依然是儿童发展，并有所加强。这一倾向导致了几种著名的课程和教学模式的出现，如道尔顿制、文纳特卡制、设计教学法等，产生了广泛的世界影响。但这种倾向也导致对教育中社会因素的轻视和社会改良主义方向的边缘化，因此也引起了杜威、博德等人对进步主义教育的批判。这为下一个阶段的转变埋下了种子。

3. 转折时期（1929—1938 年）

从 1929 年经济危机到 1938 年博德发表《进步主义教育在十字路口》，是进步主义教育思想的转折时期。这一时期出现了"八年研究"这一进步主义教育运动历史上范围最广、历时最长、影响最大的教育实验，进一步巩固了进步主义教育运动和思潮在美国教育界的地位，并再度扩大了其影响，使其达到了一个新的巅峰。

1932 年进步主义教育思想分成两个阵营，一个是坚持以往儿童中心倾向的阵营，一个是坚持培养社会意识和合作精神的阵营。因此在这一时期，进步主义教育运动出现了研究重心从初等教育转移到中等教育，研究中心从儿童中心转移到社会改造上的现象。这种转移直接导致了进步主义教育思潮的分裂，代表着这种分裂的博德的《进步主义教育在十字路口》著作的发表，标志着这一时期的结束和衰落时期的到来。

4. 衰落时期（1938—1957 年）

从 1938 年博德发表《进步主义教育在十字路口》到 1957 年《进步主义教育》杂志停办是进步主义教育思想的衰落消亡期。这期间，进步主义教育思想内在的弱点日益显现，适应不了社会新的变化，内部观点的分裂越来越明显。同时，1936—1938 年斯大林的"大清洗"和 1939 年苏联政府与希特勒政府签订的条约，使 20 世纪 30 年代社会改造倾向的进步主义教育思潮面临困境，进步主义教育思想也失去了社会基础。此外，要素主义、永恒主义等思想对进步主义思想提出的批判，加速了其衰亡。在这多方面力量的作用下，进步主义教育运动逐渐式微，1944 年进步主义教育协会改名为美国教育联谊会，成为西欧"新教育联谊会"的美国分会（1953 年改回原名），1955 年协会解散。1957 年《进步主义教育》杂志停办，标志着美国教育史上一个时代的结束。

（二）进步主义教育运动中的著名实验

在进步主义教育运动中，根据进步教育的原则，诸多教育家发起了一些旨在改进教育的实验，这些实验对于将新的教育观念运用到教育实践中，解决教育中存在的种种问题起到了重要的作用。影响最为广泛的著名实验有以下几种：

1. 帕克的昆西方法

帕克是最早开展进步主义教育实验的进步主义教育家之一。他的实验分为两个阶段：第一个阶段是昆西学校实验时期（1875—1880 年），第二个阶段是库克师范学校实习学校实验时期（1883—1901 年）。

在昆西的教育改革中，帕克提出了"儿童必须是教育经验的中心""教育要使学校适应儿童，而不是使儿童适应学校"的原则，对课程、教材和教法进行了改革。他废除了原有的教学模式，采用了更为自然的方法，放弃背诵，提倡理解。他反对以割裂的课程为中心，而提倡以儿童为中心设置综合课程，强调小组的形式，强调以学生的兴趣为基础。帕克在昆西学校推行的一系列教育教学改革，在 19 世纪七八十年代的美国教育界引起了广泛的关注，被誉为昆西方法或昆西体系。但这一实验思想来源庞杂，比起此后的实验在性质上并不完全属于进步主义教育。

在第二个时期，帕克创办了库克师范学校的实习学校，这被认为是第一所真正意义上的进步主义学校。在实验中，帕克继续强化了儿童中心的思想，并据此对课程、教学进行了彻底的重组。1883 年、1894 年，帕克根据自己实验的经验，总结出版了《关于教学的谈话》《关于教育的谈话》两本著作，这成为美国早期向科学教育学过渡的标志之一。作为美国教育史上第一次提出儿童中心论的帕克，其观点成为进步主义教育思潮中儿童中心倾向的重要来源之一，影响深远。另一方面帕克也提出了学校的社会因素，认为学校应该成为促进民主制度的巨大力量。在实验中，帕克没有解决儿童与社会、教师与儿童、活动与课程之间的关系问题，但他提出了一系列基本问题，并为解决这些问题提供了重要的线索，影响了杜威等教育思想家。

2. 约翰逊的有机教育

约翰逊是进步主义教育协会的创始人之一。她的有机学校 1907 年创办于亚拉巴马州的费尔霍普镇，有机学校的实验较为激进，有更多创新的特点。

有机学校的实验所依据的主要是卢梭的教育思想，同时吸取了纽约普拉特学院院长亨德森的有机教育概念和儿童心理学家霍尔和杜威的思想因素。在此基础上，约翰逊认为，学校教育的目的是促使儿童多方面的发展，尽力使儿童身体健康，发展最佳智力，并保证富有感情的生活的真实和自然。这种促使儿童多方面发展的教育就是有机教育。为了实现这种教育目的，约翰逊主张了解儿童的本性和需要，并据此来改革学校的课程，因此她根据儿童的心理发展特征，组织不同的教学内容和形式。强调学生的主动学习和兴趣使得她在改革中取消指定作业、分数和各种形式的考试，而主张通过各种形式的活动课程、在活动过程中和做的过程中获得经验，掌握知识。

有机学校另一个重要的改革是在教学组织形式方面。约翰逊主张，应该以年龄而不是成绩或年级来划分班级。因此她将学生分成了6个生活班级。幼儿班（6岁以下）、第一生活班（6～7岁）、第二生活班（8～9岁）、第三生活班（10～11岁）、初级中学（12～13岁）、高级中学（14～18岁）。在生活班里主要安排了体育、自然研究、音乐、手工、野外地理、讲故事、感觉教育、戏剧表演、数的基本概念等活动课程。这些课程大都在室外进行，阅读和写字从八九岁开始，到初级中学后，课程才逐渐系统化。

在约翰逊的思想中，儿童生长是教育的根本目的，学校、社会的职责在于为儿童的生长提供良好的条件，因此在有机教育学校，儿童中心的色彩更为浓厚。有机学校的实验对于进步主义教育传统的形成相当重要，它使进步主义教育运动具有了实用的形式。

3. 沃特的葛雷制

1907年，美国进步主义教育家，杜威的学生沃特在印第安纳州葛雷市担任教育委员会公立学校督学时，推行了一种进步主义教育性质的教学制度，史称葛雷制。与有机学校、昆西方法等不同，这种制度是对杜威教育思想的一种实验。

沃特认为，学校不仅应该进行知识教育，还应该进行体育、手工训练、科学教育和艺术教育，并为所有儿童提供多方面发展的机会。为实现这一目的，学校必须设置科学实验室、车间、体育运动场、教室、商场等。这些不仅是为了促进儿童多方面发展，还使得儿童的校内活动与校外活动密切联系起来。

为了提高学校的效率，沃特采用了三种方法：一种是延长学生的在校时间，一种是采用分团学制，即多收一倍的学生，将学生分成两部分，一部分学生从上午8点到下午3点，另一部分学生从上午9点到下午4点，在原来的教室里轮流上课。不上课的时间可以让学生从事各种感兴趣的职业活动。节省下来的钱可用来添置设备，聘请更多的教师，减少班额，进一步提高教学效益和效率。还有一种是利用夜间、周末、暑假举办各种形式的成人教育，提高学校的利用率。在教学组织形式方面，葛雷制采用了更灵活有效的办法，即不按年龄、年级等标准分班，而是按照所学科目和本科目的学习能力分班，一般分为快班、普通班和慢班。学生可能在不同科目的三种不同班级中学习，这充分重视了学生的个别差异，是真正意义上的对所有学生都平等的分层次教学。

葛雷制的教育观念中重视社会与集体的观念，在教育各个方面的改革，都包含明显的社会动机。因此，葛雷制体现了将教育与社会、学校与社会联系起来，将学校办成一个雏形社会想法，实现了进步主义所倡导的教育促进社会进步的精神。正因为这个原因，葛雷制学校受到了杜威的重视。沃特的实验是对教育的重大变革，更好地处理了儿童与社会的关系，因此也可以被认为是进步主义教育运动早期最有代表性、最完整地反映了进步主义教育思潮精神和特征的实验。

4. 帕克赫斯特的道尔顿制

道尔顿制是进步主义教育家帕克赫斯特在马萨诸塞州道尔顿中学推行的一种新的课程和

教学计划，这是一种强调个别差异和个性发展的个别教学制度。道尔顿制的实施有四个基本要素：指定作业、工作合约、实验室和表格法。

指定作业指的是学生必须学习的内容，这被认为是道尔顿制成败的关键。教师必须以书面形式，根据学科和学生的特点、需要和爱好，确定每位学生的指定作业。指定作业通常以一个月为时间单位，内容主要包括：本月作业导言、所学科目的主要内容、每周学习主题、书面作业、记忆作业、参考书目等。工作合约是指学生以合同形式认领学习任务，在指定作业要求的范围内按照自己能力和兴趣，自由支配时间，自由确定学习的进度。实验室是学生学习的场所，与以往的教室不同，它是按照学科划分的综合场所，配备教师指导学生，学生可以自由进出。表格法用于记录学生完成指定作业的情况，以帮助学生考察学习进度，掌握时间。在改造课程表的同时，道尔顿制保留了班级授课制、教学大纲和课程计划。道尔顿制有三个原则，分别是自由、合作和个性原则。因此它不仅仅是教学改革，而是一个基于儿童中心倾向的，试图达到多方面目的的教育实验。

5. 文纳特卡制

文纳特卡制是进步主义教育家华虚朋在芝加哥的文纳特卡镇所实施的个别教学实验。华虚朋认为儿童之间存在显著的差异，因此如何让学校适应儿童的个别差异是当前教育的一个紧迫问题。因此他试图使用促进个体发展的方法，来实现儿童的全面发展，发展他们的创造能力和社会意识，帮助他们的内心与社会调适。

文纳特卡制主要有五个步骤：一是针对每一个儿童的特殊情况，制定个别训练的特殊目标和标准；二是进行全面的诊断测验，以明确儿童的能力；三是编写儿童自我学习与自我订正的教材；四是学习进度个别化；五是集体活动和创造活动。文纳特卡制使学校适应儿童的出发点和个别教学形式，反映了儿童中心的基本取向，但相比较道尔顿制而言，它更为强调儿童社会意识和合作精神的培养，基本知识和技能在儿童个性发展中的作用。

6. 设计教学法

设计教学法是由美国进步主义教育家克伯屈提出的一种新的教育方法。他将"设计教学法"定义为在社会环境中进行有目的的活动，重视教学活动的社会的和道德的因素，强调有目的的活动是设计教学法的核心，儿童自动的、自发的、有目的的学习是设计教学法的本质。

设计教学法的主要内容有：①放弃固定的课程体制，取消分科教学，取消现有的教科书，将设计教学法分成四种类型。第一，生产者的设计；第二，消费者的设计；第三，问题的设计；第四，练习的设计。②设计教学法有四个步骤：决定目的、制订计划、实施计划和评判结果。在这个过程中，他强调教师的指导和决定作用，但实行则以学生为主。

设计教学法在美国得到迅速传播，到 20 世纪 30 年代，对英语国家的学校产生广泛的影响，它不仅在西欧和苏联被采用，对中国、印度和埃及等国的教育也有较大影响。总体而言，设计教学法充分发挥了儿童的主动性和积极性，使儿童成为学习的主人；力求使教学符合儿童心理发展规律，以提高学习效率；注重培养儿童的合作精神，加强了教学与儿童实际生活的联系。但由于强调根据儿童的经验组织教学，设计教学法实施的结果往往导致系统知识学习的削弱。

（三）进步主义教育运动的特征与影响

总体来讲，进步主义教育思潮的目标是社会的，是如何让教育促进社会变革，而其在实践过程中强调新教育的方式。它依据对城市工业文明本质的认识，确立以人和人的改善为出发点，以人的解放和社会进步为目的的教育改革策略，试图解决现代化、工业化所带来的对人本身关注的缺失，人个性的丧失，人与人之间、人与自然之间的隔绝等问题。解决这些问题需要社会的进步，而社会的进步与人性的改良是相互制约的。人的改造是社会改革的基础，社会改造是人性改良的必要条件；社会改造以人的最大程度的解放为目的，人的解放又是为着社会的进步。因此，进步主义教育家们一方面强调教育改革应与社会改革的协调，并成为社会改革的有机组成部分；另一方面又始终坚持以人和人的解放为核心的教育哲学。

从教育实践的具体原则上来说，体现了现代教育本质的进步主义教育思潮摒弃了以往教育中知识中心、教师中心、课堂中心、教材中心的观点，而提出了活动中心、经验中心、儿童中心、作业中心的观点。其具体表现包括以下几个方面：

（1）对儿童的重新认识和对儿童地位的强调。在批判传统教育忽视儿童的基础上，进步主义进一步发扬了儿童中心论，提出了"整个儿童"的概念，关注儿童的一切能力或力量。这一概念包含着两种含义，一是希望无论在什么时候都不忽视儿童生活的各个不同方面；二是把儿童看作一个有机体，这个有机体是作为一个整体来作出正确反应的。

（2）对教师地位和作用的看法的改变。进步主义不再认同以往教育中对教师的看法，而是认为教师的作用是鼓励，而不是监督，教师仅仅是用他的高明和丰富的经验分析当前的情景。教师作为舞台监督、向导和调度员是十分重要的，但他不是唯一的权威。

（3）关于学校的观念的变化。学校不再是被动传授知识的场所，学校应当是积极的、主动的，并应通过解决问题进行教育，而不应是消极被动的，也不应通过记忆和推论进行教育，反对教育是生活的准备的观念，主张教育是实际生产过程的组成部分。

（4）对教学、课程、课堂等观念的变化。进步主义教育强调互助的、热情的和人道的教室气氛，强调让儿童获得更多的活动空间。课程应适应每个儿童的成熟水平，并根据儿童的兴趣、创造力、自我表现和人格发展实现个别化教学。为儿童提供丰富的教学材料，以便他们探索、操作和运用。鼓励建立促进合作、共同经验的组织模式，反对强制和严厉的惩罚。

这些观点和原则成为我们现时教育中的重要思想因素，也成为教育规律的有机组成部分，在很大程度上确定了教育正确模式和认识。在此意义上，进步主义教育思潮给现代教育带来重要、深刻而广泛的影响，其主要表现在以下几个方面：

（1）对教育理论的影响。进步主义教育思潮最为重要的贡献是思考了教育中存在的根本性问题，如社会进步与个人发展、科学与人文、传统与变革、心理结构与知识传授等，并对这些问题在现代社会中的解决提出了自己的方案。这些方案中的合理成分已成为现代教育基本观点的重要组成部分，如对科学方法是提升教育的一种方式以及实验性探究所抱有的信念和态度是对现代教育的一个重要贡献。

（2）对美国的影响。进步主义教育思潮促进了美国教育从近代向现代的转型，它为美国教育发展奠定了思想基础，建立了一套符合美国工业文化的教育体制，形成了美国学校教育的基本特征，如儿童中心、活动课程等，从根本上改变了美国学校和教室的氛围。这些特征广泛传播，影响了世界教育，美国也因此从原来教育理论的进口国成为出口国。

（3）世界影响。美国进步主义教育思潮与欧洲新教育运动、理论相互借鉴交流，一起奠定了现代教育思想的重要基础。进步主义教育思潮还对苏联、日本、中国、土耳其、印度等国家的教育改革发挥了重要的作用，促进了世界教育的发展和变革。

但是，进步主义教育运动和思想也受到激烈的批判。如有些学者认为进步主义教育运动削弱了基础知识，夸大了浅薄，放弃了严格的学业成绩标准；轻视学习的系统性和循序性，把活动本身当作目的，过分强调学生的自由，从而导致教育缺乏效能等。这些批判都导致了后来要素主义和永恒主义等对进步主义教育思想的纠偏。

二、杜威的教育思想及其影响

杜威是进步主义教育运动的精神领袖。他的理论突破以往教育理论中的形式论与实质论、个人与社会、主体与客体等二元论限制，试图探索出一种新的教育思想。他的教育哲学"把民主主义的发展和科学上的实验方法、生物科学上的进化论思想以及工业的改造联系起来，旨在指出这些发展所表明的教材和教育方法方面的变革"。[①] 这是具有划时代意义的变革。

（一）杜威的教育实践

杜威的教育理论与其在芝加哥实验学校开展的实验密切相关。芝加哥实验学校的实验先后进行了八年，分为两个阶段。第一个阶段是1896—1898年，主要通过尝试错误来制订学校工作的合理方案。第二个阶段是1899—1903年，是全面开展实验的时期，各种实验都取得了重要的进展。1904年，因为学校的去向与芝加哥大学不合，杜威辞职，学校关闭。

杜威实验学校的目的在于检验他根据哲学与心理学原理提出的教育学假设，这些假设包括：①如何使儿童的家庭生活与学校教育密切联系。②如何使儿童在学校中学到的知识与经验相互联系。③如何激发儿童的动机和兴趣。④如何使教材与儿童的活动相联系。⑤如何处理发展个性与社会合作的关系。这些假设事实上都已经涉及其教育哲学的基本内容。

实验学校的教育教学工作主要分为三个阶段，学生按年龄分成11个班级。第一阶段：一、二、三班（4～6岁），过渡阶段：四、五班（7～8岁）。第二阶段：六、七班（9～10岁），过渡阶段：八、九班（11～12岁）。第三阶段：十、十一班（13～15岁）。其组织的特点是幼儿园和小学合为一体，甚至包括中学阶段，目的是保证儿童发展的延续性。这种划分是以杜威的心理学发展理论为依据的，杜威认为，儿童发展经历三个相互联系，但又有不同

---

① ［美］杜威：《民主主义与教育》，王承绪译，1页，北京，人民教育出版社，1990。

特点的阶段，因此教育和教学应该有所不同。儿童的三个发展阶段分别是：第一阶段为4~8岁，从事直接的外向活动，缺少思考。第二阶段为8~10岁，主要任务是获得有关规律的知识和技术。第三阶段为11~13岁，将知识加以系统运用，系统地研究，思考方法形成，开始专门学习的时期。这种划分显著体现了儿童心理学理论在杜威教育理论中的位置，但也体现了杜威思想中的儿童中心论的倾向。

学校的课程也以杜威的儿童心理学理论为依据。杜威认为儿童的本能或冲动有四种类型：一种是社会冲动，表现为与人交谈和分享经验的本能；一种是建造的冲动，表现为游戏、活动和制造物品；一种是探究的冲动，表现为对周围环境的好奇和调查；一种是表现的冲动，表现为以艺术的方式进行交流。杜威据此认为，学校课程就是为儿童冲动的合理表现选择和提供恰当的材料，以儿童为依据组织课程，体现儿童中心论，同时也强调儿童本能的发展方向由社会决定，最终是一种社会本能，只有在社会环境中才有意义。因此杜威设置了三种类型的课程：一种是与职业有关的课程，包括木工、金工、厨艺等科目；一种是与社会生活背景相关的课程，包括历史、地理等科目；一种是与智力活动相关的课程，包括阅读、书写、算术等科目。

实验学校的基本方法是活动，活动的具体表现形式则是作业，所谓作业是指复演社会生活中进行的某种工作或与之平行的活动方式。杜威认为作业具有多方面的优越性，首先使学校有可能与生活相联系，学生通过生活学习，使学校成为儿童生活的地方；其次使经验的智力方面与实践方面保持平衡，内在活动和外在活动保持统一；最后作业激发了儿童真正具有教育意义的兴趣。具体的作业有办邮局、纺织衣服等。

杜威学校在进步主义教育运动中占有重要地位，其原则、课程和方法在此后产生了广泛而深刻的影响。通过杜威学校的实验，进步主义形成了一套完整的、系统的指导思想，也即杜威的教育理论。对杜威教育理论的贡献，可以说是杜威学校最为重大的意义。

(二) 杜威教育思想的主要内容

在杜威学校实验的基础上，杜威结合生物学、进化论、机能主义心理学、实用主义等思想，站在对传统哲学批判改造的基础上提出了他基于新的经验概念的教育思想。杜威认为教育即经验的不断改造和重组，教育即生长，教育即生活，学校即社会，因此教育并没有外在的目的。

教育即经验的不断改造和重组是杜威教育思想的基础核心。其中与以往哲学传统相异的经验的概念是其中的关键。杜威认为：①经验是一种行为，涵盖认识的、情感的、意志的等理性、非理性的因素。经验成为儿童各方面发展和生长的载体，在经验过程中，儿童不仅获得知识，而且形成能力、养成品德。②经验是有机体与环境相互作用的过程，机体不仅受环境的塑造，同时也对环境加以若干改变。经验的过程就是一个使用科学的方式实验探究的过程、运用智慧的过程、理性的过程。③经验的过程是一个主动的过程，不单是有机体受着环境塑造，还存在着有机体对环境的主动的改造。④经验是一个连续发展的过程，不存在终极目的的发展过程，因此教育就是个人经验的不断生长。所以"教育即经验的改造"是指构成人的身心的各种因素在外部环境和人的主动经验过程中统一的全面改造、全面发展、全面生长的连续过程。这也是教育无目的、做中学、五步探究教学法的思想基础。

"教育即生长"实质上是在提倡一种新的儿童发展观和教育观。杜威针对当时的教育无视儿童天性、消极地对待儿童、不考虑儿童的需要和兴趣的现象，提出了"教育即生长"的观念，要求一切教育和教学适合儿童的心理发展水平和兴趣、需要。杜威的教育即生长是机体与外部环境、内在条件与外部条件交互作用的结果，是在经验不断改组的基础上的成长，是一个持续不断的社会化的过程，因此杜威虽然尊重儿童但反对放纵。

对于教育即生活这个命题，杜威关注的主要是正规的学校教育与社会生活及个人（儿童）生活的关系。杜威认为教育是生活的过程，学校是社会生活的一种形式，学校生活应与儿童自己的生活相契合，满足儿童的需要和兴趣，学校生活应与学校以外的社会生活相契合，适应现代社会变化的趋势并成为推动社会发展的重要力量，杜威所要做的就是要使学校生活成为儿童生活和社会生活的契合点，从而使教育既合乎儿童需要亦合乎社会需要，实质上是要改造不合时宜的学校教育和学校生活，使之更富活力，更有乐趣，更具实效，更有益于儿童发展和社会改造。

杜威的"学校即社会"意在使学校生活成为一种经过选择的、净化的、理想的社会生活，使学校成为一个合乎儿童发展的雏形的社会。而要将此落于实处，就必须改革学校课程，从分科课程转变为活动课程。"学校即社会"是对"教育即生活"这一命题的进一步引申，代表社会生活的活动性课程的引入是使学校与社会生活相联系的基本保证。从"教育即生活"到"学校即社会"再到课程的变革（"从做中学"）是层层递进的。

在教育即生活、学校即社会的观念中，杜威坚信教育是社会进步及社会改革的基本方法，认为社会的改造要依靠教育的改造，教育改造之所以必要，是因为要给社会生活的变革以充分的和明显的影响。杜威的希冀是通过教育改造社会生活，使之更完善、更美好。

从上述教育本质出发，杜威反对外在的、固定的、终极的教育目的，认为教育无目的。杜威所希求的是过程内的目的，也即"生长"。教育的过程，在它自身以外没有目的；它就是它自己的目的。杜威认为在非民主的社会里，教育目的是外在于并强加于教育过程的，饱含权威与专制色彩。而在民主社会里，教育目的应内在于教育的过程之中，杜威主张以生长为教育的目的，其主要意图在于反对外在因素对儿童发展的压制，要求教育尊重儿童的愿望和要求，使儿童从教育本身、从生长过程中得到乐趣。但杜威在论述中也承认教育存在社会性目的，那就是民主，教育为社会进步服务，为民主制度完善服务。杜威认为教育是社会改良和进步的基本方法。在民主社会中，个人发展与社会的进步是统一的。教育要培养具有良好公民素质、具有民主理想和民主生活能力的人，培养具有科学思想和精神、能解决实践问题的人，要培养具有道德品质和社会意识的人，要培养具有一定职业素养的人。

在教育基本观念的基础上，杜威对教育实践也提出了与以往不同的思路和措施。其核心是"做中学"和教材心理化的观念。在经验论的基础上，杜威要求从做中学、从经验中学，要求以活动性、经验性的主动作业来取代传统书本式教材的统治地位。这种活动性、经验性课程包括园艺、烹饪、缝纫、印刷、纺织、油漆、绘画、唱歌、演剧、讲故事、阅读、书写等形式。在杜威看来，这些活动既能满足儿童的心理需要，又能满足社会性的需要，还能使儿童对事物的认识具有统一性和完整性。其中杜威并没有把个人直接经验与人类间接经验对立起来，而是看到了个人直接经验的局限性，强调使儿童最终获取较系统的知识而同时又能在学习过程中顾及儿童的心理水平。

教材心理化是指把各门学科的教材或知识各部分恢复到它所被抽象出来之前的、原来的经验。就是把间接经验转化为直接经验，即直接经验化。之后再把直接经验组织化，从而形成能提供给有技能的、成熟的人的教材形式。杜威一向反对将成人和专家编就的以完整的逻辑体系为表现形式的教材作为教育的起点，认为必须以儿童个人的直接经验为起点，并强调对直接经验加以组织、抽象和概括。但如何将学生的直接经验"组织"成为系统的知识是一个难题，杜威一直没有解决好。

杜威因为反对以教师、教科书、教室为中心的传统教学方法而提出的"从做中学"是一种通过主动作业，在经验的情境中思维的方法。通过做中学来达到经验与思维的统一，思维与教学的统一，课程与作业的统一，教材与教法的统一。另外根据杜威的科学的实验主义探究方法和反省思维方式，杜威提出了五步教学法：疑难的情境—确定疑难所在—提出解决问题的种种假设—推断哪个假设能解决这个困难—验证这个假设。这种教学方法重视科学探究思维，重视解决实际问题的行动能力，与主智主义的传统教育理论有本质区别。但该方法过于注重活动，忽视了系统知识的传授，狭化了认知的途径，泛化了问题意识，在实践中也存在诸多影响教育质量的问题。

最后从民主主义社会建设的目的出发，杜威论述了道德教育。这种道德教育也是建立在杜威的经验论和心理学理论之上的。杜威认为道德教育的主要任务是协调个人与社会的关系。他反对个人至上论和社会至上论，反对将社会与个人割裂开来，认为个人的充分发展是社会进步的必要条件，社会的进步又可为个人的发展提供更好的基础。他反对过分强调个人自由和竞争的旧个人主义，而提倡强调人与人之间的合作、强调社会责任和理智作用的新个人主义。杜威指出，道德教育应该是社会性的，道德教育应该在社会性的情景中进行而不是停留在口头说教。道德教育应该有社会性的情景、社会性的内容和社会性的目的。学校生活、教材、教法是道德教育的重要途径。

杜威将道德教育的原理分为社会方面和心理方面。社会方面的道德教育原理是关于道德教育的"目的和内容"，是指道德教育应有社会性的情境、社会性的内容和社会性的目的。心理方面的道德教育原理则是关于道德教育的"方法和精神"，是指道德教育若要取得成效，就必须建立在学生本能冲动和道德认识、道德情感的基础上。若漠视这些心理条件，道德行为可能会变成机械的模仿或外在的服从。对于社会的道德要求，应顾及学生的心理能力。

（三）杜威教育思想的影响

杜威是西方现代教育派的理论代表。他对传统教育的整个理论体系进行挑战，奠定了现代教育的理论大厦的基石。他的《民主主义与教育》使美国教育由赫尔巴特主义转入杜威主义。

杜威的影响主要表现在：①强调知行合一，将教学中死的知识变为活的知识。②他提出的教育是人与环境的交互的观点是对以往教育理论中内发论和外铄论的超越和突破。③教育是生长和生活的观点从心理学角度探讨了教育的本质，试图解决教育方法论问题和教育与儿童脱离的问题，成为儿童中心论的基础之一。④教育即经验的观念从认识论的角度探讨教育本质，解决知识、经验的获得以及心理与社会、过程与目的的协调问题。试图超越形式论和实质论，解决理论与实践脱离的问题。⑤教育即生活、学校即社会的观点则是从社会角度出发，将个人与社会统一起来，将学校的生活和学生的生活经验联系起来，解决教育与社会的脱离问题。⑥他提出教材心理化，要适合学生经验的心理发展而不是逻辑顺序的观点更新了以往的教学传统，打开了现代教育教学的新的开端。⑦杜威对教学方法所做的科学化改造，使用科学的探究方式以及所体现的探究精神成为教育发展的重要组成因素。⑧他在很大程度上提高了教学专业化程度，确立了教育学的学科地位，增强了学术性。⑨杜威具有世界性的影响，其教育理论对世界教育进程发挥了巨大作用，对日本、中国、土耳其、苏联、墨西哥等国具有直接的影响。

但杜威的理论还是存在过于强调儿童中心、活动中心、经验中心的缺陷，使得在教育实践中忽视了系统知识的传授，引发了自由和纪律，教师与学生等诸多矛盾。另外杜威根据经验和教材心理化原则编写新型教材的设想过于理想，难以实现，这也是现代教育发展和改革过程中的难点。

第三节　新传统教育思潮

进步主义教育思潮对现代教育具有很大的贡献，但其理论上的局限性和实践中的弊端也是非常明显的，因此也留下了许多尚未解决的矛盾，如儿童主动性与教师工作的矛盾、活动与系统知识的矛盾、发展个性与社会合作的矛盾等。这些问题引起了众多的批判。这些批判中最为典型的是永恒主义、要素主义和新托马斯主义。这三者被称为新传统教育思潮。

一、永恒主义教育思潮

永恒主义是 20 世纪 30～50 年代在美国兴起的重要教育思潮。它批判进步主义教育思潮中的弊端，提出了基于古典实在论的教育观念。认为人性是永恒不变的，因此立足于人性、培养人的理性能力的教育也应该是永恒不变的。该思潮强调古典自由教育，注重经典名著的学习，对美国高等教育和成人教育产生了广泛的影响。其主要代表人物有赫钦斯、阿德勒等人。经典著作有赫钦斯的《美国高等教育》《为自由而教育》《民主社会中教育冲突》，阿德勒的《教育宣言：派迪亚建议》《教育改革：走向开放的美国精神》等。赫钦斯和阿德勒等人还编撰了《西方名著丛书》，在西方社会具有较大影响。

（一）永恒主义的发展历程和原则

20 世纪 20 年代末西方社会的变故导致人们对当时的进步教育进行反思。一些大学学者，立足人文主义立场，纷纷发表观点，声称自然主义、实用主义和科学哲学支配学校的教育实践是不合适的。他们认为，现代社会种种危机的根源在于现代性的困境。这种困境主要是因为抛弃了古希腊和中世纪以来的那种确定的信念，使得现代人处于一种相对主义和虚无主义的状态，导致了精神和理智的败落。这种状况是随着近代启蒙运动者的出现而产生的，又由于卢梭等个人主义者的思想而更甚，到杜威则达到了顶峰。拯救的办法就是要进行“道德的、理智的、精神的革命”，恢复古希腊、中世纪的信仰，完成这种革命要依靠教育的力量。永恒主义就是这一时期从西方传统的自由教育精神出发，以进步教育和实用主义为对立面建构起来的教育理论。

在这种思想的支配下，在 20 世纪 30～50 年代，美国出现了一场强调自由艺术和名著阅读的运动。这场运动正是由赫钦斯及围绕在他周围的学者所组织领导和推动的。基于他们的教育哲学，这场运动还扩展到成人教育领域。永恒主义者大多坚持西方自亚里士多德以来的理性主义的人性观和绝对真理论，都把教育理解为是对人之为人的永恒不变的理性、道德和精神力量的培养，并试图从人类历史文化遗产中选择永恒的学科内容，强调教育的永恒原则，因而他们的教育思想也被概括为“永恒主义教育”。永恒主义也以此得名。

永恒主义的哲学基础往往被认为是欧洲的古典实在论。这种实在论认为个别的、具体的事物及其变化发展是非本质、不真实的，一般概念才有真实性。与实在论哲学基础相对应的是永恒主义对西方自由教育传统的继承。自由教育以人的理性为发展目标，强调心智的训练，在西方源远流长，具有深厚的历史文化基础。但在近代，随着科技、经济、民主的发展和知识的分化，使得教育以前所未有的速度持续发展分化，规模膨胀，类型丰富，目的、功能趋向多元，职业教育、工科教育兴起，使得自由教育及其存在的基础受到了现实的挑战，丧失了其原有地位。针对这种情况，永恒主义立足于人性论的观点，提出了理性培养是教育的目标，继承了以往的自由教育传统，试图以自由教育来应对现代社会的发展和困境。但是他们超越了以往传统的自由教育课程模式，提出了以西方伟大观念为基础的经典名著阅读课程。这种课程模式对美国教育，尤其是高等教育影响深远。

永恒主义教育的重要原则主要有以下几点：①由于人性是不变的，因而立足于人性的教育的性质也应是永恒不变的。②理性乃是人将自己从其他动物中区分出来的特性，是人的本质力量之所在，因而教育的根本目的就在于培养人们运用理智的能力。③教育应该使人掌握永恒不变的真理，而不应去适应眼前的需要。④教育并不是生活本身而是对生活的准备。⑤应当让儿童学习永恒的古典学科，使他们认识精神和物质世界之永恒事物。经典著作应是主要的学习内容，因为其中包含着所要学习的永恒真理。⑥教学是主要的学习方式，教学应该强调教师的作用，尤其是经典著作的阅读。

（二）永恒主义教育思想评价

永恒主义试图从有关宇宙和人类的“共相”方面寻找教育的真谛，强调共同人性、共同的教育目的、共同的课程、共同的教育原则，这对建构完整的教育理论，解决教育实践中某些共同存在的问题无疑提供了一种有益的思路。尤其是永恒主义主张确立一个以共同人性为基础的内在教育目的，把教育与人是什么、人应当成为什么、什么是良好的社会和生活等重大问题直接联系起来，对纠正西方现代社会过于注重教育的工具性的价值倾向具有积极意义。

他们坚持教育只有一个中心目的——发展人，反对学校和教育对社会的一味适应；强调普通教育要坚持基于共同人性的基础上的培养目标，大学教育要保持自身在学术和社会发展中的引导人类发展的"灯塔"作用，这对西方教育在快速发展中容易丧失自我、失去目标具有一定的警示和纠偏的作用。

永恒主义教育所倡导的自由教育和经典名著学习、对绝对真理和知识的确信，在一定程度上弥补了进步主义教育改革带来的种种弊端。使得教育能够在一种更为平衡的道路上寻求发展。这是从另一个方面对现代教育的贡献。另外，如终身自由教育、民主的自由教育和学习化社会的概念，对现代教育的发展也具有至关重要的作用。

但是永恒主义所具有的复古、保守和绝对论的色彩也使得它存在明显的缺陷，对传统的强调，使得其与社会的发展脱节，忽略了对人性等问题历史的和动态的考察，缺乏对教育问题的辩证思考，从而陷入了绝对主义、二元对立的思维定势之中。永恒主义将古典名著置于学校教育内容的首要地位，这在 20 世纪知识更新速度加快、科技成果喷涌而出的社会显然是不适宜的，不利于人才培养。他们对名著课程的论述和设计并没有建立在儿童心理发展的规律之上，这在现代教育看来，是比较草率和荒谬的。

因此总的来说，永恒主义教育思想虽然具有其重要性，但其影响主要还是局限于大学和上层知识界中的少数人，以及成人教育领域，对教育中的其他层次影响有限。并且因为其本身的局限，也使得许多人指责其脱离现实和社会。但即便如此，永恒主义作为一种思想对教育的影响是深远的。其结合其他的教育思潮，一起转变了西方某些国家实用、功利、职业化教育的倾向，开始注重人文教育或通才教育，尤其影响了大学中普通教育计划和通识课程的实施。自 20 世纪 60 年代之后，永恒主义教育作为一种运动和思潮已经逐渐衰落，但其思想因素同样成为了教育发展中的有机组成部分。

二、要素主义教育思潮

要素主义是 20 世纪 30 年代至 60 年代在美国作为进步主义教育的对立面而兴起的教育思潮。要素主义教育认为在人类的文化遗产中，存在着永恒不变的、共同的、超越时空的要素，教育最重要的功能就是如何保持并传授这种要素。要素主义教育思潮的代表人物有巴格莱、科南特等人。其经典论著为巴格莱的《要素主义促进美国教育的纲领》《教育与新人》。

（一）要素主义的形成与基本观点

要素主义是在美国大萧条背景下所产生的一个教育流派。它的出现一方面是因为对进步主义教育思想的不满。要素主义者认为，进步主义教育降低了中小学教育质量。他们反对进步主义只重儿童活动的个人经验和适应当前需要的课程，反对强调儿童自由。对进步主义教育思潮进行了彻底清算。另一方面则来自对西方教育思想传统的恢复。要素主义主张学校应当把人类文化中最基本的要素传授给青年一代，应向学习者授予社会所必需的"共同知识"和"共同价值"，以使学习者能够掌握社会所必需的"起码的知识、技能和态度"。

在此背景下，1938年一批教育学者在美国新泽西州的大西洋城成立了名为"要素主义者促进美国教育委员会"的学术团体。该组织的主要目的在于通过美国教育捍卫和加强美国的民主主义理想，以对抗当时法西斯主义的兴起，把美国教育从进步主义教育所造成的"混乱"中解放出来。在该团体中，巴格莱是主要代表人物。他在1938年4月美国《教育行政与辅导》杂志上发表了《要素主义者促进美国教育纲领》，阐释了要素主义的基本教育主张。该文一直被视为要素主义教育流派的经典论著，该宣言的发表标志着要素主义教育流派的产生。

要素主义者的活动和思想在早期没有受到人们普遍的注意，影响有限。其理论主要代言人巴格莱20世纪40年代中期去世，使该流派的领导力量受到削弱。第二次世界大战的爆发进一步抑制了要素主义教育思想的传播。但从50年代起，要素主义在与进步主义教育的对抗中逐步占据了优势，一跃成为支配美国教育发展的主要思潮，为20世纪60年代后美国的中、小学课程改革运动提供了理论武器，课程改革运动中很多教育理论家和实践家都是从要素主义教育观点中受到启示而投入改革的。

要素主义教育思潮影响的扩大，还与战后世界冷战格局有关。1957年苏联人造地球卫星上天，给美国带来强烈震撼，教育问题一时成了美国举国上下关注的焦点。要素主义者警告说美国的教育受进步主义的影响，已接近荒废的边缘。鉴于教育质量的严重下降已给美国资本主义社会带来了严重威胁，他们呼吁要对美国中小学教育及大学教育提出新要求。科南特、里科夫、贝斯特等都站在要素主义的立场提出了教育改革设想，他们的许多教育主张，如加强基础知识教学、实行天才教育等已被美国这一时期的教育改革所采纳，如《国防教育法》就重点体现了要素主义教育思想。要素主义教育思潮也由此进入巅峰时期。随着该时期美国教育改革的退潮，要素主义的影响也逐渐衰落，但在20世纪70年代的"恢复基础"运动和80年代美国政府倡导的教育改革运动中，要素主义教育思想又发挥了一定的作用。

总体而言，要素主义认为教育的核心是传授给学生人类基本知识的要素或民族文化传统的要素。它基本上是一种将学校的基本职能视为保存和传递人类文化基本要素的教育理论。它的基本观点包括：①在教育目的上，强调人的心智或智力的发展，主张传统的心智训练，强调智力标准，加强天才教育。②在教育内容上，主张讲授基础科目，开设以学科为中心的系统的学习科目，主张吸收预先规定的教材，恢复传统课程，要求学生掌握基本技能和基础知识。③在师生关系上，主张以教师为中心，强调教师是文化的代表者，在教育过程中属于支配、主导的地位，强调学生纪律和刻苦努力。④在教育与社会的关系上，强调教育要为社会服务，特别是为国家急迫的政治和经济的现实服务，为社会培养高素质的公民和知识深广、善于思考的专业人才。⑤在教育的重心问题上，要素主义者反对迎合儿童的即时兴趣和需要，要求学校以基本技能和基础知识的学习为重心。

(二) 要素主义评价

在美国教育左右于传统教育和现代教育之间进行钟摆运动的过程中，要素主义与进步主义教育是作为两个端点而出现的。要素主义主张系统知识的学习和传授，强调学习内容的逻辑性、连贯性、顺序性，反对任凭儿童兴趣放任自流的所谓"做中学"，这对于匡正进步主义教育所带来的弊端，提高教育质量、培养合格人才是具有积极意义的。它与进步主义之间的争论也表明，忽视学科内容自身逻辑结构的学习往往会导致教育质量的严重下降。要素主义者主张在学校中要树立教师的权威，要有严明的纪律，要有一定的考试制度和奖惩制度等，这在一定程度上是符合学校教育自身的规律的。在此意义上说，要素主义是有其重要价值的，它纠正了现代教育发展的局限性。

但要素主义教育也存在一些不足。一是要素主义教育对教育的研究和理解还是建立在传统教育思辨和描述的基础上，并未通过实证研究来揭示教育的基本要素，因此其对要素的论述往往缺乏科学依据和严密的论证。因此其课程、教学方式等的实施就会面临不适应儿童心理的科学规律或者教学的科学规律，而出现片面的经验性的错误。二是要素主义强调教师权威、书本中心和学校纪律，对进步教育过于放纵儿童、降低学习要求在实践中造成的严重后果具有纠偏的作用。但要素主义又走到了另一个极端，片面强调系统的学术性的基本知识的学习，忽视学生的兴趣、身心特点和能力水平，轻视实践活动，从而挫伤了学生的学习积极性，压抑了学生学习的自主性和创造性，同样也不能产生良好的教育效果，甚至引起了学生不满和抵触情绪。三是在教材的编写上过于注重知识的逻辑体系，而脱离了学校的教育实际，也产生了不良的影响。因为这些问题，使得要素主义虽然在 20 世纪五六十年代产生了一定的影响，并且扩散到欧洲、苏联等其他国家，但在提高教育质量方面没有产生多大效果，并引发了教育上新的问题。

三、新托马斯主义教育思潮

新托马斯主义教育思潮是 20 世纪 30 年代至 60 年代在欧美兴起的，建立在基督教基础上、注重宗教教育的教育思潮。它的哲学基础是天主教新托马斯主义。该思潮将宗教教育作为教育的核心和最高目标，认为教育应该以宗教为基础，从属于教会。其主要代表人物是法国天主教神学家马里坦，经典著作为马里坦的《教育处于十字路口》。

(一) 新托马斯主义的发展历程与原则

新托马斯主义是 13 世纪圣托马斯·阿奎那创造的"经院哲学"在当代的复活，在 20 世纪初，它成为天主教最有权威的神学哲学。托马斯哲学认为人是物质世界和非物质世界（神的世界）、自然界和超自然界的纽带，具有人性和神性双重本性，其中神性高于人性。犯有原罪的人类应当使灵魂摆脱肉体欲望的束缚，过一种沉思的生活，依靠人的神秘直观，在圣灵的启示下，在冥想中沉思上帝，达到忘我的纯洁的与神接近的境界，这是人类获救的唯一途径。另外托马斯还处理了理性与信仰的关系，提出"欲信之，先知之"的观念。也就是说，只有最大限度地理解人类自身，理解世界，才能理解上帝。这就给予由人的理性获得的知识以一种与神学传统不同的全新的价值。从而为知识和科学留出了地盘。同时因为理性与信仰，哲学与神学的根源是一致的，都是关于上帝的唯一真理，因此它们是相互协调一致的，而不是割裂的、矛盾的。

这种哲学在 19 世纪 20 世纪之交被天主教作为挽救自身在现代科学社会存在的合法性危机的强有力武器。罗马教皇利奥十三世于 1879 年发布《天父圣谕》，宣布将托马斯·阿奎那的哲学作为天主教的唯一真正的哲学，要求所有天主教会和天主教学校都必须加以倡导和讲授，号召"按圣托马斯·阿奎那的思想重建基督教哲学"。此后，在以梵蒂冈为首的天主教会的支持下，复活经院哲学并使之现代化便成为西方思想领域的一股重要潮流。

新托马斯主义竭力适应 20 世纪西方社会的新特点，努力调和科学与宗教、理性与信仰之间的矛盾，试图回答现代自然科学和认识论对天主教神学哲学的挑战。第二次世界大战前后，新托马斯主义逐渐越过欧洲大陆传播到美洲等地，成为现代西方哲学中最有影响的流派之一。

1929 年教皇庇护十一世发布了《青年的基督教教育》通谕，全面地论述了基督教的教育观，奠定新托马斯主义教育的基本思想。20 世纪 30 年代，以法国天主教神学家马里坦为代表的一批学者，以新托马斯主义哲学为理论依据，对当时方兴未艾的实用主义和进步教育的理论和实践提出了批评，建立了基于宗教哲学的教育理论，这派教育理论便被称为新托马斯主义教育理论。马里坦也成为新托马斯主义教育思想的主要代言人。

新托马斯主义教育思想在基本精神和主要理念上与永恒主义比较一致，因此，西方学者往往把新托马斯主义纳入永恒主义教育思想麾下，将之视为永恒主义的宗教派，而将赫钦斯为代表教育思想视为永恒主义的世俗派。两者之间最大的区别在于是否承认宗教意义上的上帝或神的存在。

因此，新托马斯主义教育思潮在一定程度上要解决的问题与永恒主义和要素主义等思潮要解决的问题大致是相同的，都是对居于现代社会中的人缺乏确定的理性、道德和精神力量这一困境的突围。但是他们的哲学基础是不一样的，因此表现在教育上就是前者注重神启，强调宗教知识，注重宗教教育；而后者更倾向于注重对学生的思维的训练，希望通过心智的磨炼而获得真理。

新托马斯主义教育思想认为，教育应该以宗教为基础，要求通过设立以宗教原则为灵魂的课程，将宗教教育作为学校课程的核心，进行"道德上的再教育"和"宗教信仰的恢复"，主张各级各类的学校都应进行宗教训练，以培养"真正的基督徒"和"有用的公民"。并且认为教育应该属于教会，确立教会对教育的权威领导地位。

新托马斯主义教育思想主要对欧美天主教学校产生了一定的影响。20 世纪 60 年代之后，新托马斯主义教育积极地与其他思想观念之间进行交流对话，强调世俗化和现代化，因此在非天主教群体中也产生了一定影响，包括欧美的一些大学和世俗中小学校。

（二）新托马斯主义的评价

新托马斯主义教育思想把教育建立在普遍的基于共同人性的基础上，对对抗和缓解西方现代社会日益严重的人的异化现象，防止将人作为工具和手段具有积极的意义，在某种程度上，这也是对西方人文主义或人道主义传统的继承和发展。它对自由教育的强调和改造也是符合人的发展和培养规律的。另外，它对当时进步主义教育思潮强调功效性和即时需要的教育批判也是合理的。它对儿童自然倾向的强调，注重受教育者的内部动力因素，强调学习者自身的主体作用，对克服教育中的机械训练、强迫灌输现象具有积极的意义。因此，虽然其在世俗社会和学校中影响有限，但在欧美的一些世俗大学，尤其是天主教学校中还是具有相当广泛的影响，其道德和宗教教育思想的影响力尤甚。

但是，作为一种强调宗教教育的思想，尤其是试图突出宗教的绝对地位，是与历史发展历程相悖的。因此，它在实施中存在着先天的缺陷，而不得不与其他教育思想折中调和，并存在自我矛盾。在思想上，这一属于中世纪的教育学说与现代西方以科学和技术为特征的文化价值观在本质上是存在尖锐冲突的，这种冲突更是限制了其教育思想在现代社会中的作用。

第四节　新兴教育思潮

在现代教育思潮的发展过程中，基于新的哲学思潮、心理学理论和社会学理论，出现了诸多新兴的教育思潮，这些思潮出于对人、社会和世界理解的不同，对于解决传统教育中的问题和矛盾提出了新的思路和观点。这些思潮包括教育经济主义、结构主义教育思潮、存在主义教育思想、终身教育思潮等。这些思潮与上述的思潮一起构成了现代教育思潮的多元格局和繁荣局面。

一、教育经济主义思潮

教育经济主义是现代西方最具影响力的教育思潮之一。20 世纪 60 年代，以美国舒尔茨为代表的一些西方经济学家适应社会发展潮流，提出了具有划时代意义的人力资本理论，认为教育具有提高劳动生产率、培养经济发展所需人才的生产功能，阐明了教育与经济增长的关系。这一理论很快被西方许多国家所接受，并迅速发展为一种世界性的教育思潮，即教育经济主义思潮。其主要代表人物有美国经济学家舒尔茨、贝克尔、丹尼逊和英国教育经济学家布劳格等。

（一）教育经济主义思潮的发展历程

第二次世界大战后，各国政府日益认识到劳动者素质和教育事业是制约现代经济发展的重要因素。战后日本和联邦德国出现的经济奇迹更使人清楚地认识到，教育与经济之间存在着高度的相关性，人力资源的质量及其开发应用是经济发展的基础，而人力资源的开发和应用关键在于教育。

在教育经济主义思潮形成过程中，最有影响和最具代表性的是人力资本理论。美国是现代人力资本理论的发源地。在有关人力资本与经济增长的研究中，最有影响的代表人物是美国著名经济学家舒尔茨。自 20 世纪 50 年代中期起，舒尔茨以农业经济学为基础开始人力资本理论的研究。1960 年他在美国经济学年会上发表题为"人力资本投资"的演说，对人力资本观点做了系统的阐述，震惊了西方学术界，被认为是人力资本理论体系形成的重要标志。此后，舒尔茨又发表了大量有关人力资本理论的研究成果。这些成果初步构建了人力资本理论体系的基本框架，为教育经济主义思潮的形成提供了理论依据。

除舒尔茨外，美国经济学家丹尼逊对经济增长的智力因素分析；贝克尔通过对家庭行为分析提出个人教育支出的经济效益计量模式；明瑟等关于人力投资与收入分析相互关系的研究；雷克等人围绕劳动力市场提出的"劳工市场分解理论"等在美国教育经济主义思潮形成中也起了推波助澜的作用。总之，在整个 20 世纪 60 年代美国的人力资本理论风靡一时，在教育经济主义思潮中独占鳌头。

在西欧和日本，教育经济主义思潮同样来势迅猛。20 世纪 60 年代中期，包括英国教育经济学家布劳格在内的许多西欧学者对教育与经济的关系进行了大量实证研究，这些研究涉及教育对实际就业的影响、制约教育系统的经济活动和劳动方式、分析教育投资所占比例与按人口计算经济收入发展指数之间的关系等。日本文部省 1962 年发表了教育白皮书《日本的经济增长与教育》，指出日本经济和社会同步发展的一个重要因素是教育的普及与发展，并将教育投资视为战后日本经济高速增长的原因。到 20 世纪 90 年代教育经济主义思潮达到了它的顶峰，"连篇累牍的文章和著作的发表使得教育领域的任何思潮都几乎难以与其相背，其声势也几乎是任何一种思潮都难以与其相比"。①

(二) 教育经济主义思潮的基本观点

教育经济主义思潮的共同特征是以探讨教育与经济的关系为核心，以教育的经济功能规范为价值取向，突出教育的经济性。在此基础上，形成了不同的理论和观点。

1. 人力资本理论

人力资本理论是教育经济主义思潮的一个重要流派，它的核心概念是与物质资本相对应的人力资本。长期以来人们认为资本只包括物质设施、建筑物、器材和物资库存等，这种偏见在很大程度上成为政府贬低人力资本投资、抬高物质资本投资的原因。舒尔茨认为，这种反常的投资减少了生产和福利的潜力，理想的投资方式应该是增加那些可能产生最佳预期收益率的资本形式。与物质资本相比，人力资本投资在现代经济发展中尤其显得重要。他指出，当代劳动生产率迅速提高正是人力资本投资不断增加的结果，欧洲许多国家和日本人口质量的提高对经济增长起了明显的作用。

舒尔茨把人力资本投资分为五个方面：①卫生保健设施和服务，包括影响人的预期寿命、体力和耐力、精力和活力的全部开支；②在职培训，包括由商会组织的旧式学徒制；③正规的初等、中等和高等教育；④不是由商会组织的成人教育计划，特别是农业方面的校外学习计划；⑤个人和家庭进行迁移以适应不断变化的就业机会。

---

① [美] 杜威：《民主主义与教育》，王承绪译，12 页，北京，人民教育出版社，1990。

舒尔茨认为，在上述人力资本投资中最重要的是教育投资，教育已成为经济增长的主要根源。[①] 教育投资具有两重性，即消费性和生产性。"教育远不是一种消费活动，相反，政府和私人有意识地作投资，为的是获得一种具有生产能力的潜力，它蕴藏在人体内，会在将来做出贡献。"[②] 教育投资的生产性在于它能够开发人的潜力、增长人的才干，包括文化知识、技能以及良好的素质，从而提高劳动者质量，促进劳动生产率和经济增长，同时也能增加个人未来的收入。因此，无论是国家投资教育还是个人投资教育，其目的都是为了追求经济方面的收益。

舒尔茨对教育投资的效益进行了测算，这种测算及其结果不仅成为 20 世纪 60 年代教育经济主义思潮风靡世界的重要支柱，而且也是舒尔茨人力资本理论的实证依据。在他看来，教育的收益分为个人收益和社会收益两方面，教育的个人收益主要有五项：未来较高的收入、未来较健康的身体、未来较强的企业工作能力、未来合理安排家庭生活的能力、未来较大的职业机动性。舒尔茨认为，一个人受教育后的收益除了他每年的收入外，还要看他受教育后能工作多少年以及工作能力的不断提高程度。据丹尼逊的测算，大专院校毕业生和高中毕业生之间总收入差异的 60% 从统计上而言可归因于教育。关于教育对社会的收益，据舒尔茨的测算，1957 年美国小学、中学和大学教育费用占总教育费用的比率分别为 28%、45% 和 27%，各级教育对美国教育平均收益的贡献分别是 9.8%、4.5% 和 2.97%，三项合计 17.27%，取近似值为 17.3%。而 1929—1957 年，提高教育程度对美国国民收入增长的贡献为 33%。[③]

人力资本理论由舒尔茨提出后很快被人们接受，成为很多国家制定教育发展政策的理论依据，对这些国家 20 世纪六七十年代教育事业的发展影响极大。尽管人力资本理论还存在许多不完善的地方，但它所提出的基本思想，即把人具有的知识、能力以及劳动者质量的提高看作促进生产力发展的重要因素，这种观点是很有价值的。

2. 教育筛选理论

20 世纪 60 年代末至 70 年代初期，世界经济出现了新的变化，石油危机的出现引发了西方发达国家及发展中国家的经济危机。这些国家不景气的经济状况与教育的不断扩张发生矛盾带来种种问题，如"文凭膨胀""过度教育"，青少年失业率高以及劳动生产率下降等。一些发展中国家为了摆脱困境，希望用发展教育和实现平等的手段来刺激经济增长，但并没有取得预期的效果，人力资本理论也不能解释这些新出现的问题，人们开始对人力资本理论产生怀疑，新的教育筛选理论便应运而生。

---

① ［美］贝克尔等：《西方教育经济学流派》，曾满超等译，45 页，北京，北京师范大学出版社，1990。

② 靳希斌：《从滞后到超前——20 世纪人力资本学说·教育经济学》，37 页，济南，山东教育出版社，1995。

③ 靳希斌：《从滞后到超前——20 世纪人力资本学说·教育经济学》，78～81 页，济南，山东教育出版社，1995。

　　筛选理论认为，雇主与求职者在劳动力市场相遇时，由于彼此缺乏供选聘使用的完全信息，而必须依靠一些"信号"去互相沟通，教育水平是反映个人能力大小的有效信号，是雇主鉴别求职者的能力，对他们进行筛选并安排在不同岗位上的一种装置，其中反映求职者教育水平的学历便成为雇主识别求职者能力的"信号"标志。

　　筛选理论对于教育与工资（收入）的关系，提出了与人力资本理论不同的观点。人力资本理论认为，提高受教育程度就能提高一个人的劳动生产率，从而得到较高的工资，而筛选理论认为，教育水平只反映一个人的能力，并没有改变一个人的劳动生产率，它在本质上只是"不完全信息"条件下的一种"信号"，因此教育的经济效益源于它在劳动力市场所起的筛选作用。筛选理论得出的结论是：如果雇主对雇员的学历要求超出岗位需要，教育水平的提高不一定能促进经济增长；如果劳动力市场的工资结构没有变化，教育水平的提高也不能促进社会平等。反之，如果过分依赖学历文凭作为选聘的依据，而没有协调好教育与经济发展的关系，教育水平的提高不一定能促进经济增长，而且可能给社会和个人带来严重后果。如教育的过分扩张与经济的缓慢增长会造成"文凭膨胀"现象，原因就在于教育的作用是筛选识别人的能力，它并不提高劳动生产率，因此扩张教育也无助于经济的增长。

　　筛选理论描述和解释了20世纪70年代以来困扰许多国家的教育文凭膨胀问题，因而在世界各国得到了广泛传播；筛选理论也得到了一些教育经济学家的赞同和认可，并使有些持人力资本理论的学者转而认真思考筛选问题。人力资本理论的积极倡导者布劳格指出，如果筛选假设是正确的，那么我们从人力资本理论那里所得到的结论全是错误的。但筛选理论片面强调教育的信号筛选作用，进而否认教育提高人的认知技能，从而提高劳动生产率作用的观点也是有失偏颇。一些学者试图另辟蹊径，把筛选理论和人力资本理论结合起来，主张教育具有提高生产率和提供筛选信息的双重作用，这标志着筛选理论在认识上的进步与发展。

　　3. 劳动力市场划分理论

　　劳动力市场划分理论是20世纪70年代初期出现的，其代表人物有皮奥里、戈登、多林格、卡诺伊等。1971年美国学者多林格和皮奥里提出把劳动力市场划分为主要劳动力市场和次要劳动力市场，初步建立了劳动力市场划分理论。他们认为，人力资本理论对教育的作用以及教育与工资关系的分析，没有考虑劳动力市场的内部结构，在劳动力市场不同部分中教育与工资的关系是不同的。皮奥里还明确提出了"双重劳动力市场"的理论，他说："双重劳动力市场能最好地解释就业和人力安置在贫困永久化中所起的作用。双重市场的一部分，即主要市场提供的工作具有如下若干特征：工资高、工作条件好、就业稳定、职业有保障、权利平等、在工作制度的行政管理上具有适当的程序，并有晋升的机会；另一部分，即次要市场，其工作明显地不像主要市场那样吸引人，这一市场的工作往往是工资低、工作环境低劣、就业变化性大、要求苛刻、随意给予纪律处分，以及晋升机会很少等。"[①]

---

　　①　靳希斌：《从滞后到超前——20世纪人力资本学说·教育经济学》，287页，济南，山东教育出版社，1995。

20世纪70年代后期，戈登、卡诺伊等进一步发展了皮奥里和多林格的理论。他们采用西方制度主义经济学的方法分析劳动力市场结构，说明不同种类或不同阶级的劳动者在劳动力市场上会受到不同的待遇。如主要劳动力市场和次要劳动力市场之间的流动率不大，个人工资收入主要由其所在的劳动力市场性质决定。一般说来，主要劳动力市场往往雇用男性、白人和教育程度较高的人，而次要劳动力市场往往雇用女性、有色人种和教育程度较低的人。在主要劳动力市场上，教育与工资有显著的正相关；而在次要劳动力市场上，教育与工资的相关程度微弱。

由于劳动力市场划分理论的倡导者采用的研究方法和分析角度有所不同，因而对劳动力市场的具体划分也不尽相同。但他们都注重从教育水平与劳动力市场的关系角度研究教育的经济价值，认为教育水平高低不仅是不同劳动力市场的重要标志，而且是构成不同劳动力市场的重要条件。这与人力资本理论认为教育能提高个人认知技能和劳动生产率的主张大相径庭，而与筛选理论的观点是一致的。这一理论受到西方一些激进教育经济学家的高度评价，认为它不仅从理论上系统地阐述了劳动力市场的产生、特点及其与教育的相互关系，从而形成了一个比较完整的理论体系，而且解释了实践中困扰各国的失业问题，并探讨了解决这一问题的途径。

（三）教育经济主义思潮的影响与评价

教育经济主义思潮是随着经济的发展，人们对教育与经济关系的认识发展到一定程度的产物，在一定程度上反映和代表了教育发展的方向，符合现代生产、经济和科技发展对教育的客观需求。它的广泛传播不论是对教育与经济关系的理论认识，还是对教育、经济甚至社会改革都产生了积极的影响。在世界范围内，关于教育的经济研究不仅成为经济学界和教育界研究的热点，也是社会各界普遍关注的问题。第二次世界大战后世界教育的发展和改革主要是沿着经济性方向进行的，几乎没有一个国家不把教育纳入经济发展的战略轨道，教育在国民经济中的地位更加突出，采取适应经济发展需要的教育措施，成为世界各国制定教育发展政策的主要依据。教育经济主义思潮因此有着强大的影响。

教育经济主义思潮在许多方面揭示了教育与经济关系的客观规律，但也存在明显的不足，并在实践中产生了一些负面影响。例如，它在强调教育的经济意义时，却发展为"经济至上"论，从而对教育的整体社会功能缺乏全面认识，甚至将教育的经济功能与教育的政治、文化功能对立起来。20世纪60年代以来，世界各国都不同程度地被青少年道德水平下降、犯罪率上升、教育的人文精神丧失所困扰，人们在物质丰富的同时却陷入了精神上的贫困，这与教育经济主义思潮的影响不无关系。随着教育经济主义思潮的日益高涨，它受到的质疑和批评也越来越多。

二、存在主义教育思潮

存在主义教育思潮是存在主义哲学家和一些接受存在主义哲学观念的教育家将存在主义哲学观运用于教育领域，批判现代教育中的种种弊端，提出了一系列独特的教育观，从而形成的一种重要教育思潮。存在主义教育思潮因其高度关注人的存在和完整的人，并构想一种新的打破主客观二元论的人与世界、人与人以及人与自我的新关系，形成了新的认识论和伦理观，这些都带来了教学、课程、师生关系等方面认知和行为的变化，引发了对教育的新理解，因此受到一些人的青睐，第二次世界大战后在许多国家曾一度广泛流行。20 世纪 70 年代后存在主义教育思潮逐渐走向衰微，但其许多观念被教育现象学以及其他后现代教育思潮所继承并延续了下来，一直影响着教育的实践和改革。

（一）存在主义教育思潮的发展历程与理论基础

存在主义教育思潮的发展历程大致可以分为两个阶段。

第一阶段为起始阶段，主要是一些存在主义哲学家展示了对教育问题的思考和论述。教育作为特有存在的人之培养的根本途径，在一开始就受到了一些存在主义哲学家的重视。如奥地利早期的存在主义哲学家马丁·布伯早在 1923 年出版的《我与你》和 1939 年出版的《品格教育》中，就探讨了一种在平等自由的我你关系之下的、师生对话的教与学新形式和品格教育的新阐释，这两部著作也堪称存在主义教育思想的早期代表作品，后来被人们经常加以借鉴、发挥。另外，德国著名存在主义者雅斯贝尔斯在其名著《什么是教育》《大学的观念》等也基于其存在主义立场和回溯古典角度对教育作了很多精辟的论述。

第二阶段为扩展阶段，主要是一些教育家和教育学家将存在主义的哲学观念运用到对教育的理解和教育问题的解决中，从而引出了存在主义教育思潮和实践。这一时期主要从 20 世纪 50 年代开始至 20 世纪 70 年代中期。代表人物有德国教育人类学家博尔诺夫、美国教育家奈勒、贝恩、莫里斯等人。

存在主义认为作为存在的人，如下独特的特征决定了存在主义教育思潮的基本内涵：

（1）人的存在是自我关怀的，人是能够领会和反思自己的存在的存在者，他对自己的存在采取某种立场，进而按照他的反思的成果塑造自己的存在。

（2）一个存在着的个体并没有固定的一成不变的本质，他永远处在成为的过程当中，因此他不是凝固化的、现成的存在者，而是一个未定型的、始终面对未来，在存在的无限可能性中自由地筹划、选择和创造自己的开放的存在者，他是历史的、连续的，也是能动的、生成的，究竟哪一种可能会变为现实，完全取决于他的存在方式，因此人是具有自我否定性和超越性的存在，存在就是实现的过程，存在先于并决定本质。

（3）个体的人的存在是具体的和特殊的，而不是共相聚合体的个体还原，他是无须经过概念的中介而能直接意识到自己的存在，因此此在总是我自己的存在，种种存在方式总具有"我"的性质，它不是指普遍的人的概念，而是指每一个"我"。

（4）人不仅领悟自身的存在，而且能够领悟其他存在者的存在，因为人在其存在的过程中，与外部世界打交道的过程中，对外界存在的意义也产生了认识，其他存在者只有通过人的存在才能得以显示自己，因此人的存在是其他事物存在的先决条件。

（5）存在只能是在世界中的存在，因此人与世界是密不可分地融为一体的。我们与真实世界的交往构成了理解我们最基本的活动、意义的生成和把握的先决条件，世界和人的存在彼此只有通过对方才是可以理解的。这就意味着存在就是与世界打成一片，世界整个地在我之中，而我整个地在我自身之外。

正是对人的本真性存在及其基本特征的反思，带来了对西方传统哲学主客和身心二元论而导致的人对世界的异化、人对于他人的异化以及人自身的异化的克服。也正是在对存在意义的再审再思的基础上，存在主义教育思潮才能激发出与传统教育思想相异的思路，来解决传统教育中所存在的种种疏离和异化问题。由此出发，存在主义教育思想对教育的本质与目的、课程与教学、教师与学生、教学方法等进行了深刻的论述，提出了许多令人深思的观点，尤其是从人的存在的角度强调人的自我造就、自我生成对于传统教育的整体转向具有重要的意义。

(二) 存在主义教育思潮的主要观点

1. 存在主义教育思潮的课程观

根据存在主义的自我实现和自我生成的基本哲学观点，存在主义教育及其课程与教学目标应该是为每一具体的个人服务的，使学生认识到自己的存在，并形成自己独特的生活方式，养成正确对待生活和生存的态度，从而帮助每一个人成为他自己，其中最重要的是要培养他们真诚、选择、决定的能力以及责任感，教育的目的就是要实现"本真的人"。在存在主义教育家看来，这一主张个人价值、弘扬个性、重视主体自由的观点是要取代传统的教育观念的。

在这一强调自我存在的观念逻辑之下，存在主义者对于课程与教学内容更关心的不是实际教什么，而是为什么目的而教、怎样教。这并不意味着存在主义者提倡没有课程的教育，他们也主张必须掌握大量的传统教材，只不过他们反对把传授知识作为主要的教学内容，也不赞成以学科知识体系作为课程的中心，他们认为，课程和教材本身不是学习的目的，因为它们的价值不在于自身，而在于能发展和提升学生个体的生命价值和存在意义，因此不论学习什么东西，都是个人借以发展自我认识和自我责任感的途径。所以，在课程与教学内容方面，存在主义者不但要求打破学科之间的界限，而且超越了课程内容静态化的窠臼，强调学生个体的需要、兴趣和经验，使课程内容从目的转变为手段，从工具性的目的转变为形成人的目的。因此，存在主义的教育思潮注重活动性课程的开展，并要求以学生的兴趣作为学习计划与活动的依据，承认个人在经验上的差异。在课程中，学生在分组和个人单独活动中有自我选择的自由；课程注重即时需要的满足和引导。这些观点和举措不仅体现了现代教育的理念，而且与教育的本真不谋而合，但是，这样一来，课程与教学内容过于零散，要达到最终的形成意义，在自由中解决异化问题，也即在教育的过程中如何综合、提升存在的意义和理解，对教师和学生都提出了更高的要求。

2. 存在主义教育思潮的教学观

存在主义者非常强调教师通过"对话"和"交流"帮助学生认识自己的存在、实现自身潜在能力。在这一过程中，教师和学生在"我—你"的尊重融洽关系中，帮助学生通过各种"活动课程"，采用苏格拉底式法、个别化的教育、创造性的活动、非连续性事件教学等形式来进行教学活动。

在对话和交流中，教师要让学生明白：学习好比一场演出，学生也是演员，他必须跟教师一样辛苦地劳动，在这种方法中师生互相帮助，互相促进。教师在帮助学生时，不应以权威压制学生，不应代为决定一切，而是要向学生尽可能提供不同的观点、知识、信仰等，帮助学生对于可能的行动自由选择、自行决定、自行负责。存在主义者之所以推崇这种方法，是因为这种方法最适合于人的教育。而且，这种方法在道德教育方面尤其重要和切实可行。它不同于观念主义、实在主义或新托马斯主义和进步主义的方法，因为其最成功之处在于通过它获得的是"自己的"知识，可以使人认识到在人的存在中必然会碰到道德的难题以及自由选择的责任，而且，通过教师的发问激发并引导学生进行思考，以建立真诚的、正直的关系。

在存在主义的教学中，个别化教学是其突出的特征之一。存在主义者主张，无论在教学内容、教学方法或教学进度方面，都要有很大的灵活性，不可整齐划一，而且，也不能用一个统一的标准对学生提出学业成绩的要求，以利于每个学生的发展和自我实现。存在主义者并不完全排斥必要的班级和小组教学，但他们强调，如果必须要进行这种类型的集体教学的话，那它的目的也是为了教育个人，使个人利用集体来取得个人的自我实现。因此，学校不能把儿童置于团体控制之下，应该留给儿童独立思考、独立活动的实践和空间，为每一个学生提供更多的"生活经验"。甚至有些存在主义者，如奈勒和马塞尔认为，应当把传统形式意义的学校取消，保存学校的一些设施如图书馆、大礼堂、体育馆、大操场，年轻人可以用这些设施进行学习和小组活动，如游戏、演出、开音乐会。年轻人是到教师那里而不是到学校那里去受教育的，学生的教室可以在教师家里或者在学生家里，如果适当的话，就在外面。学生有时单独出来，有时和朋友一起来，教师就可能以个人的身份与学生相见。在这样的安排下，学生的成就会比现在大得多，并且所花的时间要少得多。

另外，存在主义教育家们对创造性活动有着独到的认识。首先他们重视在教学中的创造性的活动。在存在主义者看来，游戏、绘画、音乐、舞蹈等创造性活动为个人提供了培养和实现选择的机会。创造力不是少数特殊天才的天赋，它是一个过程，进行这个过程的能力每个人都具有。学生在创造性活动中，有利于毫无顾忌地发挥自己的选择能力，重视自己的意识和感觉的介入，为一种生存体验提供契机，并以个人的经验为中心来发现世界对于自己的意义。但是另一方面，存在主义者又对创造性活动的价值有自己的判断，他们认为总体而言创造性活动不应该是教育的目的，创造性的释放只是教育的预备，而不是教育的实质，教育的实质和指向，或者创造性的目的还是为了培养全人。如果一种教育学说以培养人的创造力为唯一目标，那将只能使人处于一种痛苦的孤立状态中，在这种状态中，不能解决人类本身的问题。片面追求创造力的培养，只会导致人类的不和谐，只会带来更多的麻烦。显然，存在主义者的这一观点为现代教育提供了新的思考。

3. 存在主义教育思潮的师生观

对于师生关系，存在主义也有独到的观点。存在主义者非常重视教师的指引作用，他们认为教师的作用不仅仅是传授知识或是在问题的情境中当一名顾问，也不是作为一个让人模仿的人格，而是作为促进和帮助学生不断提升和完善，进而达到自我实现的人，既要具有自己作为人所具有的主动性、积极性和创造性，能够自由地选择并勇敢地承担责任，又要维护学生的主体性和自由，帮助学生形成自身的选择和学会承担责任。

存在主义者认为，如果把教师只看作传道授业者，那么，知识或某种观念就会成为教学的出发点或绝对价值，成了统治者，教师被贬值为传授知识的手段，而学生则被贬值为这种传授的产品了。他们认为，教学和学习的出发点都不应该是知识，而是作为独立个体的教师和学生。教师的任务之一将外在的知识、道德规则"提供"而不是"传授"给学生，供师生共同讨论。主动地提供知识这一任务要求教师必须十分熟悉他所教的科目，将他所教的科目变为他内在经验的一部分，师生间就能够像朋友一样进行对话和交流。当教师跟全班讨论一个题目或某一内容时，他运用广泛涉猎的知识，力求介绍尽可能多的观点，以便引起全班对于教材的认真讨论。在充分讨论之后，教师让每一个学生根据他们自己的经验来检验自己的观点，并评判和引导学生对这些观念做出价值和意义的理解、分析和判断，并将其与存在的意义相质询，从而做出自己的决断。在此基础上，教师在尊重学生个体、理解存在的多样意义的基础上，帮助每一个学生发展和提升。

在此，教师不再是知识和道德的权威或源泉，也不能作为学生的监督者和看管者，而是帮助学生面对更高的存在境界自由地去做出适合于他们自己的选择。教师在教学过程中不仅要避免课堂上的个人专制，还要反对非人格化的知识专制，在方式上尽量避免个人独白、灌输和揠苗助长。只有这样，学生作为人的特性才能在课程与教学的实施过程中展现出来，教师的教学才能成为成功的教学，教师的影响才能一直持续到学生的未来生活中。

此外，教师在教学过程中应该意识到自己是一切事物中想要影响整个人的唯一实体，并从而产生责任感，即感到他负有给学生提示对现实应作抉择的责任，并在教学中维护自己的选择、承担责任。在现实的教育境况中，这往往意味着教师既不应该屈从于上级或教育行政部门的要求，也不应该屈从于外在的压力，而是出于关心爱护学生，并根据学生个体的情况创造性地进行教育，他不应该根据经济条件、家庭背景对学生进行分类，也不应该根据智商、学习成绩等给学生贴上各种"标签"。

对于学生，存在主义者十分强调其主体性，并倡导一种独特的学生观，即学生作为独立的个体，教师和学生之间的关系是主体和主体的关系，而不是主体与客体的关系，所以，教师和学生都是教学活动的主体，而且互为主体。所以，学生作为教学的主体，应该受到同样是主体的教师的尊重和理解。而且，学生作为具有自己主体性的人，是互不相同的，是具有自己独特个性的个体，所以，教师在教学活动中，要注重个体特性。学生是作为自我教育的主体，需要有意识地做出自由而果断的选择。在教育中，学生的选择比他们自己所知道的要多得多，而教育的一个主要的目标就是向学生展示未来的种种可能性，扩大学生的选择范围，帮助学生学会选择，并在把握选择的时机的同时，体悟选择的意义和价值，感触选择与未来道路的关系。

虽然学生的选择是自由的，但承担选择的责任是不可避免的。选择并非时刻都合理，因此，学生要为自己的选择负责，不但要对行为的后果负责，而且要对自己成为怎样的人负责。因为生活是学生自己的，也是学生自己选择的结果，所以任何人都无法代替他们生活，他们也无法推卸由自己的选择所引起的责任。

关于师生关系，存在主义教育学家一直提倡交流与对话、包容与亲近，即教师和学生在平等、互相尊重的条件下，通过人与人主体间交流的方式而开展双向沟通的教学活动。也就是说，对话不仅仅指教师和学生之间语言的交流，而且指双方内心世界的敞开和彼此接纳，是一种相互信任的关系。因此对话不仅是师生之间交往的一种形式，更是弥漫、充盈于师生之间的一种教育情境和精神氛围，"在对话中，可以发现所思之物的逻辑及存在的意义"，并有助于和谐师生关系的建立。

在对话中，教师和学生两个主体、两个自由人之间形成一种我—你关系，各自具有独立完整的人格，学生与教师之间互为主动，他们之间拥有发自个人内心的热情、理解、信任，双方都不把对方作为实现自己目的的手段，而是真诚地赏识、欢迎和肯定对方，同时也得到对方的赏识、欢迎和肯定。尤其教育者不能认为自己比学生更优越，试图对学生耳提面命，不能与学生平等相待，或不向学生敞开自己的心扉，或把自己的兴趣和价值观念强加于学生。

当然，存在主义的师生关系也要求正确处理师生之间的冲突。存在主义者认为，师生之间的冲突是对教育者的考验，教育者不应当否认和拒绝冲突。关键是面对冲突时，教师应当更加信任学生，进入学生的生活，运用自己的洞察力和见识去解决冲突，同时要鼓励学生坦诚地面对自己在冲突中的失利，用爱的言辞来帮助学生摆脱困境。总之，教学中教师和学生之间的对话、民主、平等的关系，有利于学生进行自由选择，并为自己的行为负责。在这种关系中，既保证了学生和教师的自由，又发挥了教师在教学中的引导作用。

（三）存在主义教育思潮的影响与地位

首先，存在主义教育思潮批判了传统和现代教育注重物质和客观的自然主义观念，从人本身存在的意义角度，强调人的个性发展，提出教育应当关注每一个个体的人，从而能够为每一个人的自由的、合乎道德的选择提供机会，促进人们顺利地投入到具有重要意义的生存中去。

其次，传统和现代教育强调社会和集体性，注重如何培养学生成为某一社会的合格成员，但是这种教育努力的方向往往忽视学生的个性和创造能力，因此如何在教育的社会性目的和个体发展创新之间找到平衡也是一个重要问题。存在主义强调作为关心自己教育的实现自觉存在的人是教育的核心，试图从教育中建立一种与传统教育不同的，注重个性发展、创新和意义理解的方式。

再次，存在主义注重品格教育，倡导人文精神，强调个人的自由，冲击了传统的教条式、灌输式道德教育和"支配—服从""指挥—执行"的关系特征，引导一种突破固有框架的非反思性的生存体验式的道德伦理，促进年轻一代更人性化，促进学生对存在意义的开悟，使学生对问题的现象本质有更通达多元的理解。这些都对道德教育带来了新的视野。

由于时代的局限性，存在主义教育思想还存在着许多不足和消极之处。

其一，存在主义的自由要求个人与公共的、羊群式的或他人的、平庸的生活方式决裂，这忽视了人作为社会中的人的社会性一面。

其二，存在主义者并不摈弃自然科学，但是在对物质世界的批判过程中自然弱化了自然科学对于社会和学生的重要作用，并随之过分强调了人文学科的教学，重视以情感和意志为核心的人格培养。

其三，存在主义者在强调因材施教和个别教学的同时片面地否定了班级授课制和整个学校教育制度，因此以存在主义为基础的学校和教育制度实际上是不可能的。实际可能有的只是拥有存在主义观念和理解的教师和学生个人，这种人强烈地反对那些否认个人自由的势力。

在教育的改革和发展中，如何处理传统和现代教育中对个人发展和社会进步的可改进因素，将存在主义教育思潮中某些有益的要素整合进我们的教育观念中，从而进一步推动我们教育思想的更新和教育实践的发展，是每一位教育工作者或对教育感兴趣的公民都应该考虑的问题。

三、结构主义教育思潮

结构主义是 20 世纪 50 年代以后在西方广为流行的一种哲学思潮。严格说来，结构主义并不是一个统一的哲学流派，而是一种较为系统的研究方法。在结构主义方法论的影响下，产生了结构主义教育思想。结构主义教育强调儿童认知结构的研究及认知能力的发展，注重教授各门学科的基本结构，提倡发现学习和早期教育等，其主要代表人物是瑞士心理学家皮亚杰和美国心理学家布鲁纳。

（一）结构主义教育思潮的形成和基本观点

20 世纪 50 年代末，进步主义教育导致课程不系统、教学质量低下的指责使得中小学课程改革问题成为美国社会普遍关注的热点。1958 年《国防教育法》的颁布为课程改革指明了方向，1959 年美国政府动员了一大批科学家为中小学编写各种理科新教材或教学辅导材料。同年美国科学院和美国科学促进协会组织了 35 位科学家、学者和教育家在伍兹霍尔开会，讨论改进美国中小学自然科学的教育问题。在这次会议上，以布鲁纳和施瓦布等人所强调的结构主义教育理论对 20 世纪 60 年代美国中小学课程改革产生了深远影响，在当时形成了一场声势浩大的"学科结构运动"，也称"结构主义课程改革运动"。

结构主义教育的理论基础是结构主义哲学。结构主义哲学的观点和方法源于语言学。瑞士语言学家索绪尔等人认为，语言不是一些词或声音的机械拼凑，而是一个记号系统，它具有内在的稳定结构。一个词只有严格地按照一定的句法结构与其他词互相联系，构成一定的记号系统才能确定其意义。因而语言学的研究对象不是个别、孤立的词，而是词或词的意义的相互关系，即它们的内在结构。对于语言的任何成分不能分散地、孤立地加以考察，而必须从其整体性结构中，从其与其他成分的相互关系中去考察。索绪尔的结构主义语言学为结构主义提供了方法论，因而被视为结构主义的先驱者。

结构主义的创始人是法国人类学家列维·斯特劳斯，他首先把结构主义语言学方法论应用于人类学及社会现象的研究中。他认为一切社会活动和社会生活中都深藏着一种内在的、支配表面现象的结构，而社会科学和人文科学的任务就是寻找这种内在结构。列维·斯特劳斯还着重研究了原始土著部落的亲属关系和神话传说，竭力在这些亲属关系和神话传说的表面现象中寻找它们的内在结构。

20 世纪 30 年代，皮亚杰将结构主义观点和方法引入心理学研究领域，创立了"发生认识论"。发生认识论主要研究认识发展的"过程"和"结构"，目的是为了弄清人类认识的历史，寻找认识的社会根源。第二次世界大战后，皮亚杰的发生认识论传入美国，受到美国心理学界的高度评价。美国心理学家布鲁纳将皮亚杰和他自己的认知结构发展理论应用于美国中小学课程改革，从而掀起了一股结构主义教育改革运动的热潮。

对于"结构"的含义。瑞士心理学家皮亚杰在《结构主义》一书中所下的定义最有代表性，"结构就是由具有整体性的若干转换规律组成的一个有自身调整性质的图式体系"。皮亚杰认为结构有以下三个特征：一是整体性，即结构是按一定组合规则构成的整体。二是转换性或同构性，即结构中的各部分可按照一定的规则互相替换，但并不改变结构本身。三是自律性，即组成结构的各成分都互相制约、互为条件而不受任何外部因素的影响。[①]

结构主义哲学在方法论上强调整体性的研究，反对孤立的、局部的研究；强调认识事物内部的结构，反对单纯地研究外部现象；强调共时态的研究，忽视历时态的研究；强调结构不以人的意志为转移的客观作用，而忽视人的主观能动作用。一般说来，结构主义者都是先验主义者，他们认为一切由人类行为构成的社会现象表面看来似乎杂乱无章，其实蕴含着一定的结构，这种结构支配并决定一切社会现象的性质和变化。在他们看来，人的心灵构造能力是第一性的，社会生活的内在结构或秩序却是第二性的，这显然颠倒了物质与意识的根本关系，走上了唯心主义先验论的道路。

（二）结构主义教育的影响与评价

结构主义教育思想对当代西方的教育理论和实践都产生过重大影响。皮亚杰的理论对 20 世纪 60 年代世界许多国家和地区的教育改革产生了影响，当时一些国家盛行的活动教育、开放教育、视听教育，以及个别课程制度的改革、新的教育技术运用等都与皮亚杰的认知结构学说有着千丝万缕的联系。在教育界，皮亚杰的观点被人们广泛地引用。皮亚杰的发生认识论开辟了人类认知研究的新视角，其理论被誉为所有认知发展理论中最有见解和解释力的，并成为欧美等国进行学校教育和教学改革的重要理论依据。20 世纪 80 年代中后期"新皮亚杰学派"的形成，标志着皮亚杰的理论发展到了一个新阶段。

四、终身教育思潮

终身教育思潮是当代一种国际性的重要教育思潮，它肇始于 20 世纪 60 年代，1965 年

---

① ［瑞士］皮亚杰：《结构主义》，倪连生、王琳译，5～11 页，北京，商务印书馆，1984。

法国成人教育家保罗·朗格郎的《终身教育导论》的发表是其诞生的标志。这一思潮的出现，意味着世界性的教育改革跃入了一个崭新的教育天地。

(一) 终身教育思潮的发展历程与原则

第二次世界大战后，人民的民主化运动不断高涨，人们要求打破传统的教育筛选方式和制度，使教育面向各阶层、各年龄的所有人开放，提供真正民主、平等的教育机会。这就迫使各国政府和教育界人士不能不去考虑教育的改革。此外现代社会经济生活、产业结构的变化结束了那种把人终身固定在某一职业或工作岗位的时代，人的寿命和健康水平得以延长和提高，年龄不再是决定一个人能否继续学习的唯一关键因素，从而使得突破传统的学校教育制度模式成为可能。同时，科学技术的发展、大众传播媒介的发展、教学手段的现代化使人们可以突破时空限制，根据个人的需要和学习特点自由地选择教育的内容和形式。终身教育思潮就是在这样的社会背景之下产生的。

1965 年 12 月，联合国教科文组织在巴黎召开了"第三届促进成人教育国际委员会"，朗格郎在此会上做的终身教育报告引起了与会人士和相关组织的极大轰动，标志终身教育思潮的开创。朗格郎因此而成为终身教育理论的奠基者，他的代表作《终身教育导论》被译成 20 多种语言而广泛流传。

随后在 1970 年，联合国教科文组织第 16 届会议上通过一项决议，授权总干事勒内·马厄成立国际教育发展委员会，该委员会于 1972 年 5 月提交了《学会生存》这份报告。这份著名的报告从历史和现实两个角度对终身教育进行了全面的论证和阐述，指出教育要确立新的目标，即"把一个人在体力、智力、情绪、伦理各方面的因素综合起来，使他成为一个完善的人"[1]。而这"完善的人"并非像传统教育思想通常认为的那样是在儿童和青少年阶段就可以完成的，而是贯穿于人的一生和生活的各个层面。由于该报告的巨大影响，联合国教科文组织围绕终身教育概念重新组织了多种教育活动，并提出了回归教育等概念，从而进一步推动了终身教育的发展。

归纳而言，终身教育的基本原则有以下几点：①教育应该能够在每一个人需要的任何时刻以最好的方式提供必需的知识和技能。②应该从时空、内容、形式、制度等方面打破学校教育限制。③终身教育是现代社会的需要。④终身教育没有固定的内容和方法。⑤终身教育是未来教育发展的战略，是发达国家和发展中国家在今后若干年内制定教育政策的指导原则。

(二) 终身教育思潮的影响和意义

终身教育思潮是当代世界影响最大的重要教育思潮之一，它又是一种独具特色的国际性的教育思潮，它不仅得到联合国的推动和推广，而且已愈来愈被世界许多国家所接受和发展，成为各国教育改革的指导思想和教育实践的指导原则，发挥了重要作用，并取得了巨大

---

[1]　联合国教科文组织国际教育发展委员会：《学会生存——教育世界的今天与明天》，华东师范大学比较教育研究所译，192 页，北京，教育科学出版社，1996。

成果。研究终身教育理论，无论对发达国家还是发展中国家的教育改革，都具有前所未有的理论意义和实践意义。

终身教育模式的确立也有助于冲破传统学校的僵化体制，从而采取灵活多样的组织形式、教学内容和教学手段，学校将成为为整个社会服务的教育和文化中心，而不再是与现实生活隔绝、只供一部分人使用的封闭区域。总之，按照"终身教育"的设想，从学校毕业将不再看作教育的终结，而是新教育的开始。

◆ 本章回顾

本章重点讨论了欧洲新教育运动；美国进步主义教育思潮；新传统教育思潮，包括永恒主义、要素主义和新托马斯主义；以及新兴的教育思潮，包括教育经济主义思想、存在主义教育思想、结构主义教育思想和终身教育思想。主要描述了各个思潮产生的背景、主要代表人物、主要观点和影响。本章认为，这些流派的产生与 20 世纪的政治、社会、哲学等方面的发展有着重要关系，更为重要的是它们的出现与对教育思想传统的继承、批判和反思直接相关。正是在这些条件的促使下，形成了 20 世纪教育思想波澜壮阔的多元发展格局。这些思潮各具特色、异彩纷呈，它们采用的研究方法以及对教育问题的分析既开阔了人们的视野，也提供了教育研究的新思路。

◆ 课后练习

一、不定项选择题

1. 欧洲新教育运动的第一所新学校是（   ）。

A. 罗歇斯学校　　　　　　　　　B. 阿博茨霍尔姆乡村寄宿学校

C. 有机学校　　　　　　　　　　D. 乡村教育之家学校

2. 属于美国进步主义教育运动著名的教育实验的是（   ）。

A. 葛雷制　　　B. 杜威学校　　　C. 道尔顿制　　　D. 设计教学法

3. 教育经济主义的代表人物中最早系统阐述人力资本概念的是（   ）。

A. 舒尔茨　　　B. 明瑟　　　　C. 皮亚杰　　　D. 贝克尔

4. 下列属于永恒主义教育思想观点的是（   ）。

A. 生活是永恒的，所以教育即生活

B. 一个存在的个体没有固定的一成不变的本质，他永远处在成为的过程当中

C. 应该从时空、内容、形式、制度等方面打破学校教育限制

D. 教育应该使人掌握永恒不变的真理，而不应去适应眼前需要

二、名词解释

1. 德可乐利教学法　　2. 新教育联谊会　　3. 教育筛选理论　　4. 做中学

三、简答题

1. 简述进步主义教育思潮的发展过程及其贡献。

2. 简述要素主义教育思想的主要观点。

3. 简述终身教育思潮的主要观点及其意义。

四、论述题

1. 述评新教育运动的发展过程和主要观点。

2. 论述杜威的教育思想的主要观点及其意义。

➡ 进一步阅读文献

1. 〔美〕杜威. 民主主义与教育. 王承绪，译. 北京：人民教育出版社，1990.

2. 〔美〕巴格莱. 教育与新人. 袁桂林，译. 北京：人民教育出版社，1996.

3. 〔德〕雅斯贝尔斯. 什么是教育. 邹进，译. 北京：生活·读书·新知三联书店，1991.

4. 〔美〕布鲁纳. 教育过程. 邵瑞珍译. 上海：上海人民出版社，1973.

5. 联合国教科文组织国际教育发展委员会. 学会生存——教育世界的今天与明天. 华东师范大学比较教育研究所，译. 北京：教育科学出版社，1996.

参考文献

［1］戴本博，张法琨．外国教育史：上、中、下．北京：人民教育出版社，1989—1990．

［2］王天一，夏之莲，朱美玉．外国教育史．2版．北京：北京师范大学出版社，1993．

［3］滕大春．外国教育通史：1—6卷．济南：山东教育出版社，1989—1994．

［4］滕大春．外国教育史和外国教育．保定：河北大学出版社，1998．

［5］滕大春．外国近代教育史．北京：人民教育出版社，2002．

［6］吴式颖．外国教育史教程．北京：人民教育出版社，1999．

［7］吴式颖．外国教育思想通史：1—10卷．长沙：湖南教育出版社，2003．

［8］吴式颖．外国现代教育史．北京：人民教育出版社，1997．

［9］博伊德，金．西方教育史．任宝祥，吴元训，译．北京：人民教育出版社，1985．

［10］W．F．康纳尔．二十世纪世界教育史．孟湘砥，等，译．长沙：湖南教育出版社，1991．

［11］张斌贤，等．西方教育思想史．成都：四川教育出版社，1994．

［12］张斌贤．西方教育思想史．修订版．北京：人民教育出版社，2011．

［13］张斌贤．外国教育思想史．北京：高等教育出版社，2007．

［14］张斌贤，王晨．外国教育史．2版．北京：教育科学出版社，2015．

［15］徐小洲．外国教育史略．杭州：浙江科学技术出版社，2001．

［16］赵荣昌，单中惠．外国教育史教学参考资料．上海：华东师范大学出版社，1991．

［17］任钟印．西方近代教育论著选．北京：人民教育出版社，2001．

［18］华东师范大学教育系，杭州大学教育系．西方古代教育论著选．北京：人民教育出版社，2001．

［19］华东师范大学教育系，杭州大学教育系．现代西方资产阶级教育思想流派论著选．北京：人民教育出版社，1980．

后 记 POSTSCRIPT

受国家开放大学委托,《外国教育简史》由北京师范大学王晨教授编著。本教材在撰写和审定的过程中,得到了北京师范大学张斌贤教授、郭法奇教授、俞启定教授,《新华文摘》杂志社张学文编审的指导和帮助,在此深表感谢!

国家开放大学武正红副教授,作为本课程的课程组长,从远程教育的角度对教材及课程的设计给予了指导和帮助;中央广播电视大学出版社安薇副编审作为教材的策划编辑和责任编辑,提供了很多专业性的建议,为教材的编辑出版付出了辛勤的劳动,在此一并致谢!

本教材在撰写过程中,参考了国内外学者编著的部分外国教育史和外国教育思想史教材和著作,主要文献已经在参考文献中列出,特此致谢!

因为时间仓促,能力有限,教材中定有不少问题,当由作者负责,并敬请读者赐正。

王晨

2015 年 10 月 28 日